我的平凡人生

李黎 著　敦煌文艺出版社

图书在版编目（CIP）数据

我的平凡人生 / 李黎著. -- 兰州：敦煌文艺出版社，2015.8（2022.1重印）
ISBN 978-7-5468-0927-4

Ⅰ. ①我… Ⅱ. ①李… Ⅲ. ①李黎－自传 Ⅳ. ①K828.1

中国版本图书馆CIP数据核字(2015)第207119号

我的平凡人生

李黎 著
封面题字：安文丽
责任编辑：靳 莉
装帧设计：弋 舟

敦煌文艺出版社出版、发行
本社地址：（730030）兰州市城关区读者大道568号
本社邮箱：dunhuangwenyi1958@163.com
本社博客（新浪）：http://blog.sina.com.cn/lujiangsenlin
本社微博（新浪）：http://weibo.com/1614982974
0931-8773084（编辑部）　　0931-8773235（发行部）

天津海德伟业印务有限公司印刷
开本 710 毫米×1000 毫米　1/16　印张 15.5　字数 261 千
2016 年 1 月第 1 版　2022 年 1 月第 2 次印刷
印数：501~2 500

ISBN 978-7-5468-0927-4
定价：42.00 元

如发现印装质量问题，影响阅读，请与出版社联系调换。

本书所有内容经作者同意授权，并许可使用。
未经同意，不得以任何形式复制转载。

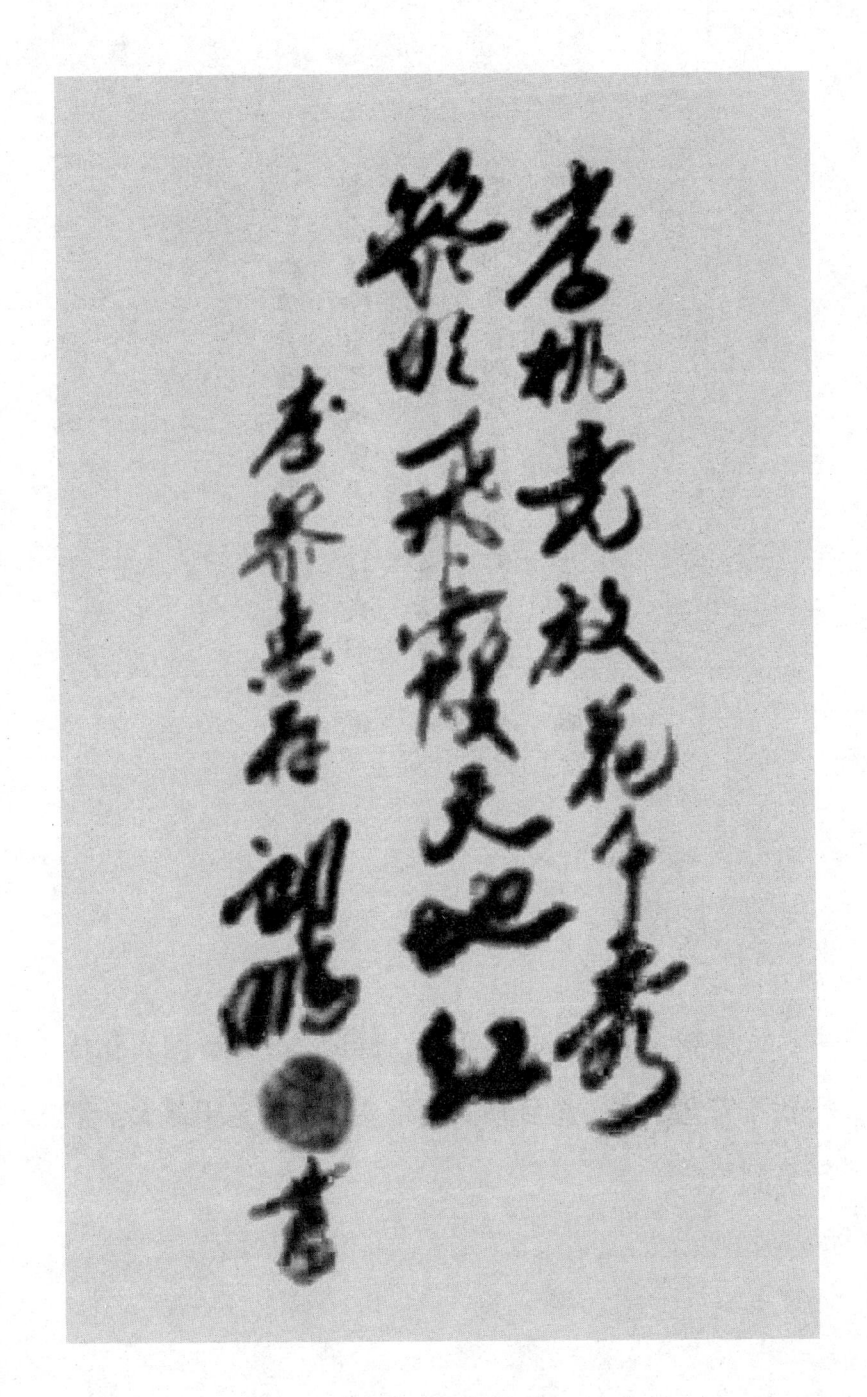

郎鹏为李黎题词

人生舞台，曲折独特。每个人都在演绎自己的岁月。让我们把纯真的、美好的、正直的生活留下来吧——哪管那只是短短的一页。

——郎 鹏

郎鹏：中国著名书法家，诗词艺术家，国宾礼特供推荐艺术家，总后勤部北京老干部局老干部大学常务副校长。

自 序

　　我不是名人，也不是学者，更不是明星，我是北京一位普普通通的市民，一名普普通通的退休职工，一个普普通通的老共产党员。

　　我今天终于静下心来，开始动笔梳理我的人生、岁月、足迹，和我的爱人一起追忆我们的昨天，享受我们的今天，实现我们未实现的愿望。

　　我并没有刻意地计划写什么，不写什么，我是随心所欲，有感而发，随笔、随想、随性……

　　我是一个普通的金属分析化验员，拿起笔来觉得好笑，人家名人，艺术家，识多见广，而我大半生是和化学元素、天平、分析仪器打交道，有什么好写的。另外总认为自己未经专业训练，觉得自己文字不够优美，不能写出令大家满意的文字来，停笔吧，别写了！把好身体健康这道关就行了。后来经过反复思考，最后想明白了，其实写自传和"作家"是完全不同的两码事。虽然我过去的岁月没有戏剧性的曲折，没有揪动人心的悲苦，也没有令人瞩目的成就，但我生命中最难忘的亲人，最难忘的那些人，那些事，他们做人的正直、善良、淳朴、诚信……这些年一直深埋在我的心里，并没有因为岁月的流逝而减弱他们的色彩，也没有因为困难和痛苦而改变我的人生观。所以我还得写，还得忆。也许太遥远了，但成长和时间是唯一的证明。我要一遍遍地回想，一次次地追忆，相信自己会有信心完成的。怀着真诚、感恩、感激的心情，写下我们六十多年人生的点滴感悟，当然里面有缺憾，有质疑，有愤怒，也有憎恨，这些共同构成了我们的过去，我知道不完美才是真正的人生，有残缺才构成真实的完美。

　　我写得很努力，目的在于记录、思考、检验我们生活的脚印与感受，极其普通，极其平凡。这些记忆无论是美好的，还是痛苦的，都同样珍贵。因为那属于我自己，可能在别人眼里不屑一顾，但我却很珍惜它，因为其中每一篇都是真实的，都是我和爱人我们共同走过的路，共同经历的生活足迹，对我们的工作、生活都产生过一定的影响和积极意义，主要是为我们自己存阅的。当然，读者子女后代或者亲戚朋友喜欢，能从中有所感悟的话我很高兴。因为其中，不仅写了我们个人的生活，也反映了我们那个年代，将脑际中片断记忆以及记录片存，让它们附着于纸，便不会随时光而流逝，等我们老得走不动的时候，带着微笑坐在轮椅上，慢慢地翻阅，慢慢地聊，慢慢地回味。

由于文化底子薄，水平有限，谬误难免，敬请读者朋友不吝指教。

最后，借此书出版之际，对多年来关心我，帮助我的亲人、朋友和家人，特别是外甥对我的支持，对此书初稿阅读后提出宝贵的建议和补充修改意见，从而开阔了我的写作思路，并为此书写了序。还有，对孙子给予我的帮助一并表示衷心的感谢！

李 黎

2014年3月3日于北京

平凡的力量
——读《我的平凡人生》有感

金 武

李黎姨和我母亲李惠珍是堂姊妹，年龄小母亲四岁，今年六十有八。年近古稀，在退休十几年后，提笔一写，竟文思泉涌，一气呵成，完成了一部几十万字的回忆录。虽然她早年当过小学教师，但自参加工作，就一直在钢铁企业做炼钢的炉前化验工作，几十年过去了，重新坐到书桌前，下笔之快，文字之流畅，记忆之准确，看完书稿还是让我这个整天跟文字打交道的后辈又惊又喜。掩卷深思，既有感动，更有收获。感动于作者的执着和信念，感动于作品的真实与细腻，收获的是平凡人生中蕴藏的巨大生命力量。

这种力量来自积极的努力。《我的平凡人生》从作者自己的人生起点李家村开始，以亲身经历为主线，用朴素的语言，真实的情感，充满深情地诉说了自己一辈子从农村到工厂、从西北小乡村到北京大都市的生活经历。穿越半个多世纪的时空，详细记录了新中国成立初期、大跃进、三年自然灾害、"文革"岁月、改革开放、退休以后等一系列时代背景下，发生在自己身上的故事，很多细节的叙述非常生动有趣，富有感染力。与共和国的脚步同步，为我们展现了大时代背景下一个普通公民、普通家庭日常生活中的悲欢离合、喜怒哀乐，从日常工作和家庭生活的点点滴滴中，体味出平凡生活中多彩的人生意义，正所谓心酸中有温情，贫穷之中有欢乐，奋斗之中有希望。也正是这样一种不加修饰和毫无雕琢的原生态纪录，才让作品充满了真实的力量，让我们后辈看到了一个积贫积弱的旧中国在走向繁荣昌盛的过程中，作为普通民众的奋斗和理想，困惑和迷茫，幸福和忧伤。阅读这些字字句句来源于生活的文字，我们就会明白这样一个道理，个人的命运同时代紧密相连。不管经历了多少凄历的风霜雪雨，人活着，应该就像黄土高原上挺立的白杨树一样，只要脚踏实地、挺直脊梁、不懈努力地向上生长，在平凡的岁月、平凡的生活里，就充满向前的力量。

　　这种力量来自感恩的心灵。在《我的平凡人生》的字里行间，从头至尾充满浓浓的感恩之情。李黎姨怀着一颗感恩的心，感谢父母，是父母给了自己生命；感谢丈夫，是丈夫给了自己爱情与幸福；感谢朋友，是朋友给了自己关爱与友谊；感谢亲属，是亲属给了自己温暖与自尊；感谢恩师，是恩师给了自己知识和力量；感谢党，是党给了自己多年教育和培养。她感谢生活给予自己的一切。正因为有了对生命的这种感恩之心，她珍惜生命中的每一天，珍爱生活中一切美好的事物，无论遇到多大的磨难和困苦，都能泰然处之，淡定从容，从不抱怨，从不消极，活好每一天，以螺丝钉精神无怨无悔，认认真真干工作，踏踏实实过日子，真心实意帮助家人、亲戚、朋友。在李黎姨的感恩里，让我们体验到，对生命怀有一颗感恩的心，才能真正快乐；对生活怀有一颗感恩的心，才能有所作为；对社会怀有一颗感恩的心，才能促进和谐。只要我们每一个人，守好心灵的净土，守住道德的底线，做一个心怀感恩的人，这个社会就会越来越好。

　　这种力量来自不老的情怀。时光匆匆，人生易老。人一辈子永远都生活在矛盾之中，难免有不顺心，不如意的时候。《我的平凡人生》书中，有近一半的篇幅，写到了退休以后的生活。我们看到，随着物质条件逐步变好，老年人如何调理好精神方面的心理状态，就成为健康和快乐的关键。保持乐观的心态，对世间的美好事物永远心怀向往，有一颗不老的童心，不计较得失，调理好情绪，忘却烦恼。一个快乐而健康的人，不是因为他拥有得多，而是他计较得少。李黎姨退休后这多年，安贫乐道，心态健康，生活过得丰富多彩，在家照顾孙儿也好，外出旅游也好，啥时候都以一颗平常心处理好亲情和友情，平淡中不失雅趣，日常中富有激情，使自己的夕阳人生更多了一份绚烂的色彩，拓展了自己人生的宽度。退休后的岁月如何度过，读完《我的平凡人生》，会使读者深受启迪。

　　适值刊印之际，有感而发，不知恰当否？聊以为序。在这里一并致谢李黎姨及全家对我和家人多年的关照之情。

2015年4月10日

一个平凡的劳动者

为退休工人、老共产党员李黎自传《我的平凡人生》而作。
——题记

高 凯

遗失在岁月里的一支珍贵的旧钢笔
被你当作一根拐杖紧紧握在手里

你和大家一样
老了　心在人生的道路上
又开始往回走　一次圆梦之旅
开启了生命的第二个春季
童年的太阳迎着你
冉冉升起

当初　你的另一半
在那些常见的化学元素之外
发现了一个美丽的元素——
正直的　善良的　淳厚的　典雅的
平平凡凡的李黎

人生如梦
但往事并非如烟
你的一切都是平凡的

一切的一切　一切的你
都平凡得拒绝深奥的逻辑分析
和过分的语言修饰

发现自己平凡的人
其实是不平凡的

一家人从大西北走到北京城
只有一个目的：守在祖国的心脏
痴心把家庆和国庆连在一起
只缘身在一个小家里
心在一个大家里

一生中先后四次登上天安门城楼
四次都登上了人生不平凡的高度

而且　关于平凡的文字
也是不平凡的　你一个人
是一代人的缩影　你们一个家
是一个国家的影子——
阅尽沧桑
万事如意

原载2015年4月30日《甘肃日报》百花副刊

高凯：当代诗人，享受国务院特殊津贴专家，现任甘肃省文学院院长、甘肃省作协副主席。

CONTENTS 目录

生活篇

第一章
　　童年故里 …………………………………… (003)

第二章
　　青少年时代 ………………………………… (007)

第三章
　　在西北 ……………………………………… (018)

第四章
　　在首钢的岁月 ……………………………… (054)

游记篇

　　退休后 ……………………………………… (127)

生活篇

第一章　童年故里

一、我的家乡

新中国成立前夕，1947年我出生于甘肃省庆阳地区宁县早胜镇李家村，一个不起眼的小村庄里。村里除了姓惠的几户人家外，全村都姓李，所以叫李家村。

我家坐落在早胜塬畔坐西朝东的沟边的三孔小窑洞里，门前有一条坡度和缓的山沟。沟底有两眼山泉，父亲每天早晨起床第一件事就是下深沟里去挑水，我是喝那甘甜清凉的泉水长大的。我家对面隔沟相望的坡顶上的窑洞里，住着许多姓胡的人家，和我们大队属同一个行政村，人民公社时期叫"大队"，每次大队开会，通知的人就会站在我家旁凸出的离胡家较近的一块地方，隔着山沟喊叫，通知东面坡顶上胡家三队的干部来大队开会，因山沟东西方向较窄。

胡家和李家共饮一泉水，每天早晨朝阳照着李家的窑洞，傍晚夕阳晒着胡家的窑洞。不管春夏秋冬，不管刮的是东北风还是西南风，不管多冷、多热，祖辈们都是在这深沟里挑水，生儿育女。贫瘠的土地，靠天吃饭，收成微薄，祖祖辈辈都植根在这片土地上。

我生在旧社会，长在新中国，从童年、少年到青年，跟随社会的变迁，经历了家乡翻天覆地的变化。家乡这块贫瘠的土地，让我爱恨交加，她养育了我，却让我的先辈流尽了血汗，面朝黄土背朝天，艰辛地劳作，一代又一代，却依然过着贫穷的生活。在我能记事时就听父母讲过，新中国成立前，好多人家一亩地一年只能收二斗粮食，也就八十多斤粮食。我家有六亩地，全年收成好，能打两担粮食，合八百多斤，加上套种共能收一千多斤粮食，来维持一年的生计，等到第二年夏季麦子收下来，总算能接济上。好多人家都等不到来年的麦子收下来，在青黄不接时，要和村邻友舍借粮食来维持生活。

新中国成立后在党和政府的领导下，经过土改、互助组、合作化到人民公社，七十年代后期又实行包田到户，改革开放三十多年，我每次探亲回到家乡，亲眼看到了家乡的变迁和发展，人们的生活富裕了，居住环境有很大的改善，家家盖起了新房。特别是实现了农业机械化，不少人家安装了电话，农民也拿上了手机，方方面面得到很大的改善和发展。我从内心感谢党和政府，感谢大时代，感谢改革开放让农村，让家乡人民脱贫致富，给家乡人民带来实实在在的好处。我21岁离开家乡，我和家乡有"地缘"，也有"血缘"的。家乡那片生我养我的地方，那里埋葬着我的祖先，那里有根脉相连的父老乡亲，有淳朴、诚信的民风民俗，更有许许多多美好的记忆。

二、难忘的童年

曾有文人讲过："人生旅途崎岖修远，起点是童年。"从母亲的怀抱，父亲的眼神，亲族的逗弄中开始体会爱。童年的记忆，故乡的一山一水，一草一木，都溶化在我童年的生活里。各种生活的烙印像春蚕的茧一层一层包裹在自己的血脉中。

我家的小院子里有一棵又高又细的香椿树，春天来了，微风摇醒了长眠一个冬天的香春树，它从枝头上冒出了棕绿色的嫩芽，不几天就长成了嫩叶，供我们尝鲜。还有一棵很大的花椒树发芽较晚，但也随着春风，日渐发芽，和香椿树比美，一高一矮，一棕一绿，各显其美。花椒树的嫩芽采下青炒后味道非常鲜美，拌面条味道好极了。左右邻居、亲属、都来我家采青尝鲜。到了秋天花椒树挂满了一朵朵红色的果实，好看极了。而香椿树只挂满一树的大叶子不能食用了，就显得稍逊一些。

可爱的小蜜蜂　"四四方方一个店，客人来了千千万，不动烟火就吃饭"。这是我儿时常让小伙伴和同学们猜的一首谜语，是父亲教我的，谜底"蜂窝"，因我家养着蜜蜂有蜂窝。院子里有五六个蜂窝，是凹在墙里面正方形的蜂窝。我每天放学回家总爱站在蜂窝前看可爱的小蜜蜂争先恐后地挤着进蜂窝的样子，还唱着嗡嗡的"歌儿"，声音很大。它们每天出出进进，飞来飞去地奔忙着。春天赶采油菜花、迎春花、桃花、杏花、梨花，夏秋两季采槐树花、牡丹花、荞麦花和满山遍野的各种野花，晚上回来筑巢、酿蜜。

端午节 每逢端午节前，父亲会上街卖出一部分蜂蜜，留一部分送给亲属邻居。我每年盼着端午节的到来，农历五月初五这天我起得很早，穿上漂亮的新衣服，胸前带上各式各样的香包：有彩色线缠的粽子、有丝绸缝制的五颜六色的水果和各种小动物的香包，不仅非常漂亮，而且气味很香。鼻孔和耳朵上还要抹上雄黄粉，听说小虫子就不会钻进鼻孔和耳朵里了。手腕上带着用七彩线拧成的线绳手链，就高兴地边跑边跳的去打青草和艾叶上的露水珠，去晚了太阳升起后露水珠就没有了。伴着朝阳，我和小伙伴们比谁的香包漂亮、香气浓。回家时还要采一些艾叶带回去挂在门上，听说可以驱逐蚊子……这也是童年最开心、印象最深的一个节日。

打完露水还有一件重要的工作，要给亲属邻居家去送蜂蜜，一家一碗挨着送，回家时还得带回各家送的各式各样的粽子，有三角形的，长方形的叫枕板粽子，现在很少见。我能吃到许多人家的粽子，格外的香甜，带着好多大妈、婶儿、嫂子、姐姐给我缝的香包，我比小伙伴们带的香包不仅多，而且色彩更加艳丽、漂亮。几乎全村的人都吃过我家的蜂蜜，当时我觉得很快乐，心里有一种幸福感和自豪感。

大柳树 我家的打谷场上，不远处有一棵古老的又粗又高的参天大柳树，直径有一米多粗，树下有一个大涝池，一下大雨，水就流到涝池里面，可以作为饲养家畜的用水。记的小时候未上学之前，一到夏季就光着脚丫，和邻居的姐妹们玩水游戏，是童年玩的最开心的地方。到了秋天，柳树叶慢慢变黄，随风落叶，每天都会落下黄黄的一层树叶，到后来经大风掠过连枝带叶一块落下来。我很盼望秋天的到来，因为，每到这个季节我能出去玩的机会更多了，每天下午只要我想出去玩，就跟母亲说我要去扫树叶，捡树枝，母亲就会同意我出去的。于是，我就提着小箩筐和一把小扫帚出门了，边跑边跳，别提多高兴啦！这样扫完了树叶就能和小伙伴一起玩了，可以跳房子、跳绳、捉迷藏了。每次跑到大柳树下，看到黄黄的一层树叶和被风刮断的树枝，就赶快先扫一圈，圈起来，生怕小伙伴早来和自己抢树叶，一般都是我先到树下，先扫先装一小笼筐树叶，捡一堆树枝后，就等着小伙伴来一起跳房子、跳绳，那是我们小时候最爱玩的游戏了。

城门楼 我家住在城里面，城墙外也住着不少人家。城门楼很高大，我们从城墙边爬上城楼，从窗户上望楼下看很害怕。城内南城墙边的门洞下的几个窑洞，是两户叔叔的家，去他们两家有一个很深很长的门洞，就在那个门洞里有一个横向的地道口，很深、很长、又很黑。听说地道是过去防土匪和日本鬼子时用的。

从我记事起，除了玩的和学的，孩提时特别盼望着过年，因为过年不仅能穿新衣服、拿压岁钱、有好多好吃的外，还有许多好玩的吸引着我，游灯笼、放鞭炮、走亲戚串门儿、收压岁钱等。父亲从来不放震耳的大鞭炮，只放小鞭炮，给我买的是一种手花炮，拿在手里不停的放出小银花。每年到了腊月父母亲就开始准备年货了，请门神、灶神、还要给我买最漂亮的、最好看的花灯笼和红腊烛。

母亲不仅要给我家每人做一套新衣服、新棉鞋，而且要磨豆腐，蒸好多馒头及各种动物形的彩色馒头、肉包子、豆包、年糕、炸油面果子、酱猪肉等好吃的。除了年糕、酱肉、豆腐外，准备的所有食品，都带着红点和彩色，一为了好看，二也表示喜庆的意思。准备的食品能吃到正月底。

到了腊月二十九，父亲要写春联，贴门神、灶神、春联、年画。每到除夕年三十晚上，我点上灯笼里的小红蜡烛，提上漂亮的小灯笼，在院子里，屋子里游来游去，可高兴了。

从正月初八开始，每天白天都能看到各村来的戏剧故事彩车，每一个车上都有人员扮演的戏剧和历史故事，服装艳丽、漂亮，一辆车跟着一辆车慢慢前行，父亲总是带着我看一个车，讲一个故事给我听，开始年龄小不太明白，但随着年龄长大，也从故事里懂得好多为人做事的道理，做人要正直、善良、孝敬父母长辈、要做好事。

一年年，一日日，时光不停地在节日的交替中转瞬即逝。但无论怎样变化，那些生命中的传统节日，春节、清明节、端午节……依然作为永恒，深深地刻印在我们的脑海中，成为一种思念。传统节日总会让我们明白生活是蜿蜒在山中的小路，坎坷不平，行途中你想哭就哭，你要笑就笑，只要哭过笑过后，不要忘记继续前行，因为过去只是一种纪念。

第二章 青少年时代

一、我的初小高小和中学

李家小学 1955年，我八岁，父亲送我去李家小学上学，学校坐落在离我家不远的村南边，学校是由一座古庙改成的。

校园的西边原是一个大殿作为一、四年级教室，东边是一座大戏楼，作为二、三年级教室。戏楼北边有一个很高的小楼，叫字纸楼，坐落在庙的大门洞上面，也就是小学的大门上，此小楼作为一位老师的办公室，也是老师的宿舍。门前的台阶又高又窄、同学们每天送作业本，要很小心地爬上去，有的同学不注意经常会摔下来的，老师每天也是很困难地爬上爬下。

校园的南面有三间平房，左边一间是一位老师的办公室兼宿舍，其余两间放有教学用具和体育用品。当时的两位老师都是乡政府派来的，吃住都在学校里面。老师的生活非常艰苦，他们一个月到两个月的星期日才回一次家，有的老师一个学期才回一次家。一位老师叫王建民，给我们带语文课，一位是谭老师，给我们带算术课。

我们的课桌很简陋，是用木板简单钉的长条桌子，一个男生，一个女生，共用一张桌子。

记的第一天，当我拿到新书翻开一看有好多彩图，别提多高兴了，纸那么的白，还是横着印的字，不像我在家里父亲教我的"七言杂字"是竖着写的，纸又黑又黄。记的开始两天上课没有教我们认字，王老师要求我们能坐端正，看着老师讲话，因我们上学之前都是在家散漫惯了。有的同学没有钱买纸和本子，老师无奈只好让我们在教室外面的院子里，蹲在地上用粉笔写字，老师先给我们写个字头，我们每人写一行，写20遍，一个字一个字地练。后来王老师开始教我们学拼音，学起来更困难了，只会背，会写字母，不会拼音，因为老式的字母太难写了，拼在一起就更难写了。

到了二、三年级，就到戏楼上去上课了，也同样是混合着用一个教室，各占一半。

谭老师个子很高，性格和善，说话总是和颜悦色，让人感到亲切，从来不训斥学生，所以他上算术课时男同学总爱打闹，惹谭老师生气。王老师很严肃，性格急躁，爱发脾气，很厉害，同学都怕他，语文课时同学们都会老老实实地听讲。

勤工俭学　记得三四年级时老师组织我们搞勤工俭学，有帮男同学理发的理发组、有养兔组、有养花种菜组，在校园内的房后空地上种花、种菜，自己挖地，自己下种，种了扁豆、菠菜、辣椒等蔬菜。蔬菜除了给老师食用外，也可拿到街上去卖，挣点钱交学校作班费用。我和几位女同学被分到养兔组，饲养小白兔。开始只有两只可爱的小白兔，竖着长长的耳朵，动着鼻子，两只圆圆的红眼睛闪闪发光，格外有神，每天盼望着我们给它们带来鲜嫩的胡萝卜和野菜，一蹦一跳地跑过来吃个不停。没几个月，两只小白兔就长成了大白兔了，并生出了十几只小白兔，可爱极了，眼看着小白兔一天天长大，带几只上街去卖，卖来的钱帮学校买一些体育用品和文具，我们感到很自豪。

送喜报　童年记忆里还有一件事，1958年成立了人民公社，听说为了超英赶美，搞"大跃进"，"大炼钢铁"，我们小学生每周或十天左右，总要去五里路外的人民公社报喜，举着红旗，敲锣打鼓，大队干部手捧喜报，有砸锅卖铁各家各户交出多少斤废铁的喜报；有夏季、秋季"卫星试验田"大丰收等内容的喜报……到公社后读完喜报，得到公社领导的讲话表扬，然后发给李家大队一面锦旗。同学们为大队获奖而欢呼高兴。

吃大锅饭　还记的那些年有好长时间，各家各户不用在家里做饭，每顿饭都去小队的大灶食堂吃大锅饭，家里有老人行走不方便的，可将饭打回家里吃。我放学后第一件事就是赶快去大灶食堂打饭去，记的每天吃的都是高粱面做的汤面片，每人三碗，再给每人发两个蒸熟的胡萝卜，上下午两顿饭都是一样的。当时听说是"已经到了共产主义社会，吃饭不用花钱了。"吃了多长时间大锅饭，记不起了，后来听说中央及时纠正了这种风气，又变成了吃小灶，各家回各家吃饭了。

李家小学让我一生中魂牵梦绕，一闭眼，一幅完整的学校图景就展现在我的眼前：梦里常和同学在戏楼的教室里一起玩、写作业、考试、答题、总有为答不完的题而着急，非弄到急醒不可，醒来后还是躺在原来的床上。直到60多岁了，还经常梦见此情此景，巨细不遗。

还因为1968年，我20岁有幸又回到了母校任校长，有机会再次和母校接触，更让我感到亲切，又在西边的那个大教室给一、四年级上课，在戏楼的教室给二三年级上课，又好像回到了童年的缘故吧。1969年我离开母校参加工作后，曾几次回家探亲，母校已不在了，所以只能在梦里思念母校，在梦里见到母校，在梦中不知回过多少次母校……因为我在那里度过美好的初小时代。

女子高小　初小四年毕业后，男生考上"早胜高小"，我和村里几个姐姐考上了早胜"女子高小"。位于早胜镇的北街，离我们村五里地。学校是新中国成立前的一座教堂改用的，教室很高大，屋顶是尖顶的。

学校晚上可以住宿，宿舍在教堂南边，隔一条小街道的几间平房里，听说曾住过牧师还是修女。我们来自各村的女生都住在这几间平房的不能烧火的土炕上，冬天没有取暖的火炉子，土炕上非常冷，晚上为了能暖和点，我就和同村上学的秋兰姐姐被子合在一起，睡在一个被窝里，互相取暖。

吃饭是带着馒头和小饼，晚上因很冷，馒头和小饼都冻得硬硬的，吃时用开水泡热后就着咸菜吃。一周或三天回家取一次干粮。就这样度过了一个难熬的冬天。

上课是在街道北边的一座教堂内。老师是从上海分来的两位女老师，是姐妹俩，姐姐叫高慕贞，妹妹叫高慕廉，姐妹俩就住在教室旁的平房里。她们姐儿俩长得很像，就像一对双胞胎，高高的个儿，皮肤白净，瓜子脸浓眉毛大眼睛，姐儿俩将乌黑的头发盘在头上，挽成一个大髻，身穿得体的服装，秀俊文雅，我们看两位老师就好像看到漂亮的戏剧演员一样！

两位老师讲课更吸引我们了，我们开始听上海女人讲课，就像到了世外桃园，到了另一个世界，听到了那么悦耳动听的语言和普通话，太爱听她们讲课了。当时我们很不理解她们为什么从上海大城市要来我们这个小地方的小镇上？生活很不习惯，姐妹俩经常吵架，她们每天为做饭、吃饭发愁，为生火炉子而着急生气，同学们都看在眼里，都为二位老师着急，但也帮不上她们的忙，干着急没办法！

早胜小学 一年后女校和男校合并了，更名为早胜小学，位于早胜镇北街。女校的两位女老师调回了上海，从此再也没有见过她们。早胜小学也是新中国成立后由一座古庙改建的学校，六一班是古色建筑，房子很高大，房顶内外有五颜六色的彩画。六二和六三班是两间平房，校舍比女子学校大多了。我被分到六二班，班主任老师叫钟向来，也是从上海调来的一位男老师，教我们数学课。

我们从女校来的女生，继续住校，住在六一班教室门前东边的小平房里，男生住在西边的平房里，可能也是过去和尚住过的土炕。一到冬天，还是没有火炉子，不论被褥多厚还是非常冷，姐妹们穿着棉衣在被窝里缩成一团，不知何时才能慢慢进入梦乡。每周回一次家，周日晚上带着咸菜干粮返回学校。早胜小学有老师食堂和笼屉，能帮我们蒸馏热馒头和小饼后再吃，比女子学校好多了。在艰苦的条件下，好多同学手脚都长了冻疮，但同学们的学习都很好。

我从小就很好强，不甘落后，别人会的我都要会，别人不会的，我也要会。我被选为学习委员，我喜欢上作文课，并且爱写作文，记得每周我的作文都会被放在学校的学习园地里作为范文展示。冯生岷老师任教导主任，兼任六一班班主任，并给我们六二班带语文课，我爱写作文，要感谢冯老师的鼓励和指导。直到现在我一直喜欢文学，喜欢写随笔、随想、杂记，多少年来，一直保持着写作的习惯。

那时六年级三个班，我的成绩总是排在全年级的前几名，班主任、教导主任和校长朱生财老师经常在全校大会上表扬我。班里就有同学开始嫉妒我了。我每天写完作业，赶快交到讲台上，要抓紧时间走五里路，回家吃一顿热乎的晚饭，再带些干粮晚上返回学校。家住镇上的同学，离家很近不着急回家吃饭，就有人开始偷改我的数学作业题了，这是后来才知道的。今天她在你的算术答案得数的小数点后面加上零，明天在小数点后面加上1，接连两三天我的算术作业都有错题。钟老师很奇怪，我也很奇怪，我把草稿纸给老师看了，确实小数点后面没有零和1，于是钟老师开始怀疑班里有同学在搞小动作，就在班会上讲："有个别同学品质有问题，竟敢改写别的同学算术题的最后得数，如在继续搞小动作犯错误，屡教不改我会不客气的，如再发现我会动员全班同学互相监督，甚至提到校教务处调查处理。"老师已怀疑到某某同学了(女生)，她家住北街，离学校很近，学习一般，长得很漂亮，个儿不高。从那以后某某同学再也没有搞小动作改我的算术题了。

记得我的同桌同学是一位姓谭的男生，他学习很好，很爱整洁，我们俩共用一个课桌下的桌兜，他那边什么时候都整整齐齐的，书放一边，作业放一边。我就没有那么整齐了，有时也觉得很难看，就整整，过几天又乱了，很不好意思。从小就没养成抽屉整齐的习惯。工作后办公室的抽屉、结婚后五斗柜的抽屉，从来没整齐过。对女儿的教育也没有严格。所以现在对外孙子的教育，要严格要求他把书包和抽屉一定要搞整齐，不然会影响孩子一生的。

宁县一中　1961年，我高小毕业后，考上了宁县一中，我以第一名被录取的，第二名录取的是我校六一班的刘海燕同学，前两名都让我们早胜小学摘取了，我很激动，我的父母亲也为我高兴。学校座落在早胜镇的南街，离我家稍近一点，学校是新中国成立后新盖的一所中学，是宁县唯一有初中并带有高中部的一所中学。有美丽的校园、操场和好多排明亮的教室，有很宽敞的学生宿舍和上下铺的木头床，有老师和学生食堂，家庭经济条件好的同学，可在食堂买一个炒青菜或肉菜，一般同学都带着干粮、馒头在食堂的笼屉上蒸馏热后再吃。比在早胜小学的学习环境、住宿和生活条件又好了许多。

报名后，我被分到初一（3）班。王新亚老师是给高三代语文课的老师，兼任我们初一（3）班的班主任老师，并给我们初一（3）班代语文课，他讲的语文课太吸引人了，记得第一堂课讲的是毛主席的诗词《长征》，王老师讲得那么悦耳、有韵味，现在想起来还记忆犹新。记得数学老师是从宁县二中调来的戴老师，个子很高，戴一副近视眼镜，很绅士。他的数学课讲得很好，解题思路清楚，让人易懂。俄语老师姓罗，是广东人，平易近人，很朴实，讲课很幽默，单词容易让人记住。

我是宁县一中第一名被录取的，更要努力学习，保持优异的学习成绩，又在班里担任了学习委员。我的同桌同学又是一位男生，名叫张锁堂，个子不高，但长得很英俊。原是宁县一所艺术学校的学生，临时转校插在我们班的，他原来是学艺术专业的，文化课稍差些，老师让我帮助他，但他不好意思向我问难题，特别是数学题经常有错，有时我主动帮他解题，他不好意思爱脸红，不像其他同学大家都会随便相互问疑难题的。后来我因父亲去世就辍学了。听说他后来也参军了，后又转业到宁县武装部工作，最后又调到宁县城关公社武装部了。

短暂的中学时光，美丽的校园、操场、一排排的教室，宽敞的集体宿舍，名列榜首的我，老师的表扬同学的赞誉，同桌的同学……都成为了过去，成为了难忘的回忆。

两年的中学生活，结识了好多男女同学，当时大多数同学因家境困难，还有其他原因，都未能上成中专和大学，留下了终身遗憾。

我一生中最遗憾的一件事，因为父亲的去世，没能上成中专或大学。假如父亲没有生病，没有去世，我会继续上学……然而，人生没有假如，已经发生的厄运，只有面对它，接受它，从而在命运的新规则下走出一条新的路来。20年后我调到北京参加了成人教育，1990年毕业于中国逻辑与语言函授大学，经济法与经济管理专业，大专学历，终于圆了我的大学梦。

二、我的父亲母亲

我的父亲 我的父亲，李德兴，中等个儿，戴一副白色的眼镜，性格内向。父亲一生勤劳、诚实、耿直、本分。一生承受了多次常人难以承受的子女夭折、生离死别的痛苦。父亲是祖父的小儿子，上过九年私塾，是个文化人，会写一手很帅的毛笔字。

父亲是我上学前的启蒙老师，从我六岁起父亲就教我认《百家姓》、背诵《三字经》、《七言杂字》等。记得那几本书的纸很薄，并且又黑又黄，竖板印刷的。我在上学前已经背会了好多篇，认识了好多字，但只会背不会写。上学后每天除了学校留的作业外，父亲还要教我写三四个毛笔字。现在回忆起那张核桃木的桌子，和一个很高的方凳子，我要坐上去很费劲，父亲总要将我抱上凳子。每天都是他提前为我研好墨、调好笔、摆好纸，他先在纸上写一个字，让我在下面照着写。他让我拿好毛笔，开始他握着我的手，一笔一画地写，从左到右，从上到下，边说边写……这就是父亲在我幼儿时对我的启蒙教育，现在还记忆犹新。

父亲一生很勤劳，他在早年不辞辛劳，在山坡上开垦了一大片洼地，栽了好多桃树，每年春天要种土豆、施肥、拔草，秋天收获许多土豆，供我们全家食用一年多。困难时期土豆还救了不少村人……

珍贵的笔筒　父亲为了鼓励我多写字，写好字，在一次逛庙会时，他给我买了一个特殊的笔筒，即能插笔又能装涮笔水的笔筒，是用玉石雕刻的，上面有两个插笔的笔筒，一个大的像花瓶，一个小点的是直筒的，具有大楷、小楷全能插在上面的功能。两个笔筒前雕有一棵带有两朵花蕾和枝叶繁茂的弯弯的藤树，树下雕有一个能装涮笔水的椭圆形的笔池。整个笔筒雕刻精美细腻，造型奇特，非常漂亮。这是父亲送我最珍贵的，也是唯一的一件礼物。他让笔筒鼓励我，多练字，写好字。很惭愧，我

我看见玉石笔筒就好像看见了父亲

没有让父亲满意，我的字没有练好。记得父亲对我说："在旧社会，有几个女子能进私塾学堂，新中国了，我和你妈要供你上学，你要和男人一样有文化，做大事。"父亲朴实的语言与教诲，父亲的一言一行鼓励了我一生，使我成为了一个有文化的女人，这是父亲的最终目的，也是他所希望的。

1962年夏天，父亲因常年患胃疼病，那次胃病复发，食欲大减，但他还坚持劳作，深沟挑水、挑土干农活儿。最后胃病越来越重，正赶我放暑假，我为父亲请村里中医大夫振庸兄看病摸脉，煎中药，一个多月里，换了几次药方也无效，最后一次振庸兄摸脉后对母亲说："九老人脉很弱，要给他准备后事了。"寿衣母亲和姐姐前几年就为父亲做好了，因农村老人过了60岁就要准备寿衣了。彦珍堂兄是位木匠，他为父亲做棺材，父亲一直神志清晰，就是不爱吃饭了，但一直看着彦珍侄子为他做棺材，还能和侄子聊天。到了完工的那天下午，将屋内打扫干净后，父亲说他要下地小便，上炕时父亲很吃力，彦珍兄抱他到炕上后，我看父亲脸色霎时发黄，躺下后一会儿面色苍白如纸，我大声叫着父亲，他怎么也不睁眼睛了，彦珍兄对我说："老人已经走了！"我放声大哭！母亲赶忙拿出一套蓝色绸面红里子的寿衣，彦珍兄为父亲穿戴整齐七件套寿衣后才去叫邻居通知其他堂兄。父亲没有儿子，彦珍兄胜过儿子，他是孝子，

他和我及母亲一直守候在父亲身边……父亲就这样离开了我和母亲及姐姐,而是永远地离开了,享年67岁。我们母女沉浸在极度的悲痛之中,在彦昌兄、彦珍兄、彦杰兄、振东兄、振安兄等几位堂兄、嫂子、侄男子弟、村民和生产队的帮助下办理了祭奠、安葬仪式。出殡那天,母亲和我及姐姐由于过度悲痛,嗓子都哭哑了,那是一种撕心裂肺的悲痛……尽管时隔数十年,如今想起来,那悲怆的声音犹在耳边。入土为安,从此我们和父亲天隔一方,天上人间,父亲长眠于九泉……

父亲生前没有照过相,没有留下照片,只有这个珍贵的"笔筒",这么多年来,我多次调动工作,走到那里将笔筒带到那里,从老家到嘉峪关,再到兰州最后到北京,"笔筒"一直摆放在我家的书柜里,只要我看见"笔筒"就好像看见了父亲,想起父亲的一言一行,一举一动……

父亲勤劳、诚实、耿直的性格影响了我的一生,数十年的记忆,一齐涌现在脑海中,朦胧中,时间会变得模糊,但那些思想却仍然如初,让我终身难忘。

辍学　父亲去世后,我陪母亲度过一个月的暑假,帮母亲料理家务,下深沟里挑水,因陡坡路窄,开始很害怕,最后慢慢习惯了,还要挑土、挑粪,运到自留地去。晚上陪母亲说话唠家常,分散她的注意力,尽量让母亲从悲痛中走出来。时间过得很快,又要开学了,我不忍心将母亲一人留在家里,担心她的身体问题,我心里很痛苦。于是,就去学校找班主任老师,结果王新亚老师调回高三任课了,不再担任我们的班主任了,新来的杨西兴老师任我们班主任,他对我的情况不了解。我对他说,我父亲去世了,家里只留母亲一个人我不放心,我想退学,当时杨老师没有劝我,其他科目老师劝我不要退学,克服一下暂时的困难。那时我很无助,想让姐姐照顾母亲,但姐姐家也离不开人。我很无奈,最后下了狠心,决然辍学了。带着自己的被褥回家了,对母亲说我退学了,母亲很失望,她劝我说:"你不要退学,多念些书,多识些字,以后像男人一样有出息,我一人在家没有事儿。"(她说的男人指的是有文化的我最小的哥哥,已去世)。母亲没有文化,而她说的一番话更让我难受心疼,一双三寸的小脚,一副柔弱的神情……我决不能让母亲一人在家悲伤,就坚持退了学。我要陪母亲,照顾母亲,生活还要继续,我和母亲相依为命度过一段最难忘的岁月。

我的母亲 我的母亲,王彩芝,个儿不高,裹着一双三寸的小脚。母亲聪明贤惠,勤劳朴实,宽厚善良,是一位慈祥的老人。她没有上过学,13岁就嫁到李家的大户人家,她比父亲小9岁。母亲对我说:她13岁要做女人难,在这个大户人家做媳妇更难,她个子很小,她在娘家只会绣花做针线活儿,很少去厨房做饭,进了婆家门,家里兄弟4个,人口很多,还养着好多匹马。农忙时就将她留在家里做饭,还要喂马,给马槽添草料,她很害怕槽边的多匹马,就将草料放在大槽的一头,用烧火炕的灰把棍将草料一点一点地推到槽子的中间,加一次推一次,直到给一排大槽加满草料为止。13岁的母亲不仅要应付一个大家族的家务活儿,她说,还要对付大妈和三娘对她的欺负。

我的母亲1971年于嘉峪关市留影

祖父过世后不久四个兄弟就分家了,母亲开始操持小家务了,进入生儿育女的小家庭生活了,从做鞋纳底到裁剪缝补,年少的母亲样样都得去对付,她干练刚强。但母亲一生很坎坷,曾先后失去了好几个儿女,最后只留下了我和姐姐两个。从我记事开始,就听父母亲和亲戚经常谈论的几件事。我那时因年龄小,不敢插嘴,但却像一把尖刀刺疼了我幼小的心灵,一部悲欢离合的家史就默默地记在我的心里。听说大哥13岁,二哥11岁那年不知他们俩得了什么传染病,五天之内,大哥和二哥先后被病魔夺走了生命,父母亲悲痛难忍……还有最小的哥哥20岁那年,在宁夏固原县一个中药店当会计,有一天收到一封来信写道:"家里老人去世速回。"哥哥请假急忙赶回家,一看父母亲都健在,他很生气,他想村里没有几个人能写信的,只有一个人和我家因买庄基地而结下怨恨的人写的假信,要去找他算账问个明白,但父母亲不让去,说人家财大气粗,咱们惹不起……哥哥很孝顺,就自己忍气吞声,着急上火患了牙病。父母亲又让他结婚娶亲,他还惦着宁夏固原中药店会计的工作,他是着急生气又上火,致使病情越来越重,结婚的前一天晚上又吃了别人送来的一包药,第二天结婚的当天上午哥哥突然去世,年仅20岁的哥哥没有见到新娘,带着气和恨离开了人世。这对父母亲是又一次致命的打击,事后父母亲在家躺了4个多月，没有出过家门，两人浮肿了好长时间，卧床不起。那年姐姐已结婚了，听说三岁的我就靠邻居家的大婶们给口饭吃。这些事我全不记得，只记得哥哥脸上涂着黑乎乎的东西，我很害怕看他的脸。这次悲伤的打击致使母亲9年没有回过娘家，不知二位老人是怎么度过那段悲痛日子的……

几个哥哥姐姐他们都是短命的吗？我想不会，只能怨恨旧社会家庭贫穷、医药落后、愚昧，致使他们少年、青年夭折。这个伤疤我从来不敢在父母亲面前提起，不敢过问，不让父母亲再次悲伤。父母亲一生尝尽了人间的酸甜苦辣，他们坚强地走过了人生最艰难最悲伤的岁月。

1962年父亲去世后母亲依然很坚强地和我相依为命。父亲在世时母亲很少去田间地头干活，父亲不在了，母亲帮我去自留地锄草、种菜。我家的那块洼地，每年春天还得种，秋天还得收，洼地坡陡路窄，母亲总是偷着去洼地帮我种和收。一双三寸的小脚，要走山坡路，可想而知多困难呀，真够难为她老人家了。我多次劝她不要再下洼地了，太危险，她说："没事儿，我会注意的。"她每次拄着拐拐慢慢移步下山，跪在洼地上帮我种土豆、拔草，干完活又吃力地爬上山来。到了秋天，她还要帮我刨出土豆，一筐一筐地装好土豆等我回来，再看着我一趟一趟地将土豆筐挑回家。我心疼母亲，母亲心疼我，娘儿俩互相关心着，互相照顾着，相依为命。母亲天生要强，她说："这块洼地是你父亲生前一直种的，不能荒废了它。"最后我心疼母亲，提出将洼地和好多桃树交给了生产队种植和管理，取得了母亲的同意。这样我们母女轻松了好多，只是深沟挑水、养鸡、养猪、养蜜蜂、种自留地、去生产队下地干活……

返乡的几年里一直得到母亲的鼓励和支持，使我在家乡得到锻炼。几年的返乡经历，磨炼了我的意志，提高了克服困难的毅力，也让我学会了怎样做人，怎样为人处事，怎样面对人生，也是我人生旅途中一笔最宝贵的财富。我于1964年5月加入了共青团，1965年18岁加入了中国共产党，成为一名共产党员。后来我当选李家大队副队长、妇女主任。1968年又调到李家小学任校长，有幸又回到了母校。直到1969年参加"三线建设"，也是母亲鼓励支持我迈出了一大步，改变了我的人生。

母亲一生勤劳、善良、淳朴。母亲没有上过学，她不会教我识字，却教我一些传统的伦理，比如"积德行善，知恩图报"之类，也成为母亲一生的口头语。

李家村只要有红、白喜事都要请母亲去帮忙料理，她都会善始善终。

母亲一生做的最多的善举是为李家村的女人接生过许多孩子，连她自己都数不清，从一个孩子的父辈到儿子、孙子，子孙三代人都是她接生的，成为李家村生命的天使和守护人，她就是我的母亲。

母亲虽无文化，却深晓大义，异常聪慧。就像著名主持人白岩松所说的："有学历的人，不一定有文化；没学历的人，不一定没文化。"我的母亲就是一位没有学历的文化人，一双三寸的小脚，一生只是辛勤劳作，但在她身上体现出中华民族的传统美德，母亲勤劳质朴、宽厚善良的美德和坚强的性格是留给我最宝贵的精神财富。

父亲去世后我和母亲一起生活了25年的时光。1971年我将母亲接到嘉峪关市，户口随迁，以便照顾母亲。1975年调兰州6年后又调北京，母亲一直在我身边。我带母亲上过嘉峪关城楼，看过长城，游过酒泉公园，坐过小船，参观过玉门油田。在兰州游过东方红广场、黄河铁桥、五泉山公园，住过战斗饭店。在北京游过故宫、天安门广场、北海公园。坐过汽车、火车、飞机。吃过山珍海味，穿过当时最流行的布料做的服装，穿过一双尖脚小皮鞋，是母亲最喜欢穿的、最舒适的一双鞋。还给母亲镶了一口假牙，使母亲什么东西都可以吃，那口牙，那双小皮鞋一直伴随着母亲到85岁。母亲常对亲戚炫耀自己在嘉峪关、兰州、北京所看到的一切，显得很满足，很幸福，也很开心！回想母亲的一生，大难担过，大苦受过，大福享过……

父母的家传身教影响了我的一生　　回想我成长的经历，每走一步，点点滴滴都与父母亲的挚爱、影响、鼓励和支持分不开的。我从父亲那里学到了勤劳、耿直、诚实，从母亲那里继承了善良、宽厚、质朴和坚强的性格，我父母成就了我的个性，我的个性融入了父母的优点，今天我做事的风格和为人处事的态度，几乎每一点都能够从父母身上找到根源——质朴做人，本分做事，坦诚待人，有话就说，而且要当面说。父母的家传身教影响了我的一生！

第三章 在西北

一、参加"三线建设"

人生的机缘巧合 1969年我时任李家小学校长，放暑假期间，我去宁县二中参加县教委召开的全县中小学校长会议，总结上学期的工作，布置下学期的教学计划和任务。会议结束前，大会组织去县委参观一个展览，那天在县委看到"三九公司招工办公室"字样，顺便就打听了一下，记的当时接待我的是姓李的和姓车的两位师傅，他向我介绍说，"三九公司"是保密单位，他问我是从哪儿来的，是干什么的。我说："是从早胜公社李家小学来的，参加全县教师会的。"这时外面又进来一个人，向二位师傅说："良平公社来电话，一名女生昨天接到通知后不愿去，昨夜出逃了，准备换人，可现在再去良平公社选人、调查已来不及了。"三个人小声说了几句。那位姓李的又问我多大年龄，家庭成份，个人简历。我说："21岁，家庭下中农，学生出身，共产党员，现任李家小学校长。"他们三个人不约而同地对视了一眼，那位姓李的师傅接着对我说："你现在有工作，恐怕不行，学校能否放你走，这是参加三线建设，家里不能有任何问题，你明白吗？"我听了这些话后马上回答："我是共产党员，会遵守国家机密的，我家祖祖辈辈都是种地的，社会关系很清白。李家小学会另选校长的，教师会已经结束了，今天就要返回学校，你们给我一个联系电话，公社和学校批准同意我走，我会马上给你们打电话的。"他们说，行，就给了我一份"招工审查表"和一份"体检表"，告诉我需要到县医院体检盖章的，我说："明白了，谢谢你们！"拿上这两份表离开了县委。快速回到二中集合，教委领导最后讲话，发了一些会议的文件，宣布暑假教师会圆满结束，散会。这次会议我是唯一的一个女校长，我很自豪。

当天下午我坐汽车，不到一个小时就回到了早胜公社，党委韩书记和革委会胡主任还没有下班，我就向他们俩讲了我要参加"三线建设"去，韩书记已60多岁了，他听了很高兴，马上表态同意，他说："这是一次机会，让年轻人出去闯一闯。"胡主任有不同意见，他说："你现任小学校长，谁来接任？"我说："这个问题李家大队会解决的，没有什么问题。"最后胡主任也同意了。

我高兴地回到家，向母亲说了我在县上开会的三天里，去县委遇到一个单位招工的情况，母亲痛快地说："去吧，我没什么事儿，还有你姐姐呢，你明天抓紧时间去办吧。"母亲没有文化，但她有远见，不封建，不自私，这就是我的母亲，是她的决定改变了我的人生。

第二天上午，我去大队汇报工作，那时学校都归大队支部委员会领导，汇报完县教委的会议精神和下学期的教学计划后，我就提出"三九公司"招工，是支援"三线建设"，是保密单位，招工办给了我两份申请表，需大队审查签字盖章，再由公社负责人签名盖章。经过支委会讨论，一致同意，只有原老支书不同意，他说："是保密单位，女孩去不合适。"现任支部书记勾发源提出意见，由李平战接任校长，再调一名能任教的老师。最后勾支书签了字，让文书盖了章，就这样大队通过了。

我又抓紧时间找李平战和惠江海老师，简单传达了教委会精神，交给了他们教委的文件，说明了我要离开学校，去"三九公司"工作，学校具体工作由大队支部安排。移交完学校的工作，当天下午就赶到公社，很顺利地签字盖章。

我带着审查表和体检表，乘车半个多小时到县医院，已经快下班了，一个大夫问我看什么病，我说要体检，很着急，大夫看了体检表，已知道前几天刚查完一批人，她也为我着急，找了几个有关科室的大夫，给我进行临时体检，耳、鼻、喉、眼、胸透、内科、一切正常，这位大夫最后签名时说："你有结膜炎，没关系不严重。"还给我开了一瓶氯霉素眼药水，让我这几天坚持滴，会慢慢好的。这位好心的大夫给我开了绿灯，我顺利拿到了签满字、盖满小章和县医院的大公章。

我拿着两份表跑步到县委招待所，担心招工办下班，是上坡路，我跑得上气不接下气，因我也没有给招工办打电话，他们也在着急等待我的消息，跑到县委才想到，他们就住在县委，不存在下班的问题。一到办公室我急忙将两份表交给他们，并说，全办好了，姓李的师傅说："没想到这么快，这么顺利，我们还正在担心着急呢，万一办不成就麻烦了，现在再换人时间已来不及了。"他们对我办事的速度和效率非常满意，很高兴，我感到好像我在帮了他们大忙似的。我没有想到，就是他们，将使我的一生发生根本的改变。那天已是7月9日了，他们说招工办7月15日前要返回"三九公司"，已通知其他人7月12日到县委集合，7月13日早去西安，当天晚上就要上火车。这次共招了12名女生，男生包括几名转业军人，共52人。我是最后一个接通知的人，对我来说只有两天时间了。当天晚上没有汽车不能回家了，我住在宁县的一个旅馆里，高兴地一夜没有睡觉。

10日早赶头班车，先到十里铺站下车，告诉外甥女转告我姐姐，我要出远门了，两天后就要到县上去报到。然后又坐下一趟汽车赶回家，告诉母亲："手续全办完了，我这次真的要出远门了，只有党员关系没有转，以后公社帮我转去。"母亲听了后很高兴，她说："你总算和男人一样，有出息，能干大事了。"她赶忙帮我收拾行李，被褥和衣服，还为我准备好100元钱，让我买日常用品。

回头想想，有些事情是人生的机缘巧合，也可以叫机遇、机会，那年我如果不去县教委开会，就不会知道"三九公司"招工，更不会知道良平公社女生临时有变。如果我不介绍自己，不让别人认识我，不敢表达自己，醒目地亮出自己，就不可能得到机会，有了机会，就不能错过，古人说："机不可失，失不再来"。能有机会参加"三线建设"，这就机缘，也是机遇，机遇偏爱勇敢的人，我是幸运的。

拜托邻居兄嫂多关照母亲 两天里我帮母亲安排好近期的家务活，将水缸装满水，厕所里挑好土。告诉母亲我走后就靠姐姐、姐夫还有堂兄、嫂子和左右邻居及生产队照顾了。于是我就走亲串户给各位堂兄和嫂子及左右邻居挨个打招呼，我要出远门了，就拜托各位大婶、兄嫂多帮忙多关照老人，有什么急事请他们帮忙通知我姐姐，一般情况不要给我发电报，特殊情况再发电报通知我回家。那年母亲已65岁了，母亲很坚强，没有在我面前流过眼泪，表现得很高兴，让我走时不要难过，不要牵挂，高高兴兴地走。

我走的前一天，姐姐就赶到我家来帮我准备衣服和行李，陪着母亲，别让她着急。我离开家的那天，姐夫、外甥女和堂兄、嫂子都来我家陪母亲，临走时我不由得泪流满面，大家都在劝我安慰我："你放心走吧，大家会照顾好老人的。"

外甥和外甥女送我上车，我就这样离开了母亲、离开了亲人、离开了家乡。

初次坐火车　7月13日早上坐汽车到西安，当天晚就上了火车，拿到火车票才知道三九公司在嘉峪关，其他什么也不知道。同乡大家都不认识，我只认识一个人，是在公社开会时认识的魏静明同志，有两名女生是我们早胜公社的，我们各自介绍了自己是那个公社来的，随后各自都休息了。除过几位专业军人，我们大多数人是第一次坐火车，对一切都感到很好奇，特别是火车进站前的长笛声，行进中有规律的声音……大家很快进入了梦乡，但我的心怎么也不能平静，不能入睡，惦记母亲和姐姐这几天怎么度过，古人说："儿行千里母担忧。"母亲最担心的是我去了哪儿？最盼望的是早一天接到我的来信。一会儿我又想此单位是在嘉峪关内还是关外，想着想着睡着了。

戈壁滩　万里长城　第二天下午，看到车厢外是一片荒凉的景象，一片灰黄，满目黄沙，我第一次看见延绵不断的沙漠，有人说这是进了戈壁滩。有人打开窗子，我歪头看见后面的车厢，远看像条绿色的大蟒蛇在爬行，一会儿俯身于峡谷之中，一会儿又显露在戈壁滩上。铁路两边看不见人烟、村庄，只看见黄沙和一片一片的小草。一位穿着绿军装的转业军人说，这是骆驼草，听说当年靠骆驼从关内将货物运送到关外时，骆驼在戈壁滩上一路唯一能吃的一种草，因此得名骆驼草，哪儿流过水哪儿就有骆驼草，它能抗旱，不怕严寒，顽强地生长在戈壁滩上。还有一种树长得不太高，很稀少的叶子长得像针叶，他说，这叫"沙树"，也称红柳，它不怕严寒、不怕高温。大大小小的石头铺在沙土里，团团簇簇的骆驼草（芨芨草）、红柳给戈壁滩点缀了一点生机，只有这些戈壁滩上的沙生植物见证了两千多年的历史沧桑。除了这些，看不见别的野草和树木，只能看见一望无际的戈壁大沙漠，两边的高山也是光秃秃的发红。有时也看见很远处一些小村落，小土坯房，周边有一些高大的树木。沿途看到的火车站很小，上下车的人也很少。忽然看见断断续续的城墙和断垣残壁的烽火台，那位军人说，这是万里长城，跌宕起伏，延绵千万里。我说，这就是坚韧、古朴的万里长城啊！当年能挡住外来侵袭的千军万马，如今几千年后，还依然的坚守在荒野里，这就是长城，这就是西起嘉峪关，东到山海关，朝朝暮暮迎大海日出，送戈壁落照的万里长城！

嘉峪关　7月15日早晨，终于到达嘉峪关车站，车站不大，出站后看见四个大字"嘉峪关站"很醒目。接我们的是两辆大卡车，两位司机和男同志帮我们装完行李，我们上车后，汽车还是慢行在戈壁滩上，看到的还是沙尘飞扬的沙石路，很荒凉。车前突然看见几间又高又大的厂房和一些小平房，车停了下来，司机下车说："到厂了，下车吧！把行李卸下来。"我很惊讶，这就是保密单位，"三线"，"三九公司"？没有门牌，没有厂名？我们下车后将行李放在了一起。李师傅和车师傅带我们去食堂吃早饭，随后带我们去劳资科报到。劳资科给我们每人发了30斤粮票，16元的生活费，这是发给我们的工资，我们显得很激动，在食堂换了饭票和菜票。

车师傅又让我们12名女生带着行李，拿着"三九机修厂介绍信"去嘉峪关市六宿舍报到，为我们安排了宿舍，我被分在三楼81号房间，房内已住有4人，我被安排在中间的加床上。据说嘉峪关市的女职工不论是那个单位的都统统住在六宿舍。

随后和几位一起来的女同乡，去百货大楼买饭盒、暖水瓶、洗脸盆、洗衣盆、毛巾、肥皂、洗衣粉等用品。我离开家时母亲给我带了100元钱让我买新的日用品，我不担心16元工资不够用，有女生担心钱不够，我说，我带的钱多可给你们垫上。

第二天我和一位姓袁的转业军人被安排在机修厂铸钢化验室工作，我们俩都是党员，劳资科的负责人讲："因化验室有剧毒药品，为了安全，必须要可靠的人到化验室工作。我是这次进厂唯一的一名女党员。其余的50名被分到金一、金二、工具、铆焊等车间。机修厂虽然没有挂牌的大门，可能是为了保密，但厂区很大，还有锻造、铸铁等车间。

二、"三九"二次上马

三九公司（原酒钢）　　进厂后经过详细了解，得知自斯大林逝世后，两国关系恶化，苏联断绝对我国一切援助援建项目，撕毁合同撤走专家，

原酒钢是苏联专家援建、设计、建设的一个重点项目，但随着势态进一步恶化，苏联专家全部撤走后，酒钢未建成就下马了。大批的工人、技术人员、管理干部多数改行，分流到全国各条战线上去搞建设，酒钢变成了一堆废铁。

1965年中央决定酒钢二次上马，改名为"三九公司"，作为"三线"建设的重点项目来进行。毛主席说："三线建设不抓紧，我不放心，酒钢建不好，我睡不好觉！"于是中央决定从全国各条战线，各地的厂矿企业，调入部分管理人员、技术人员和工人。从北京的首钢、内燃机厂、鞍钢等大型企业调去一批工人和技术人员，辽宁的昂溪机修厂、电修厂，全部搬迁到嘉峪关。北京的平安医院也是全院搬迁到酒钢的。大批工人进驻炼铁厂高楼、一矿、二矿、焦化厂、烧结厂、原料厂等厂矿，进行重新建设、恢复生产。其中"三九"电厂，由西北电力建设总局第二工程公司承担重建、安装的重要任务，可想而知当时的困难有多大。

见到堂兄　经同宿舍的祁凤莲同志介绍，我与久别多年的振云兄相见，他在原料厂工作。堂兄曾参加过1958年的酒钢建设大会战，他说："刚来荒凉的戈壁滩嘉峪关时，没有宿舍，许多转业军人、技术人员和我们工人，都住地窝子帐蓬，每天晚上睡觉到早上起床，耳朵里装满了黄沙，起床后第一件事先将耳朵的沙子倒出来，然后再洗脸。每天日暮风起，到了冬天有10级以上的大风要抗严寒，夏季要顶酷暑。后来慢慢地盖起了平房工人宿舍，再后来又盖起了楼房宿舍，大厂房、炼铁高楼……1960年酒钢下马后，我被调到江西搞建筑达七年之久。1965年酒钢二次上马，我又调回嘉峪关，参加三九公司的重新建设。"听后得知堂兄当年所经历的艰苦岁月。他还说："你们参加二次上马重新建设，一到这里就能住上楼房宿舍，冬天有暖气，厂房已建好，工作单位环境越来越好。但气候还是日暮风起，黄沙满天飞，这得慢慢适应。"听了堂兄的一番话，我很知足，能在这样好的条件下参加三线建设，感到很欣慰。

化验室的工作　我第一天到铸钢化验室上班，杨秀梅和常江两位师傅任班长，杨师傅介绍说："她原是辽宁昂溪机修厂化验室的化验员，1967年全厂搬迁到嘉峪关，改为三九机修厂化验室。"常师傅是山西大学化学系毕业，分配到我厂化验室。常师傅向我介绍了全班的情况，他说，全班共有19人，每天三班倒，白班人多点。化验室为铸钢的炼钢炉服务，负责炉前化验和成品化验。要接触许多化学试剂、药品、电、钻床等，要注意安全。随后给我发了一份安全操作规程，一份化验分析操作规程。还发了一件白大褂和手套等劳保用品。我心里很激动，我要成为一名化验员了！

杨师傅又安排程维丽师傅带我先熟悉操作规程，配一些试剂，熟悉化验室的设备和仪器等。经过多次做标钢和试样练习，对一些元素能发出报告，很快能顶班了。后来经过不断学习，能掌握所有元素的化验及操作，那个元素缺人我就顶那个元素，确保炉前化验三班倒。

那时，机修厂负责全三九公司的厂矿企业的所有维修配件的铸造、加工到成品出厂，都有严格的要求，决不能出差错、报废、耽误工期，必须按时完成任务。那时任务重，时间紧，铸钢、铸铁两车间的高炉，一天都不能停产，没有星期日，工人三班倒轮休，大家都在不分昼夜地为"三九"建设出力做贡献。

淳朴的友情 那时芦秀芬是单身和我同住六宿舍，我们俩上下班一起走，一起去食堂吃饭，行影不离……大家都说我们俩是"鱼水"关系。我们相互照顾，相互关心着，谁也离不开谁。后来她和从烧结厂调到我们化验室姓杨的同志结婚了，就搬到新华街的家属宿舍住了。最后有了孩子，有了家庭负担，只能上白班了，我和她在一起的机会就少了，我只能在化验室上白班的时候才能见到她。我很怀念我们那段朴实、纯洁的友情……

三、红医工、战场救护员

红医工 我在三九机修厂的六年里，除了化验室的工作外，我还兼任铸钢和铸铁两个车间的"红医工"、"赤脚医生"。这是70年代涌现出来的新生事物，我在厂医务室，经过学习、培训和实习后，在医生的指导下，掌握了一定医疗知识和技术，到基层车间为工人巡诊、发药、诊治一般的头疼、感冒，处理和包扎小伤口。我每天背着药箱，定时去车间巡诊、发药，当时我竟成为两个车间最受欢迎的人了。那几年我不但要为两个车间工人师傅服务，而且有时还要为零二部队的战士服务。我曾在厂医务室临床实习，在外科医生的指导下，为零二部队的一名战士，作腋窝下的狐臭手术和最后缝合，得到专业医生的好评。

1971至1974年我在嘉峪关三九公司机修厂时兼任"红医工"

战场救护员 1969年我国和苏联珍宝岛事件后，随时处于战备状态，经常深夜拉警报搞演习，我又被选为战场救护员。夜里听见警报声，我从六宿舍立即背起药箱，迅速赶到集合地点，进行防空演习。

有一次白天去离嘉峪关很远的中苏边界演习，由嘉峪关防空指挥部指挥，各厂矿企业的民兵参加实弹演习，我背着药箱，配有担架等。几辆大卡车带着我们民兵要翻过一座大山，山路险峻，坡陡路窄，司机边探着道边开车。一段山路是斜坡，一边高一边低，我坐的那辆汽车翻了车，但翻了一半，没有全扣下去，我们车上的一半人掉下去了，我因害怕一直紧抓车厢，就被挂在一边车厢上，随后掉下去的人将我们挂在车厢一边的人慢慢抱下车，有几位同志手和胳膊摔伤了，我给他们简单处理了伤口包上纱布。然后没有受伤的人用绳子将车拉翻过来，大家上车后司机又带着我们继续爬山。现在想起来真是后怕了！

四、嘉峪关市第二小学

1972年7月10日，服从厂组织科安排，我同一位姓陈的师傅作为工宣队代表，去嘉峪关市第二小学工作。那时嘉峪关市有五所小学，根据省教委的文件精神要求，中小学都要派工人代表进驻学校，参加管理和教改工作，那个单位也不能不执行。记的当时的分管安排：一小为内燃机厂管理，二小是机修厂我厂管理，三小是动力厂，四小是热电厂，五小是工程处管理。我们去二小报到后，要配合学校的一切工作。

学校共有师生1253名，那时小学是五年制，中学是四年制共九年制。二小有五个年级，每个年级各有五个班，四年级七个班，工作量很大，我虽然曾任过小学校长，但那时学校只有四个年级，四个班。而二小这么大的学校，让我和陈师傅俩参加管理，可想而知，难度又多大。那时会议多、文件多、学习多，每次都要发表意见，还要参加教改工作，真够难为我和陈师傅了。但我们克服了许多困难，坚持了一个学期，按期完成了组织交给的任务。

五、中秋节

中秋节，农历八月十五，是中国人的传统节日，不管你身居何处，只要八月十五到了，月亮就显得格外亮，格外圆。我在嘉峪关的前三年里，每到中秋节，当月亮升起时，就到月光下走一走。当月亮爬在树梢的时候，升到天上的时候，此时我想母亲在老家庆阳也能看到月亮，不由得泪流满面，我在嘉峪关看月亮，母亲在庆阳老家看月亮，娘儿俩天隔一方，同看一个月亮，我想念她，她更思念我，各自把思念交给月亮，把心情交给月亮，月亮可将我的思念和祝福传给母亲，母亲可将寄托让月亮捎给我……月亮随着各自的心境而改变着意境，月下的人以一种坚强的姿态，表现着一种不坚强的内在，相互寄托着希望与思念。思念是一笔巨大的财富，岁月可以像落叶一样飘逝，但在你迢迢人生旅途上，亲人的爱会永远伴随着你，给你温暖和取之不尽的力量，不管你走到哪里，永远都走不出母爱的牵挂，永远回报不了上天赐予这份母爱。在每一个人心中都有属于自己的月亮，它挂在淡淡的天空，俯视着你的生活，安托你的心灵，温暖你的内心，把你的心灵照亮。

一个人过中秋，难免孤独，其实月亮比你更孤独，这么多年来她一直都是单身的。平时我们太冷落她了，那有闲工夫和她对视，想到这里感到有点不好意思。

单身过中秋，我除了看月亮之外，70年代最想办的事，披一身月亮回宿舍，斜依床头，拿起笔给母亲写一封长信，我的眼睛湿了，边流泪边写信，在这个中秋节，心里最想念的是远方的母亲……

六、接母亲到嘉峪关

1969年我参加工作后，家里只留母亲一人，我怎么也放不下心来，一直惦念着母亲的身体安危。1971年，我经过努力，通过机修厂，嘉峪关市派出所的批准，给母亲办理了准于迁入嘉峪关市的户口"准迁证"，这样将母亲接到嘉峪关和我一同居住以便赡养照顾，让母亲有一个幸福的晚年。

于是，就在同年的夏季，我回老家接母亲。一路乘坐汽车、火车，经过西安、兰州，让母亲在兰州逛逛，住进了兰州战斗饭店。第二天带母亲游览了兰州市东方红广场，黄河铁桥，让母亲看看黄河，母亲说："黄河真宽，河水太黄了。"还带母亲游览了兰州的五泉山公园，在兰州为母亲留下了珍贵的照片。

"善良的小偷" 第二天我带母亲去兰州永昌路百货商场看看，在卖毛线的柜台挑选毛线，拿出钱包准备交钱时，但又看到另一种颜色好看，就将钱包放回了背包，就没有将背包的拉锁拉上，当时二楼就我和母亲俩人，突然售货员提示我说："你丢东西了！"我很奇怪，全楼没有别的人，一看我的钱包果然不在了，因售货员已看见惯犯小偷在我身后站了一下，就知道我已被偷了，才提示我的。当时我赶忙追下楼，因钱包里装有去嘉峪关的火车票和托运行李的票据，还有战斗饭店的出入证等。我很着急，嘴突然发干，嘴唇和牙粘在了一起，讲话都很困难了。听说小偷只要钱，不要别的东西，拿走钱会将钱包扔在附近的厕所里，就去附近的几个厕所看了一下没有。我就带母亲先去火车站货运室，告诉工作人员，我在西安托运行李的提货单在兰州丢失了。他们说："会通知嘉峪关货运室，此行李凭工作证领取。"然后我准备从甘肃省工业厅的朋友那里借钱，再买两张去嘉峪关的火车票。

我和母亲回到战斗饭店，告诉门卫我将饭店的出入证丢失了，还好他让我们娘儿俩进去了。我找服务员开房门，服务员告诉我，刚才我们接到永昌路蔬菜商店一位售货员的电话，她说："我们下班时，一关门从门缝掉下一个钱包，打开一看里面没有钱，但装有战斗饭店的出入证，还有两张去嘉峪关的火车票、托运行李的提货单等。告诉本人明天上午8点商店开门后再来拿钱包。"我忙说谢谢你们！我心里想这真是一个"善良的小偷"。第二天我去蔬菜商店拿到了钱包，打开一看，小偷只拿走了钱，其他票据全在，我十分激动。非常感谢兰州永昌路蔬菜商店的售货员们，也要感谢这位"善良的小偷"！

特殊温馨的小屋 母亲到了嘉峪关后，我找了机修厂行政科领导，他们为了照顾我和母亲，破例，将三九公司男职工十四宿舍的一个大门道封成了一间房子，让我和母亲居住。十四宿舍有南楼和北楼的拐角楼连在一起，是一座很大的六层高的宿舍楼，我厂（机修厂）单身男职工住南楼的一二层。南楼宿舍有三个大门，将一号大门改成一间房子，此大门前后有三道门，不到十平米的门道隔出了两间，将第一道门改成一个窗户，里面放两张床，配有暖气，让我们娘俩居住，第二道门内做厨房用，可以放简单的炊具，第三道门靠里面走廊一边做为这间房子的大门，为我配装了门锁。

　　宿舍没有女厕所，白天我要过一条马路到对面的女职工六宿舍去上厕所，母亲因年龄太大，又是小脚，为了方便母亲，我就在房间里放一个带盖的痰盂，让母亲大小便用，等白天男同志上班后再去倒入男厕所里，很不方便，有时会碰上男同志的，很不好意思，但大家都很理解我们的难处，大家经常为我们方便而有意让开，我非常感谢那些男同志两年来对我和母亲的照顾。我和母亲在这间不到十平米的房子里，用煤油炉子做饭，托人去玉门油田买煤油回来，因为玉门的煤油既无烟又好点燃，又便宜。

　　我和母亲在这间特殊的小屋，生活了两年多，房子虽小，但很温馨，我很知足，也很幸福。我从内心感谢机修厂和行政科的领导，感谢化验室班长杨秀梅、常江两位师傅对我的关心、帮助和照顾，不仅帮我将母亲接到嘉峪关市，还将母亲的户口落在杨师傅家的户口本上，给了我生活上更多的方便，使我永生难忘。机修厂为我和母亲破例安排了宿舍，使我感受到在酒钢这个大家庭的温暖，我没有任何理由不好好工作，只有多做工作，多做贡献，才能不辜负领导、组织和同志们对我无微不至的关爱和照顾。

　　带母亲看"酒泉"　　在嘉峪关的几年里，我和几位同乡朋友带母亲游览过嘉峪关城楼，参观过玉门油田，两次游览过酒泉公园，第一次母亲看到"酒泉"时，母亲说："当年他们能喝这么多酒啊？"大家笑着回答："能喝啊，因为军人多呀！"第二次是爱人和朋友带我和母亲去酒泉公园划船，这是缠着小脚的母亲有生以来第一次坐小船，我也是第一次划船，我和母亲十分开心。感谢同乡、朋友对我们的关爱，在嘉峪关、酒泉为我和母亲拍下了珍贵的照片。

　　师徒情深　　这么多年过去了，40多年来，我和杨秀梅师傅、常江师傅、张旭玲师傅、吴树榕一直保持着联系，过年过节打个电话相互问候，相互祝福，彼此相互关心着惦念着。他们常来北京游览、治病，我们在一起相聚聊天，我很珍惜我们每一次的相聚。特别是吴树榕身体不太好，患有免疫系统疾病，我想尽点微薄之力帮助她，让她到北京协和医院和人民医院来治疗，在北京经过几次住院治疗没能让她痊愈，我是无能为力。但她每次总很客气，让我内心更加不安。我还是鼓励她要有信心，坚持治疗，坚持服药，决不能放弃治疗，并祝她早日康复。其他同事和同乡朋友30多年来都未再见过面，我很想念他们。

七、我和丈夫从相识到结婚

我和丈夫的相识 我工作后的第四年，1973年春季，我的同乡张大哥结婚后住西电二公司大院，认识西电的樊大姐，经她介绍认识了我的先生。樊大姐告诉我："他是西电二公司的材料员，1964年北京电校毕业后，自愿来到我国西北参加电力建设，重点进行保密电厂的建设。他家庭出身好，社会关系清白，来到西北的戈壁滩，青海的221核基地的641电厂，甘肃的404基地的803电厂，504等基地建保密电厂，并负责嘉峪关电厂的重建和检修工作。"当时我只知道他是建保密电厂的，后来才知道他是为我国的两弹一星原子基地建保密电厂的。他建电厂是为了"三线建设"，我在三九公司也是"三线建设"。两人单位不同，工作的目的都是一致的，我第一次在西电二公司见到他，只觉的个子很高，人很老实，给我的第一印象还不错。但我和母亲有些顾虑，总觉的他们单位是流动单位，建好电厂就搬迁走了，流动性很大，经常搬家工作生活不稳定。后来他又来十四宿舍看望我和母亲，我就是在那个特殊的小屋，认识和了解我的先生。他常来帮我买粮买菜，但我一直没有表态同意还是不同意，他自己心里打着问号，分析我顾虑的原因，就是嫌他是流动单位。

离开特殊的小屋 有一天雅成约我去西电二公司他的宿舍，然后他请了介绍人樊大姐，材料科赵科长和西电二公司的领导，副总经理、主任给我作工作，他们说："你怕西电二公司是流动单位，你们结婚后可以将雅成调到你们三九公司工作。"我心里想这不可能，是在蒙我。随后领导又出面给我们娘俩在西电二公司大院安排了一套两居室的平房，带有厨房很方便，没有暖气，冬季生煤炉子取暖，但可以用电炉子做饭。全嘉峪关市只有西电二公司大院，允许职工用电炉子做饭。我和母亲经过反复考虑，为了生活的方便，也为了同雅成去我家更方便些，为我能进一步了解他提供更多的时间和机会。最后决定离开十四宿舍那间特殊的小屋，搬到西电二公司大院去住。

在赵科长和我的介绍人及同乡的帮助下，我们将房子简单地粉刷了一下，就搬进去了。我没有家具，只有一个简易小木箱子装衣服用的。房内借了西电二公司三张单人铁床，方便多了，再也不用小煤油炉子做饭了。

我和母亲有自尊　虽然住进了西电二公司的房子，但我和母亲还有一个不表态的原因，顾虑他是北京人，我是农村来的，并且还带着老母亲有拖累和负担，我和母亲有自尊的，别让他及北京他的家人瞧不起。最后我就挑明了说："你家在北京，你父母亲及全家兄弟姐妹同意吗？"他说："我已征求过父母亲意见了，他们说婚姻大事我自己作主。"他已看出了我和母亲对他是北京人的顾虑。他向我和母亲进一步介绍了他家的详细情况，他说："我家虽然在北京，是北京人，但成分是"市贫"，出身于赤贫的劳动人民家庭，家里有七个兄弟姐妹，五男二女，有一姐姐，我是老二。全家九口人，就靠父亲每月56元工资和政府补助的28元，来维持全家人一月的生活，每到月底就接济不上了，还要和街坊邻居或舅舅家借几元钱，才能接上父亲开工资的日子。"他还说，他上中学第一学期没有钱买书本，用姐姐用过的旧书，但数学和本学期的内容不一样，他在每天课后抄同学的数学书，回家后再写作业。第二学期他可以享受每月8元的乙级助学金，就可以买新书本了。语文老师看他太困难，送他一支钢笔，鼓励他克服困难，好好学习。他每天在家里，除了写作业，还要帮妈妈洗碗，晚上给弟弟妹妹洗脚，早上帮家里挑水、生好火炉子后带一个玉米面窝头，一块咸菜边走边吃去上学。就在这样的环境条件下，他还担任学习委员。1959年被评为三好少先队员，参加人民大会堂举行的北京市少先队建队十周年庆祝大会。初一时曾获得过北京市中学生优良奖章。著名教育家，十四中学校长温士一老师，经常在全校学生大会上表扬他。他最后说，我上学不容易，要感谢党和政府，感谢学校、老师对我的照顾和帮助。他接着说，他参加工作后，每月80元工资，自已只留20元，其余60元寄回北京，帮父母偿还300元的借债，维持全家人的生活，让弟弟妹妹上好学。

听了他的成长经历和他家的实际情况，让我和母亲感到很意外，也很惊讶。后来我和母亲慢慢对他改变了看法和想法，觉得他也是贫苦出身，虽然是北京人，但他说话诚实，生活很朴素。并且对我母亲很尊重和孝敬，他说："谁都有父母，我会赡养孝敬老人到老。"这点让我很感动。母亲对我选中这样一个女婿，满心欢喜。

但对他太老实，我有些疑虑，还去西电二公司，从侧面通过别人了解了他的一些情况，大家一致都说他诚实人品好，绰号"老黄牛"，每年都是二公司的先进工作者，他在荣誉上不伸手，在物质上不伸手。

有一天我问他，你看上我什么了。他说："看上你是党员，觉得你应该人品不错。"就这么简单。我们那一代人追求的最高政治思想，就是入党。无论是谁，只要加入了中国共产党，说明他就有了政治生命。他还开玩笑地说，听说你有一双大辫子。我说："曾经是大辫子，遗憾的是你没有见到，你只能在照片里欣赏了。"

珍贵的礼物　在我们相处期间的1973年，国家实行计划经济，物质很匮乏，买什么东西都是有计划，按比例发票给各单位，一个单位只能发几张票，不是人均都有，不是人人有钱想买就能买得到的商品，像大立柜、红灯牌收音机、上海牌手表、高压锅等商品都很紧俏。同雅成托人找来手表票，给我买了一块上海牌手表，当时很时髦。我那时很朴实、耿直，没有定下来关系，我决不收他的礼物，将手表还给了他。结果他背着我将手表给了我母亲，不让告诉我，直到结婚的前一天母亲才告诉我的，才将手表拿出来让我带上，这就是他在结婚前送给我最珍贵的一件礼物，也是唯一的一件礼物。现在早就不带了，但我一直珍藏着，它是我们爱情的开始，也是我们爱情的见证。

文明用语　礼貌待人　那时我对雅成的行为举止很不习惯，他常将"谢谢您、您慢走"挂在嘴上。我说，你们北京人多虚伪啊！有时让人觉得太假。他说："这是文明用语，礼貌待人，我是受家人教育和影响的。"我长期受他的影响，后来慢慢见怪不怪了，而且觉得很可爱。后来我处处事事也将"谢谢"挂在嘴边，无论请求别人帮忙或问路都要先说声："谢谢您"！再问路、再求助，特别在医院对医生、护士更是谢谢有加，已成了一种习惯，也不觉得虚伪了。俗话说："近朱者赤，近墨者黑。"在社会、科学、科技高速度发展的今天，在高度政治文明、物质文明的基础上，更要提倡高度的精神文明，人人文明礼貌，坦诚相待，才会达到社会的和谐。

一个极其简单的年代　我们的交往越来越多，就这样在每次的交谈中，相互了解对方，彼此有了好感，感情日渐加深，心贴得越来越近。我们从相识到了解，从相处到相爱，但谁也不会说出"我爱你"这三个字。我们那个年代，没有什么浪漫的事，没有甜言蜜语，那是一个纯真年代，也是一个极其简单的年代，说一声"我爱你"那就是一件严肃的事情了。晚上我们俩人出去遛马路，被熟人、同事碰见，我会介绍说他是从玉门油田来的老乡，他们都信以为真了，直到结婚前才告诉大家的。

我们从相识到相爱，半年的时间，那年我26岁，他29岁，我想一个人的性格、行为、品质已基本定形了，不会再有多大的变化了。我认定他就是我终生要依靠的男人。相爱的人是幸福的，能够找到爱的人是幸运的，我要永远珍惜这份爱，对爱负责。于是，他提出"十一"国庆节要结婚，我就同意和他结婚，继续走向我们幸福的未来！

隆重而简朴的婚礼　我和雅成于1973年8月11日在嘉峪关市新华街革命委员会，俩人正式登记，领取结婚证书。同年9月9日9点，在西电二公司的大会议室为我们举行了隆重而简朴的婚礼。按现在的标准衡量，简直无任何可比性。说是婚礼，就是在西电二公司领导、同事、朋友的筹办和帮助下举办的茶话会。在那个年代，我们不是军人，不是领导，而是普通的职工，我们俩有单位有组织出面办理，觉得就是最隆重最体面的婚礼了，动用西电二公司的大轿车，扮成彩车，系着大红花和彩带。雅成乘坐大轿车将我接上车，绕嘉峪关市一圈，再到十四宿舍接我单位机修厂的同乡友、同事、朋友，然后到西电二公司的大会议室参加婚礼。我们的轿车一到，同事就开始放鞭炮，当我们俩走下车时夹道欢迎，进了会议室更是热烈鼓掌，真是让我们受宠若惊，激动不已，两人赶紧向大家鞠躬表示感谢，会议室可以说是高朋满座。婚礼由西电二公司副总经理胡孟飞主持，介绍人：樊金荣、张峰两位作了我们双方的介绍，由冯景阳主任作证婚人讲话，然后主持人让我们俩向我母亲深深鞠了一躬，向所有来宾鞠了一躬，我们夫妻双方互相鞠躬后，我的爱人简单讲话："谢谢各位来宾的光临和祝福！你们的光临是我们最大的荣耀！谢谢大家！请大家吃喜糖、抽烟、喝茶、嗑瓜子！"按现在说就是茶话会，只不过当天的内容有所不同。但我俩还是特别激动，我们从内心感谢西电二公司领导、同事、同学、朋友对我们的帮助照顾和厚爱，感谢机修厂我的领导、同事、乡友、朋友对我的关照和偏爱。事后听朋友讲，因为雅成在西电二公司人缘好，又是二公司的"老黄牛"，所以领导和同事才为我们举办了婚礼。

我穿灰色带红格的上衣，同雅成穿蓝色"的卡"面料的中山服，是当时最时髦的衣服，他脚上穿一双棕色的翻毛低帮皮鞋，我穿一双带丁字形鞋带的皮鞋，就够体面了。

"洞房"就是西电二公司的两间平房。我的同乡友帮我刷了一道绿油漆的围墙裙带，比原来好看整洁点，但我爱人却不高兴了，他说："用公家的油漆不好，让领导和群众在背后议论。"为此事我们俩还吵了一架。他那时很廉洁，甚至到一个信封一张信纸都不能用单位的。我真不知道乡友是买的还是用公家的油漆，我到家他们已刷完了。

床是单位的两张单人铁床并在一起，就是一张双人床了。床上用品，床单、被面、枕头、枕巾、毛毯等都是大家送的，包括脸盆、毛巾、暖水瓶、笔记本等东西收了一大堆。可以说，我们是那个年代幸福的一对新郎新娘……

八、在火车上发生的一件事

结婚后的第二天，9月10日，我们乘坐开往北京的70次列车，带着母亲一块儿到北京看望公公婆婆和兄弟姐妹，在北京全家团聚过十一国庆节。那时每年国庆节，北京要控制人口的，家在北京的人由单位开证明，才能买到去北京的火车票，还要提前二十多天进北京，如果太晚就不给沿途站留车票了。所以就得提前起程。那时工资低舍不得买卧铺票，能买有座位的票就算不错了。在火车上，我们两人可以站一会儿或铺一张报纸坐在过道，让母亲躺在我们三个人的座位上休息和睡觉。

火车沿途路过陕西的咸阳、西安车站，我们出发前朋友任昌财师傅委托我们将他妹妹带到咸阳，有人来车站接她。我们一路互相照顾，到达咸阳站是第二天傍晚了，我们送小妹下车，站台无人来接，我爱人又回车厢了，还是没人来接，火车已鸣笛要关门了，我告诉小妹："你自己坐车回家吧！"我迅速上车，但我爱人又急忙下车了，火车已慢慢开动了，旁边的几位穿军服没有带领章帽徽的军人告诉我："大姐，我们是新兵，大哥托我们，如果没有人来接这个小妹，他怕小妹出事，他就送她到家。让我们几位照顾一下老人和你，明天到北京有人到站台去接，他再坐下一趟车回北京。"我一听新兵的这番话，很生气。因为我是第一次去北京，不认识他的家人，还带着老人。新兵又劝我说：

"他是帮别人做好事，你消消气吧。"我沉思了一会，冷静地想了一下，如果我们明天也不到北京，他们家再接不上我们会更着急的。这一夜我怎么也睡不着觉，心里总在发愁：明天到北京怎么应付他们一大家人呢？

经过一夜，第二天下午正点到达北京，我发现站台的人都走完了，也没有人来接我们，雅成的家人我只是在照片上看见过，印象不深，站台有一年轻小伙我看像三弟，他也只是看过我的照片，看着像我，但又不见他大哥，正在着急的时候，我就上前问了他一声："你是来接姓同的吗？"他说："是，那我大哥呢？"我说："他在咸阳站下车了，送一个人，做好人好事去了！"出站后二弟和妹妹都在车站外迎候，他们也发愣了，问大哥呢。三弟说："送人去了。"上了汽车后我才详细讲了他大哥送一个小妹的事。

我们到了家，公公婆婆、姐姐及全家人都在等候着我们，一听儿子没有回来，婆婆有点急了，但看着我们是第一次来家里，没好意思多说什么。但姐姐真生气了，她说："雅成太不像话了，没有这么办事的，主次不分，万一出了差错怎么办？"

这就是我的爱人，他平生做了许多这样的好人好事，可以说是当代的活雷锋。事后爱人劝慰我说："我们在遇到难以解决的问题时，不妨学着换个角度，换位思考一下，我们就会相互理解了。"他的这番话让我心平气和了。

九、游览北京

9月的北京秋高气爽，处处鲜花盛开，呈现出节日的气氛。我和母亲能有机会来北京过国庆节，别提多高兴了。在北京一个多月的时间里，爱人和公公婆婆及兄弟姐妹，对我和母亲无微不至的关心和照顾，并带我们游览了北京的天安门广场、故宫、北海、天坛、颐和园、十三陵等名胜古迹。

参观故宫 让母亲休息两天后，在公公婆婆陪同下又带我和母亲去故宫参观。我们从天安门城楼下进入到午门，母亲是位小脚老太太，她很兴奋，上台阶都不让别人搀扶，自己走，那年母亲已70岁了，一个三寸小脚的老人游故宫，看到什么都好奇，走到"太和殿"门前看到两个鎏金大铜缸，她问："这么大的缸？"雅成说是过去存水灭火用的。还有门前的一对大铜狮格外的引人注目。

进入太和殿后，母亲说："这是皇上住过的地方吧？到处都是金光闪闪，皇上的椅子那么大！"我说，皇上穿着大龙袍，所以龙椅宝坐就得特别大。游到了西宫"养心殿"，里面陈设着好多珠宝玉器，床上有五颜六色的真丝绸缎被子，多少年过去了，还完好无损。再到"储秀宫"和"乐寿堂"，这里是慈禧太后居住过的地方，布置、陈设极其奢侈豪华。

看古迹　赏美景　在北京度假最后的日子里，怕母亲和公公婆婆太累没有陪同我们。就在妹妹，小弟的陪同下，一起去北海公园、天坛公园、十三陵游览，去颐和园划船，游船穿

1973年10月　70岁的母亲在天安门留影

过十七孔桥，荡漾在碧波之中，周边环境幽雅、恬静。北到万寿山，湖山相映，景色非常优美，让人心旷神怡。

一个多月的时间里，我几乎游遍了北京的名胜古迹，玩得很开心。北京作为中国历史文化古都，是新中国的首都，是全国人民向往的地方，我有机会来到北京看古迹，赏美景，感到很幸福！

全家人其乐融融　那时婆婆家房子很小，约十四平米大的一间平房，称两间。四个兄弟都没有结婚，只有姐姐结婚了。屋里放有两张大床，男的住一床，女的住一床，还有一个两开门的小衣柜，一个小碗柜。公公晚上在单位值班不回家住，二弟住七级部宿舍。婆婆和我母亲住一张大床，三弟、四弟和小弟住一张大床，妹妹只得住在用厨房改造的小房子里，我和爱人住姐姐家。我们的到来给全家添了不少的麻烦，特别是房子小带来好多不便，但全家人还是其乐融融。

七十年代物资匮乏，商品紧缺，工资又低，公婆还要款待我们三口人，每天饭菜丰盛，鸡、鱼、肉样样都有。我和母亲从内心感谢公公婆婆及兄弟姐妹对我们的热情接待和照顾。

我和婆婆没有血缘关系，婆婆也姓李，巧的是婆婆的名字与我就差一个字，婆婆叫李桂珍，我叫李桂绒，娘俩差着辈分，公公婆婆叫我名字很尴尬，姐姐也无法叫我名字，所以大家就叫我小李。回到嘉峪关后，我决定将名字改了，

这一改就是一生。

十、回庆阳老家

转眼间在北京度过了一个多月难忘的时光,国庆节过后不久,我们依依不舍地离开了北京,离开了亲人,我和爱人带母亲回到庆阳老家。见到久别的姐姐,我们激动得热泪盈眶,与亲人团聚有说不完的话,聊不尽的事……

母亲在姐姐家休息两天后,第三天我和母亲回到李家村老家,探望了几位堂兄和嫂子及侄子,每家都十分热情的接待我们,每天要排队轮着去各家吃饭,各家有各家的特色,都是我和母亲、爱人喜欢吃的饭菜,像饸饹面、烧蒸馒头、发面大厚饼、面筋、绿颜色的面条等,特别是各种各样自家腌制的小咸菜,是爱人最爱吃的。水果有沙瓤西瓜、大蜜桃、甜瓜。

母亲无论到谁家,都要夸女婿人老实、孝顺,夸我的公公婆婆和家人,母亲说:"女婿全家人,为人热情、宽厚、很和善。"并炫耀她在北京看过天安门和皇上住过的宫殿……兄嫂们听得入了神。母亲还给亲戚看了她在北京的好多照片,能看得出母亲特别得意和开心。

我和爱人的假期已到,要返回单位,不得不离开淳朴、热情、善良的父老乡亲,将母亲留在姐姐家住一段时间,恋恋不舍地离开了故乡,离开了母亲和姐姐及所有的亲人。

十一、寒冷的春天

1974年的春天好像来得很晚,寒冷一直围绕着我的心灵。1973年9月我们结婚,1974年春,爱人去北京出差,在返回嘉峪关的火车上,发现自己左侧乳房旁长了一个大豆粒大的肿块,到嘉峪关半个月后,发现肿块又长大了。于是,我和他一起去"三九医院"检查,当天大夫就怀疑说:"男性乳腺增生很少,但乳腺癌的概率是有的,只有万分之几,取活检还不如直接做手术切掉它,做一个病理化验就放心了。"我是遇见大事不糊涂的人,我说:"为了保险,听大夫的做手术。"三九医院是原"北京平安医院",1967年迁往嘉峪关的,当时在西北医疗水平是最高的,可以说是一流的。爱人也同意了,马上预约手术,排队等候床位。

那段时间,我们的心情很沉重,因刚结婚半年时间,就要受病魔的折磨。最后总算住进了医院,经过详细检查后,进行了手术切除,做病理化验,一个星期结果才能出来,多么漫长的七天,一直在等待着。住院期间我除了照顾他还要上班,两个人的心都在揪着,但还在相互安慰着,没事,万分之几不会让咱们赶上的。真等到拿报告的那天,我是胆颤心惊,但还不能表现出来,只能安慰爱人:"没事儿,你是个好人,不会有事的。"当拿到报告一看病理诊断:"乳腺增生,无癌细胞。"我们提在半空的心总算放下来了,然后找大夫,大夫一看也很高兴,并说:"男性没有雌激素的刺激,一般不会复发的,就放心吧!"这时我激动地流出了热泪,直说谢谢! 拆线后伤口长得很好,有一寸多长的刀口,紧靠乳头的位置,不仔细看是看不出来的。

这次爱人住院没有告诉我们双方单位的同事,只有803电厂的有关领导知道,一是怕大家为我们着急、操心,二是男性患乳腺增生怕大家多虑,等作完手术后再说。爱人出院后休息了一个星期,就回803上班了。爱人这次手术后四十年多年过去了没有再复发。

爱人这次生病让我明白了,他的生命不仅仅属于他一个人,维系着两个完整生命的是两个人相互勉励,相互安慰,相互支持,共同面对,我不知道这是不是一种爱?这是我们结婚后对生命的第一次考验,对爱情的第一次考验,也是对那个寒冷的春天最深的记忆。

十二、平淡的日子

那一日,我是他的新娘,那一日,当母亲满心欢喜地把我交到丈夫的手里,我就知道,我的余生要与他拴在一起,今生命定,不能再回头,我们必将相携相搀着,走过一生中剩下的所有日子。从此每一个日夜,我都要与身边这个人共同拥有,无论幸福,无论苦难……世上有一种姻缘,唯一的爱是尊,唯一的情是本。从此每一个月的早晨,两个人出门相向而去,就带去了彼此一份牵挂。我每日的傍晚独守在家,盼望丈夫探亲的日子,他每到月底要从803电厂,回嘉峪关探亲一次。听到他的脚步声，直到重重的敲门声响，终于盼到了，在为他开门的那一瞬间，我是笑容满面为他开门，迎他进屋后赶紧让他换一身干净的衣服。我为他做几顿好菜好饭款待他，不到三天他又要出发回803了，就这样循环往复，历经了两年多的爱情印证，两地的分居，相互的牵挂，我们所理解的爱，不是海誓山盟，而是生活中的高山流水，是轻风细雨，是每月他归来的脚步声……是平淡又平淡的日日月月。同时我们能够体会到这平淡中的幸福，能够在一粒沙中见世界，能够在锅碗瓢盆中品味出坦然，平淡，但却温暖而实在。

我们那个年代没有什么浪漫的事，没有甜言蜜语，对我们来说思念、牵挂、平淡就是浪漫，爱情如此，人生亦如此。

十三、享受特殊待遇和特殊考验

1974年夏季，爱人还在803上班，我胃病反复发作，每天胃疼、恶心、呕吐不止，最后发现眼睛都变黄了，我实在忍受不了就去医院看病，大夫让我住院治疗，住进了三九医院内科病房，经治疗稍有好转。后又去妇科会诊，才知道我是怀孕了。

特殊待遇 我在房前种了好多西红柿，每天下班后，自己还要从房前较远的自来水管接水，两手提两个水桶去浇西红柿，别人看见都害怕，担心我会流产的。自己看见枝繁叶茂结满了红红的西红柿，由小长大由绿变红，让我开心让我品尝，更让我解馋。那时吃的水果有限，夏天有杏子，还得到酒泉城去买，让工乡友给我带一些回来解馋。水果蔬菜都是从内地调拨，主要的营养品不是豆腐炖白菜，就是白菜炖粉条，还有葱头炒土豆，每天上班总带"老三样"，有时做几条带鱼，很少有肉，因我不爱吃肉，喜欢吃带鱼。但我那时吃的是白豆腐，富强粉点心和好大米，因404基地803电厂属于国家特殊供应。爱人每月回来总会带一桶白豆腐和一些点心及大米回来，豆腐泡在水里能保存好长时间不会坏的，可以慢慢吃，这是我和胎儿享受到的唯一的特殊待遇。

特殊考验 我的肚子越来越大，但每天还是坚持骑自行车上班，车后还要带一个比我孕期晚45天的同班的孕妇芦秀芬一起上班，她小我三岁，她更有本事，我上车骑好后，她会蹦上我的后车坐。同事们开玩笑说："你的车上可是驮着4个人的生命哟！千万注意安全！"我说："我会注意的。"每天上班是下坡道较轻松，20分钟就到单位了。但下班时每天是日暮风起，黄沙满天飞，现在叫沙尘暴，那时每天风沙准时"迎接"我们下班，决不会迟到的。黄沙不分冬夏一直伴随着"护送着"我们下班，再加上慢上坡的路无法骑车，我就推着自行车，姐儿俩艰难地前行，经常会被飞沙走石吹得后退几步气都喘不上来，有时被风刮得眼睛睁不开只得眯着眼睛前行，但还得慢慢地走回家……就这样我一直坚持到孩子出生的前一天，还骑自行车后坐带着小芦去上班，对我真是一种"特殊的考验"！

去803"探亲" 1975年快过春节了，化验室同事们推荐我去803"探亲"，实际上是让我去那儿采购过春节的食品。爱人还得提前在803申请，开出兰州公安局某某机构的证明信我才能进入803的家属区探亲。于是，我买了一张硬坐火车票，舍不得买卧铺车票，当时我已是8个月的孕妇了，坐了几小时的火车到达了一个小火车站，爱人和司机来接我进入了803电厂的服务区。一片破旧的平房，显得很荒凉，我很吃惊，这就是803啊！到了他的单身宿舍更简陋，房间很小，房内放有两张小床，一个小桌子，一把椅子。午饭爱人为我接风，买了两个炒菜，三份炸带鱼，一大碗米饭我全吃完了，可想而知我多能吃啊！爱人笑着说："你几天没吃饭了吧？"我说："好几天没吃饭了，留着肚子来803改善生活，吃好的！"他又说："你现在得吃两个人的饭，还得为我们的孩子吃呢！"

晚上他们的黄经理请我吃丰盛的晚餐。吃饭间黄经理对我说："同雅成工作很忙，并且认真负责，得到你的支持，我代表二公司向你表示感谢！他对你照顾很少，深致歉意。"我只能说："他为了工作，又赶上搬迁，我只好自己去克服了。"

我在那儿只住了一天，爱人为我们化验室准备了五桶豆腐用水泡着，还买了好多豆腐皮和点心。

返回嘉峪关的那天，爱人的同学、同事都说我这么重的身子还来采购，带这么多东西，觉得不可思议。我说："你们这有人送我上车，到了嘉峪关有人接站，想沾你们803的一点光，我没什么问题的。"那个年代物资匮乏，商品计划供应，不得已才让我去采购的。

后来想想我真够胆大的，离预产期只有35天左右了，最后还早产了15天。

后来听好多人讲，在641、404等原子基地，女同志要怀孕，就要提前离开那里，怕孕妇、胎儿受辐射而畸形，而我还冒着风险去那个危险的地方"探亲"采购，后来越想越后怕，万一早产了怎么办？那里的医院是没有妇产科的，那次没有早产也算幸运的，是上苍保护了我们母女的平安！

十四、女儿的出生

女儿的出生是我和爱人生命的延续，精神的寄托。

三女天赐人间 1975年3月2日，农历正月二十，是女儿的生日。爱人赶紧写信告诉北京的父母，我生了一个女儿。父母回信才得知这是一个特别的日子，女儿的两个姑姑都出生在正月二十，每个人之间都相隔十七年，这是缘分还是巧合，很难说清。1996年在北京为她们三人一起过生日时，郎成喜姐夫为她们的合影提词："正月二十，三女天赐人间。"细细琢磨，这真是缘分，我高兴地说："不是一家人不进一家门。"

在女儿出生的前一天，3月1日，也就是正月十九，下午下班后，我和朋友小姜一起去洗澡，因我的预产期约是3月15日，我想在孩子出生前最后一次洗澡，要好好地搓一搓背，于是，小姜给我搓了后背，我那时很轻巧灵活，我又给她搓了搓后背。洗完澡后，我让小姜去我家吃饭，她是单身。澡堂离西电二公司大院很远，我推着自行车，我们姐儿俩慢慢走着、聊着，就觉得肚子有一点微疼，一会儿疼一下，我没有在意。到家后休息了一会，我就蒸花卷又炸带鱼，还炒了一个青菜，两人吃得很高兴。在这期间腹部一直一阵一阵地微疼，一会儿就过去了，还是没有在意，也没有告诉小姜。直到晚上9点多了，美玉要回六宿舍了，我才告诉她，我怎么肚子一阵一阵有点疼，她说："那我不走了陪你吧，万一夜里有事我陪你去医院。"我说："没事不用陪，预产期还有半个多月呢，你住我这儿没有公交车，还是回六宿舍吧，明天上班坐车方便些。"她走后，我就感到腹部阵疼的次数越来越多，间隔越来越短，我预感是不是要提前生了，赶忙拿出准备去医院的包，装好所需要的卫生纸、小孩小衣服、小被子等物品。我想等肚子疼得厉害了再去医院。还准备睡觉呢，去小便一下，起身一看痰盂里有血，这时感到不好，真的要提前生了，要马上去医院！

门上贴纸条 那时已是深夜11点多了，去三九医院得步行半个多小时。爱人这次走时，已和西电二公司的司机马师傅和隔壁邻居李嫂安排好了，我若提前去医院，就让他帮忙送我去医院，并说，他自己尽量提前赶回来。我一想这大半夜的，人家都睡觉了，麻烦人家多不合适，于是自己没有按爱人的安排去做，决定自己走着去医院。那时没有电话，就动笔写纸条，第一张是贴在李嫂门上的，"李嫂：我昨晚已去医院了，请您早上起来后去西电办公室，让张主任给803打个电话，告诉同雅成我住院了。"第二张贴在我家门上的，"小芦：我昨晚去医院了，你自己坐公交车上班吧，想法告诉班长安排别人去化验室上班。"

胆颤心寒去医院 那晚我贴完纸条已是夜里12点多了，嘉峪关三月份还是深冬，狂风怒吼，滴水成冰，天气非常寒冷。我穿着棉衣棉裤再穿上棉大衣，带上棉帽子、围巾、口罩，把自己武装好，背起大背包走出了大院。漆黑的夜让我恐惧，马路上无人无车，我是胆颤心寒地在寒风中行走，突然一阵大风卷着沙子吹过来，我一抬脚就向前跑几步，都快要飘起来了，便使劲向后挺站片刻，又继续向前走，就这样一会走一会停，那时真是寒风刺骨，肚子还在阵疼，就这样我一直坚持走到三九医院已是夜里12点40多了。

搓澡引起的早产 当我走进医院的妇产科，才觉得有安全感了，大夫抬头一看，我眉毛上结满了冰霜，她向后看没有人进来，就问你一个人来的。我说是，我爱人不在嘉峪关，在外地上班，大夫让我坐下来慢慢说，并给了我一张纸让我擦一下眉毛和眼睛上的霜。我告诉大夫，下午洗澡后，7点多就开始肚子疼，但不厉害，一阵一阵地疼，直到11点多看见小便后便盆里有血，这才害怕了就赶紧来医院。大夫听完后，让我拿出产前门诊检查复诊记录表，我急忙说预产期是3月15日。大夫问我，你是否洗澡时搓后背，我说是，我还给别人搓了搓背，大夫笑着说："你真行，你因搓澡引起的早产，如果快的话你会将孩子生在马路上，会将孩子冻死的，你的丈夫真够可以的。"

大夫让我上床，给我作了检查，听了胎音，她说："还好，你和胎儿一切正常，等着骨缝开大后才能生。"这时我才慢慢暖和过来。

夜里肚子疼痛一阵比一阵剧烈，坚持到了凌晨3点多，我头上冒出了大汗，我实在忍受不了啦，就喊大夫快来呀！一直折腾到4点多钟，小宝贝终于出生了，我是满头大汗，全身都湿透了，只听见孩子哭了几声，我就闭上了眼睛。

大夫喊我，睁开眼睛快看看是个"千斤"，我只看到大夫举着孩子，我努着力想看，可我的头怎么也抬不起来，说了声谢谢，又闭上了眼睛，那时我是精疲力尽一点力气都没有了，等大夫护士给我清洗后，护士喊我醒醒，让我回原病房的床上睡觉。

白衣天使给了我温暖 一位护士问我怎么通知你的家属。我说："请你帮我早上8点给西电二公司打个电话，让他们通知我爱人我早产了，让他速回。"我给她写了电话号码和爱人的名字，我说，谢谢你！这位护士微笑着说："放心吧，我会准时打电话的。"

早晨6点多，还是这位护士叫醒我："起来喝碗粥暖暖胃再睡。"给了我体温表，她让送早餐的人给我盛了一盒大米粥，放在小柜上，还说，趁热喝吧。我说，谢谢你！喝这碗粥我是喝在嘴里暖在心里。8点多这位护士告诉我："电话打通了，你爱人马上就会回来的。"我不由得热泪盈眶。

爱人归来 到了晚上，我们化验室的同事下班后来医院看我，记的是杨师傅和吴树榕两位先来到医院，我看见她们俩很委屈，哭起来没完没了。直到晚上10点多了，我爱人才从803回来，看见他，我更不顾在场的同事，又哭了起来，杨师傅和吴树榕直劝我："生完孩子哭对眼睛不好，谁知道你能早产呢？"我在无限的盼望中等待爱人的到来，好像一肚子的委屈要向他发泄，但看见他什么也说不出来了。我爱人直说："对不起，我回来晚了，请你原谅，我在803负责公司搬迁兰州的一切工作，装集装箱、托运，工程搬迁很麻烦，因你早产，我措手不及，安排交待完工作，下午就让司机送我回来，任师傅一路高速开车。"我也知道爱人工作忙，是803撤点搬迁的主要负责人，一切工作都要他去安排。可我自己也不争气提前生了，把他原来的安排打乱了，但我控制不了自己，不由自主地流泪。爱人安慰我说，都是我没想到你会提前生的。

爱人回到病房后告诉我："大夫说孩子很好，五斤六两，明天才能看孩子，还说你身体一切都正常，三天就可以出院了。你好好休息，我明早给你送饭来。"说完他就离开了医院。

这一夜我想了好多，我感到很幸福。女儿的出生是我和爱人生命的延续，精神的寄托。有人曾说过："母亲是一条永远流不尽的河，虽然此刻我只是长河中的一滴水，但我已经感受到伟大母爱的存在了！此时我牵挂着小宝宝在婴儿室睡的好吗？会喝奶吗？想着想着，我幸福的睡着了。清晨护士将我喊醒，发了体温表，我睁开眼睛说了声谢谢，好像还在睡梦中，昨晚睡得很香很香……

早上7点多爱人送来了早饭小米粥和煮鸡蛋。这天上午9点多，终于见到了小宝贝女儿，红红的脸蛋，高高的鼻子，头发又黑又长，浮肿的小眼睛突然睁开了，不停地张抿嘴舌，想要喝奶的样子，小手小脚丫使劲动着……我们俩像欣赏宝贝一样的看着女儿，约20分钟后护士进屋说："时间到了，孩子要喝奶了。"护士从我怀里抱走了女儿。

第三天上午，经过大夫的检查，说我们母女一切正常，可以出院了，我和爱人对医院的医护人员，特别是那位善良的护士，表示诚挚的感谢！办完出院手续后，我和女儿坐在西电二公司的大卡车的驾驶室里，由马师傅接我们娘俩回家的，那个年代我和孩子没有坐自行车回家就很幸运了，就算享受"高级待遇"了。

那时西电二公司的医务室已搬迁到兰州西固了，我们搬进了西电医务室带挂号小窗口的两间小屋，可用电炉取暖，温度不高但也不太冷。我的奶也下来了，女儿吃不完。

女儿生病了 到了第七天上午，爱人发现女儿脸发黄，嘴发紫，老打嗝儿，他说："孩子可能生病了，要马上去医院！"于是，他将女儿用小棉被包好，抱起孩子就去医院了，半天没回来，那时没有电话，我很着急，正好我的朋友郭秀芳来看我，我告诉孩子病了，小郭马上骑车去医院，看到孩子头上打着吊针，小郭告诉我爱人，小李在家很着急，我看着孩子，你回家接小李来医院陪护孩子。爱人回家告诉我，今天多亏医院的"小儿王"大夫值班，他诊断是"败血症"，由肚脐感染引起的，并说及时治疗会好转到痊愈的。就这样我又返回了医院，住进了小儿科，经过"小儿王"的精心治疗和医护人员共同护理，孩子转危为安！

我的宝贝女儿越来越可爱，脸蛋、眼睛、鼻子显得很秀气，像个小洋娃娃一样躺在我的身边，让我很开心。

半个月过去了，爱人又掂着803搬迁装箱的大事，他和我商量，想回803一趟，很快会回来的。他怕我坐月子受风，就准备了好几桶和一洗衣盆水，让我给孩子洗尿布用，还准备了一个空桶作大小便用。怕我出门倒脏水受风，就将大门锁上，有人来让我将钥匙从挂号的小窗口递出去，让客人开锁进屋。隔壁的李嫂我出院后不几天就调往兰州了。他走后我的全身一直在疼，还要给女儿洗尿布、喂奶、做饭。

挂号的小窗口 有一天杨师傅来看我和孩子，奇怪门被锁着，她在外面边敲门边喊我，我在屋里听见了是杨师傅说话，急忙应声打开挂号的小窗口，喊了声杨师傅！并将钥匙递给杨师傅，她开锁进屋后就生气地说："屋里全用电，万一着火出事跑都跑不出去，周围喊人都没有，同雅成脑子太简单了。"我忙对杨师傅解释说，他怕我出门受风，就将我们娘俩锁起来了。杨师傅再三嘱咐我千万不能再锁门了。那段时间化验室的大部分人去修机场路，杨师傅和同事、同乡朋友只能下班后来帮我倒脏水，也怕我出屋受风。我非常感谢杨师傅及同事和同乡的朋友，在我最困难的时候对我的帮助和照顾。

一周后我爱人处理完803的工作后，回嘉峪关继续照顾我们娘俩到满月后又返回了803。

女人一生，最痛苦最难的就是生孩子这道关，想让亲人和爱人陪伴在自己身边，安慰自己，照顾自己，排忧解难。可是爱人为了工作，为了顾全大局，为了二公司的搬迁能顺利进行，舍小家顾大家，努力克服困难，他克己奉公的精神也影响着我，我们俩都是共产党员，要以个人利益服从党和人民的利益，当国家利益和个人利益发生冲突时，要以国家利益为重，庄严的入党誓言一直约束着我们的一言一行。

十五、工作调动　顺理成章

西电二公司搬迁兰州后，爱人多次找西电二公司领导，要求调入三九公司，留下来照顾我和女儿，但西电二公司领导坚决不同意，为了不让同雅成留在三九公司，西电二公司领导同意接收我调入西电二公司化验室工作。我经过反复思考，进行了思想斗争，最后作出了一个决定，既然嫁给了同雅成我就要和他一生同呼吸共命运，一路同行。

调离三九有章可循 1967年酒钢二次上马，"三线"建设是全国的重点，酒钢是三线的重中之重，要从三线向西调可以，向东调出酒钢是决不允许的，单位要放我是很困难的。我总算等到满月的日子，我就决定去三九机修厂试一试，找一下厂的领导。记的那天到了厂里，厂办公室秘书告诉我书记到兰州开会去了，由徐厂长主持全厂的工作，徐厂长今天去公司开会了。徐厂长和杨师傅都是从辽宁昂溪机修厂一起搬迁到嘉峪关的，他住杨师傅家隔壁。当天晚上我和爱人先到杨师傅家看望了两位师傅，向他们讲明了西电很快要全部搬迁到兰州西固……我想找徐厂长，不知他是否能放我走？杨师傅二话没说就带我们去了徐厂长家，厂长对我有点了解，因我借调组织科清理档案时和他有过接触。我向厂长介绍了我爱人在西电二公司，是流动单位，现公司全部搬迁到兰州西固，单位不同意他调往三九公司，但同意接收我调入西电二公司。当时徐厂长思考片刻，他说："国家有政策规定，建筑和流动单位夫妻分居两地的，生活上要给予照顾，我首先以我个人意见表示同意你调出，明天厂党委开会再讨论通过一下。"第二天厂党委开会，同意徐厂长的意见，同意我调出三九机修厂，随西电二公司调入兰州。就这样机修厂批准我调出，顺理成章。

当我办理完一切手续和组织关系，我非常激动。我要离开大家去西电二公司工作了，向大家一一告别。这一去就是32年，直到2007年夏季，我和爱人重游丝绸之路，回到嘉峪关才看望了他们。

休完产假56天上火车　　1975年4月28日，我休产假的最后一天第56天，我和爱人乘坐开往兰州的列车，带着出生刚满56天的女儿，离开了嘉峪关，离开了我的第二故乡，离开了化验室的同事、离开了工乡友、朋友、离开了医务室带有挂号小窗口的两间平房，曾经给过我们母女俩温暖的小屋……经过一天一夜到达兰州西固。

西电二公司调令要求我5月4日前报到，我于4月29日到达到西北电力建设局第二工程公司，临时安排我们住在招待所里。后经公司行政科安排了二间平房家属宿舍，经过简单的清扫，借了单位两张单人铁床合拼成大床，搬进了行李，稍事安顿后，于5月2日爱人带我去劳资科报到，被安排在质检科化验室工作，科长让我先将房子安排好后，于5月8日去化验室报到上班。西电二公司对我很照顾，让我感受到新单位的温暖。

十六、为西北电力建设的六年岁月

新单位新环境 西电二公司质检科化验室，有探伤组、物理组、化验组。由钟继忠、闫兴斌两位师傅负责各组及全化验室的工作。全室共13人，物理组3人、化验组3人、剩下7人全是探伤组的。翟青山师傅任化学组组长，他告诉我："他做碳硫分析，让我和程玉芳师傅一起做其他元素的分析化验。

到了新的单位，环境变了，但工作性质没有变，还是和化学元素打交道，但原材料分析元素多了，采用多元素联合测定，样品多，化验速度慢，由快速分析变成了多元素联合测定，一个上午一批样品的报告发不出来，我很着急，加上人生地不熟，很不适应新的工作环境。

那时我的女儿刚两个月大，送托儿所她们说，孩子太小不接受，放在家里不放心，每天回家喂奶，孩子经常从床上掉到地上，哭着哭着就睡着了，抱起女儿一看她睡在尿里，我的心很疼，不由得流出了泪水。每天上班前我都是用被子枕头将女儿围起来，但她一哭一使劲还是会掉到床下睡着了。我每天在化验室做化验全神贯注，经常忘了喂奶的时间，程师傅为人友善、朴实，经常提醒我："小李你该给孩子喂奶去了。"我这才恍然大悟，赶紧骑上自行车往家里跑，到家后听到孩子的声都哭哑了，眼睛哭肿了，我直说："宝贝对不起，妈妈回来晚了，让你挨饿了，慢慢吃，妈妈下次不会再晚回来了，不会饿着宝贝了。"但第二天照样又晚了，就这样经常对不起孩子，亏欠孩子。我们那时规定每天给孩子喂奶两次，上下午各一次，每次一个小时的时间。

女儿水土不服 到兰州后饮用黄河水，女儿一直腹泻，带孩子去过兰州的陆军总院和中医医院都看过，吃什么药都不管用。孩子掉在床下成了家常便饭，隔三差五就掉一次，没办法我就和托儿所的所长商量，能不能让我们孩子提前上托儿所，我实在没有办法了，所长也很同情我，于是，就破例接受了我们4个月大的孩子，不能坐硬板小车，躺着就哭，阿姨们就轮换着抱我的孩子。我女儿长的很可爱，看见阿姨就乐，所有阿姨都很喜欢她，因她太小了，不忍心让她坐硬板小车，怕她小屁股疼痛受不了。每天阿姨还要给她换三条小裤子，都被腹泻弄脏了，一点办法都没有，我缝了八条小裤子来换洗，孩子天天腹泻，营养吸收差，又瘦又小，也不长个儿。爱人那时工作更忙，早上从西固出门去兰州市办事，晚上才能回家，还经常去外地出差，家里接送孩子、做饭、洗衣服全是我一人对付着。

到了1976年2月过春节，我和爱人带着女儿回北京看爷爷奶奶，很奇怪，到了北京第3天女儿就不腹泻了，什么药也没吃就好了。就是典型的水土不服，在兰州由黄河水造成的慢性肠炎，到北京水质好，女儿的肠炎也就好了。

但女儿又因感冒患上了"百日咳"，去了好多医院看病，都不见效，春节期间，除了去亲戚家、同学家拜年，帮婆婆洗些衣服外，大部分时间全去医院了。直到返回兰州也没有痊愈，一直到了夏天才慢慢好，真是一个顽固的"百日咳"，真咳了一百多天才好的。

在兰州西固的几年里，总是忙个不停，"三点一线"，化验室、托儿所、家，6年里连兰州市的商店都没有去过，只是带孩子看病去过两个医院。回想那些年不知是怎么走过来的？

帮龚师傅治好了10年的病脚 化验室的物理组有一位姓龚的师傅，四川人，说话声音很小，性格温柔，显得很淳朴。她走起路来好像一走一歪的样子，夏天总穿着棉鞋。开始不好意思问，最后时间长了，休息时大家都在一个办公室也熟悉了，我就问她，龚师傅你穿那么厚的鞋多热啊！这时她才告诉我："我原来是西电一公司的，1965年我结婚前，从西固的钟家河坐市郊火车去城里买东西，因太累了，在返回时的火车上睡着了，要在钟家河站下车，惊醒后火车已慢慢开动了，我感觉火车开地很慢，就带着东西跳下火车，当时就被火车压断了左小腿，已是粉碎性的骨折，无法再接上，就截肢了一部分，伤口好长时间才恢复痊愈，后来装了假肢。右脚受伤后一直没有愈合。"她脱下袜子让我看，脚背紧靠脚中指部位的中间一片糜烂的伤口，她说："隔段时间就流脓流血，有时稍好一些，但没几天又化脓了，已10多年了就这样折磨着我。"我看了后真是心疼。当天就去公司医务室找医生了解了一些情况，陈大夫说："龚师傅的伤口已成溃疡性骨髓炎了，无法根治。"我说我在三九当过"红医工"，我想试试看，就从医务室拿了一瓶酒精、碘酒、棉球、消炎粉、纱布等，我每天坚持给她清洗消毒伤口、换药，一个多月过去了也不见效。还因她每天下班后回到家，做饭、刷碗，晚上将左腿的假肢卸下，还要跪在地上洗衣服，我想这可能也是不愈合的原因吧？

她的丈夫对她很不好，我调入兰州西固没多长时间，有一天在食堂大厅开职工大会，当场宣布龚师傅的丈夫因强奸少女被逮捕，最后判了7年徒刑，直到我调离二公司她的丈夫还未出狱。

福不双降，祸不单行。龚师傅怀大女儿时因怀孕期受射线辐射致使女儿残疾。她怀孕时每天在物理组用砂纸打磨样块，边洗边磨，探伤组的伽马射线箱就放在水池下，那时人们跟本不懂辐射，探伤组的人也不负责任，随便将装有伽马射线的箱子放在水池下。等到龚师傅女儿出生后发现一条腿有残疾，后经医院检查长了一个瘤子，作了截肢手术，一条腿全截掉了。

不幸的遭遇全让龚师傅赶上了，我看了她的家我更难受，她太不幸了，我一定要帮她治好那只病脚。

我决定去找兰州陆军总院的医生能否根治。于是，有一天我和化验室领导请假，讲明要帮龚师傅治脚。当天去兰州市陆军总院挂了一个外科专家号，向医生介绍了龚师傅的病情，医生说："这么多年了一定是骨髓炎，要想彻底治好就得住院进行手术、植皮治疗，并要有人陪床护理。"我回单位后向领导汇报了情况，能否给她假期住院治疗一段时间？领导同意她住院，但她家里的困难无法帮忙。龚师傅说："家里不用大家照顾，女儿、儿子生活都能自理，陪床有困难需要单位帮助。"我当时孩子小无法夜里陪床，我早想好了，早上将孩子送托儿所，白天让阿姨给我女儿喂些奶粉就行了。晚上谁能陪夜班就能解决了，当时程师傅孩子大了，她丈夫是物理组的郑师傅能照顾孩子，再说她们两口子和龚师傅都是1958年从四川一起来参加工作的老乡，照顾更好一些。

就这样龚师傅住进了兰州陆军总院，经过两次手术及医护人员的精心治疗和护理，我和程师傅的耐心伺候和照顾，两个星期伤口就慢慢好起来了。龚师傅激动的含着热泪感谢大夫和护士，感谢我和程师傅及班长，我说只要您脚好了不疼了，能穿上正常的袜子和鞋上班，我们比什么都高兴。出院后由单位医务室负责换药，一个月后伤口痊愈了。

龚师傅10多年的伤口经过一个多月的治疗全好了，这也是一个奇迹，我真为她高兴。程师傅和化验室的同事们更深有感触，亲眼看着她这十多年吃的苦受的罪，大家有目共睹，谁也无能为力，让她住院。她说家里有困难离不开，就这么忍受着左腿假肢，右脚糜烂的折磨十多年了，她太能忍受痛苦和磨难了……曾有名人讲过："人生有千百种灾殃，畏惧这些灾殃才是最致命的。"

挖防空洞　70年代初我们和苏联关系越来越紧张，国际形式风云突变，特别是珍宝岛自卫反击战后，备战备荒为人民，一直在继续深入，挖防空洞是最重要的措施，当时的口号是："深挖洞，广积粮，备战备荒为人民。"我和爱人轮流参加下井挖防空洞。1977年的一天，爱人在井下防空洞里，使用电钻时腿部受伤，被同事送到医务室，治疗后还是疼痛难忍。最后去兰州陆军总院检查诊断：长了骨瘤，要作手术治疗，我们一听很害怕，担心会不会是恶性的，要求去北京治疗，经单位批准同意他去北京治病，但材料科要求他兼职，常驻北京国家电力部工作。

爱人常驻北京国家电力部　70年代国家是传统的计划经济，国家统筹计划，设备、物资等需要国家各大部批准。西电二公司就让爱人常驻国家电力部，负责联系第一机械工业部、物资部，将申报的计划得到各部申批后，要在北京重型电机厂、哈尔滨锅炉厂、汽轮机厂、北京开关厂等生产单位订合同，负责催促厂家发货。有时二公司急用某种设备，要求迅速到位。那个年代不论是谁只要在各大部要设备、物资，就要有耐心和厚皮脸的"精神"，软磨硬泡，今天不给，过两天再去磨，今天人家不高兴少磨一会，那天他顺气脸色好看多磨一会，直到同意、审批为止。爱人既不会抽烟又不会喝酒，有一次在物资部，看着同来办事的人给那位领导点了一支烟并在桌上放了一包烟就解决了。爱人就当面对那位领导说："我不会抽烟，我要的设备是国防建设的重点工程，耽误了你负责吗？"这位领导忙说："马上给你批。"就这样急需的设备得到了解决。那时物资匮乏，要求每年在北京、上海、几大城市开定货会，今年订上合同了就有货供应，订不上合同就等明年的订货会了。

爱人就这样带病在北京担负着二公司设备、物资的供应工作。我深知爱人的工作责任重大，但又担心他的病情会不会发展，治疗有效果吗？他在北京武警医院骨伤科看病，进行保守治疗，无条件住院做手术治疗。那时没有电话，只能写信报喜不报忧，我为他的骨瘤病情担忧，但我能理解他的工作性质。我在兰州带着2岁的女儿，坚持在化险室工作，把好建电厂原材料质量的一道关。我们各自在不同的岗位上做着不同的工作，不同的贡献，克服着各种不同的困难。

一场大火 1978年母亲在姐姐家得知我一人带孩子上班有困难，就来帮我接送孩子去托儿所。记的是夏天的一个早晨，我起得很早，赶紧去接挖防空洞的早班。因当时任务紧，兰州西固地区防空指挥部要来公司检查验收，为了赶进度，四班倒赶任务，每班上6个小时昼夜不停，我要早上6点接班，无法送孩子上托儿所，我让母亲8点钟再送孩子去托儿所。母亲起床后去房外搭建的小厨房给孩子热奶，她一点煤气灶，嘭的一声！遍地着火了，孩子就跟在姥姥身后，听母亲讲，开始地面起火将孩子烧着了，她急忙抱起孩子一边扑灭孩子头发上的火，一边往外跑，将孩子扔出小院子，她又回头进厨房将着起火的煤气罐用脸盆盖住，又急忙跑到院外喊人着火了！着火了！这时院外有人听见了喊声和孩子的哭声，就找公司大门的门卫，拿着消防灭火器和消防钩子，迅速赶到现场，将煤气罐钩出厨房，放在一个空场上。火焰喷出五层楼房高的火柱，30分钟还未喷发完。这次大火将母亲和孩子吓坏了。

大家打电话到化验室找我，我去挖防空洞了，又去防空洞才找着我，我在井下洞里，让我赶快坐吊车上来，我不知发生了什么事。上来后他们才告诉我，你家着火了，我一下懵了，这下孩子和母亲都完了！他们又急忙说："孩子和老人都没事，只是厨房着火了。"我说，昨天傍晚刚换的一瓶气，晚上也没有用过，可能是直角阀门漏气了，当时我的双腿发软怎么也骑不上自行车，最后她们将我扶上后车坐，是一位男师傅骑车送我回去的。一进公司大门就看见大院里一个液化罐正喷着大火柱，太可怕了。到了家大火已扑灭了，已有好多人围在母亲的身边，她的胳膊上被厨房顶烧化的沥青油烫伤了两块，没有看到孩子，我问孩子的情况。她们都说孩子没事，没有烧伤，只是头发被烧了一下，怕孩子害怕，让别人抱走了，现在不知在谁家呢？

随后我看了一下厨房的房顶烧了一个圆洞，碗柜烧坏了一个角，好几个人帮我擦洗灭火器喷出的白色液体。我就陪母亲去医务室处理伤口了。一会儿一位师傅将我女儿抱到医务室，我一看见女儿头发烧成了黄色烫发卷了，她的睫毛原来很长，向上卷着，全烧没了。我带她去理发室推掉一层烧焦的黄卷。这次大火没有烧伤女儿和母亲，是不幸中的万幸。但这次火灾对女儿造成很大的精神创伤，这年她不到3岁，直到10岁多女儿都不敢用火柴，不敢点煤气炉灶。

当天傍晚漏气的煤气罐冷却后，我才去煤气公司换了一瓶新的煤气。

建电厂必须把好原材料质量一道关 我知道每新开发建设一个地区或城市，公路是先行，电力也是先行。建电厂原材料的质量是重要的一道关，每种原材料的用途都不一样，就好像每个人一样，在这个岗位上就能胜任，但放到别的岗位上就不一定能承担起责任来，钢材也是一样，一种钢材的成份含量可以多用，但在特殊的岗位上就不能胜任，甚至会造成事故和重大损失。有时原材料在成品入库时质量检验的报告贴错了；有的在出厂时装错了；有的在运输流程中出了差错等等原因，这些都有可能发生，这就要求质检部门严格把好质量这道关尤为重要，尤其是修建电厂原材料的成份含量、物理性能要求更高更严格。

我调到西电二公司后，首先考验我的就是二公司自己研制安装一台百吨塔吊，因为当时要和国家设备部临时要一台百吨塔吊，那是难上加难，甚至一点希望都没有。所以公司领导及技术人员多次商讨，决定公司自己研制安装一台百吨塔吊，有技术过硬的高压焊工的有利条件，但对原材料的质量、化学成分、含量、物理性能要求非常严格。对塔吊原材料每来一批试样，我们都要认真化验好多次，才能发出报告，因为百吨塔吊要求经得起高温、严寒的考验，如果硅含量超出要求范围，含量高材质会变软，夏季遇高温塔吊就会弯腰了，含量低材质发脆没有韧性；如碳和锰两元素含量超出要求范围，过高材质遇严寒大风会断裂，如过低没有强度和耐压力等等。所以我们化验员要有高度的责任心，分析试样注意力一定要高度集中，每一批试样，每一份报告都要准确无误。这台百吨塔吊制造完成后，因毕竟不是专业厂家制造，但经国家有关部门的试验、检查、验收合格后，准于使用。这位"巨人"为甘肃的"连城电厂"的建设立了汗马功劳，经历了几年的高温和严寒的考验，一直"战斗"在第一线。

我在兰州西电二公司的几年里，公司除了修建保密电厂外，还陆续修建了好多普通电厂，如连城电厂、靖远电厂、长庆电厂、葛州坝水电站等电厂的建设工程，以及兰州西固电厂的扩建和大修任务。自己和各位师傅努力完成了以上电厂所需要的原材料的分析化验任务，把好了原材料质量这道关，为西北的电力建设做出了自己应有的贡献和力量，感到很欣慰。

三个液化气大球罐 1979年，西电二公司承担了"兰炼兰化"三个液化气大球罐的制造项目，是我国的一项重点工程，所用钢材是国外进口的6公分厚的合金钢板，需要我们重新测定它的成份含量、物理性能，对技术和安全要求更加严格。球体高达十几米，直径十几米的大球罐，球内要装满液化气，压力很高，如有焊缝漏气，遇雷电引火，就是三颗"原子弹"，随时都有爆炸的危险。所有参加会战的人员，大家都高度紧张，这是一项任务艰巨、技术含量高端的工程，能否攻克难关完成任务？技术人员和工人师傅心里都没有底。首先让我们化验室对原材料进行多次成份含量的分析测定和物理性能的检测，原材料各项质量合格。

当时要将6公分厚的合金钢板焊接在一起，在国内这方面技术是空白，焊接时钢板的温度达不到一定的温度，高压焊工无法将其焊到一起，最后公司决定让化验室的物理组想法帮助解决，物理组，只有三个人，一男两女，其中包括装有假肢的龚俊英师傅、李师傅（女）身体不好，只能在室内打磨试样看片子，无法外出去现场，只有郑仲平师傅一人能参加。当时班长传达了公司技术科、质检科领导的意见，化验室人员要全力以赴，投入大会战。当时探伤组有七位，物理组一位，化学组我自愿要求去参加大会战，是唯一的一名女同志。我们化验室参加会战的共9个人，分四组，每组两人，同时烘烤，有一人是备用军准备替换的。当时需要高温煤气炉烘烤加热4公分厚的钢板，达到一定的温度后高压焊工才能焊接。当时正处夏季高温，河西走廊温度有时竟达40度以上高温，我们还要手握点燃后的单眼煤气炉来加热钢板，两块钢板同时加热，焊工手握焊把、焊条，等待火候达到一定的温度时迅速焊接。经过我们的努力配合和高压焊工师傅的精湛技术，使焊接试验成功，经探伤组检测，焊缝合格。我们经过高温、煤气炉的烘烤大家开玩笑说："都快烤熟了！"但谁也不觉得苦和累。大家经过一段时间的共同努力，焊接不断加强改进，行成了一个整体配合技术，攻破了难关，得到二公司领导的加奖表扬。现在回想起自己当年什么都敢干，不怕苦不怕累，不分男和女，自己能干就干，能帮就帮，连自己都佩服自己。

后来就由焊工班他们自己组织人员边烤边加热边焊接，经过高压焊工的艰苦奋战和各方的共同努力，在两年的时间内，顺利完成了三个大球罐的任务。那三个大球罐雄伟地矗立在兰州炼油厂旁的一片空地上，经西电二公司探伤组的认真检测，省级及国家有关部门的技术安全检测、检定、验收合格后，交给兰练、兰化两厂储备液化气使用。为80年代河西走廊和兰州地区的液化气储备，立了大功，做出了巨大的贡献，使工业用气，居民用气都得到了很大的改善。

多少年过去了，三个大球罐依然为我国西北的兰州地区液化气的储备默默地奉献着毕生的力量！

　　回顾在兰州西电二公司的六年岁月里，我虽然没有做什么惊天动地大事，但这六年的经历，工作的责任感，曾为西北的电力建设事业做过贡献，就足够了。

第四章 在首钢的岁月

一、调往北京

爱人因病对调北京 1980年我的爱人因病情加重,需要在北京长期治疗,就申请调出西电二公司。爱人的对调对象是北京国家建委中建一局五公司的一位建筑工人,瓦工。他的家在兰州西固,离西电二公司不远的钟家河附近的半山坡上。为了调动能顺利进行,我骑自行车多次去过他家,去时爬坡推着自行车上山,往返两个多小时才能回到单位。此人家里两位老人患病,妻子带着两个孩子还要照顾有病的公公婆婆,确实他家有很多困难,所以此人想调回兰州西固好照顾家人。最后经过半年多的时间,通过双方的努力和两个单位人事劳资部门的协调支持,对调终于成功,双方困难得以解决,皆大欢喜。爱人于1980年8月对调回北京继续治病。非常感谢西电二公司给予的大力支持和照顾。

女人调动更困难 一年后为了照顾爱人,陪他在北京继续治病,我也对调到北京。但80年代调往北京是一件很困难的事情,况且我是女同志,进京指标、户口问题,可想而知困难有多大,那个年代回家探亲还要去派出所登记,办理临时户口,暂住证。与我对调的也是同一个单位,但因我是女同志和男同志对调,对方不接收,只答应给我办理调入北京的户口手续,劳资关系只能办理临时注册。必需找一个男同志进入国家建委中建一局五公司,一个萝卜顶一个坑。因为此单位是建筑单位,人员控制很严,调出一个男的必需调进一个男的,并且具有北京市户口的国营单位的正式职工。让我自己去找接收单位,要求尽快办理。当时在北京有正式工作的人谁愿去建筑单位,不但流动性大,而且工作还很艰苦。就这样重重困难摆在我们面前,我是着急上火,焦虑不安,昼夜难眠,担心限时到期,来之不易的对调名额作废了该怎么办?公公婆婆及全家兄弟姐妹都为我们着急。

最后我爱人找到他的一位同学，他是独生子，从兰州调回北京延庆县他父亲的单位，接父亲班的，找他商量能否愿回北京市内。朝阳定福庄地区的国家建委中建一局五公司工作，虽然是建筑单位但离家近，能照顾老人、爱人和孩子。他听了后同意调往市内中建一局五公司工作，经他多方努力，原单位同意他调出，调进了中建一局五公司。

最后我由爱人的四弟帮忙，调入了北京冶金机械厂。当时厂里也不愿接收女同志。四弟和厂领导讲了我的情况，他说："我大哥大嫂从西北调回北京不容易，也是我父母亲最大的心愿。"厂长说，厂里职工已满员，不愿再调入女同志了。四弟当时都急了，他说："厂里如果不接收我大嫂，限期一周内将我调走。"当时四弟是厂里的年轻骨干力量，任厂团委书记，金一车间团支部书记，具有一定的领导能力，领导决不会放他走的，就在这种情况下冶金机械厂才同意接收我的。我于1981年10月8日由西电二公司调入北京国家建委一局五公司，45天后，于同年11月27日调入北京冶金机械厂行政科食堂工作。我很感谢厂长，当时厂长很为难，他说："我曾讲过化验室不许再往里调人了，但李厂长退休时让我将他的儿子从金工车间调到化验室，我很为难，老厂长退休前只有这么一个愿望和要求，我不能让老厂长失望，就决定将他儿子调到了化验室，并讲了以后一个人也不许调进化验室。"所以让我去食堂工作我也很知足，能接收我就不错了，让我干什么都行，并且要干好。我和爱人由衷地感谢四弟的鼎力相助，他的仗义我们终生都不会忘记！

去食堂报到后我调到面案组，一位姓贺的老师傅带我学蒸粗粮窝头，后来我负责用电烤箱烤发糕，粗粮细做，换着花样做，让职工看着色香味美的金丝枣糕就想吃，职工普遍反应粗粮品种多，好看又好吃。我听了群众的赞誉也很开心，我想不论干那一行，不论在什么岗位上，都要踏踏实实地干好本职工作。

二、生活的艰辛

能调到北京工作，对于好多人来说是梦寐以求的，对我们全家来说团聚更是盼望已久的。但到了北京面临许多的困难，要你去面对，去克服。

第一找接收单位，让你着急、焦虑，但在同学的帮助下，特别是在四弟雅利的鼎力相助和努力，得到了解决。

第二个困难，无房住，我还带着78岁的老母亲。那年三弟和四弟已经结婚了，但婆婆家一间小平房里的两张大床还是很挤，当时婆婆和小弟住一张床，妹妹和我母亲挤一张床，我和爱人及6岁的女儿住小厨房。我们一家三口就挤在这个不足5米的小房里，生活起居很不方便，大家都很尴尬。加之那时食品供应凭副食本、凭证、凭票购买，就连每天生火炉常用的火柴，每月凭副食本购买每户才能买5盒。我的户口还在单位，母亲和女儿户口留在了兰州。所以当时我没有接收单位，没有工资，没有一切副食待遇，只有爱人一个人的工资给婆婆，我们四口人生活费远远不够，给婆婆家带来一定的负担。

住在木板房里 爱人在无奈的情况下，就抢占了五公司在定福庄三间房的生研所院内，有农民工住过的一间木板房宿舍，因年底农民工要回家了，他们走的那一天，爱人和同事简单地打扫了一下卫生，就将门锁上了。第二天我和母亲及女儿就从槐柏树街北四条十二号院搬走了，住进了一间木板房里，现买煤生炉子，取暖做饭。因已是11月中旬了，天气已很冷了。将我从兰州运回北京的行李箱从永定路二弟家拉到了生研所院内的木板房前，现打包装箱，拿出被褥现铺床，幸亏屋里有三张单人铁床，母亲住一张，另外两张床合并了一张大床，我们夫妇和女儿住一起。女儿从西便门小学转到定福庄三小继续上一年级第一学期的课。

爱人抢占木板房后，单位行政科的一位科员，天天找我们谈话让搬走，我说，我刚调回北京，实在没有地方可去。最后爱人找行政科领导说明了情况，承认自己抢占房子不对，但实在没有办法了，领导得知我们确实有困难，就让我们继续住了。还批准在五公司借了一套煤气灶具及液化罐，做饭方便多了。

同年11月27日北京冶金机械厂通知我去劳资科报到，12月1日去食堂上班。

12月的北京非常寒冷，一阵阵的西北风把木板房的门窗扑打得"哗哗"响，好像要将房顶掀起……大风过后没几天又下了一场大雪厚厚的盖在房顶上，房前屋后被雪包围了，屋内更冷了，生着煤火炉子也觉不出暖和来。母亲已78岁高龄了，她一直穿着棉衣棉裤睡觉，在床上缩成一团，给她多压一层被子，她说，压的她连身都翻不了。晚上我们挂在墙上的衣服，早晨起来就冻在木板墙上了，使劲往下拽才能拽下来，窗户的玻璃上结了厚厚的一层冰，屋内张嘴说话能看见哈气，可想而知屋内的温度是多少，因为那时的木板房太薄太不保温了。就这样挺到冬去春来。

我盼望着春天，春风带来了温暖，太阳照暖了大地，阳光暖融融地照在我家的木板房上。母亲每天追着晒太阳，上午南边晒，下午西边晒，房内也逐渐暖和了点，但火炉一直不敢撤。

春天的到来让我脸上有了微笑，星期天在门前的一片空地上挖了挖土，修整出一小块地来，去通县买了点云豆、西胡芦和菠菜籽回来，种在我挖的这块地里。我负责浇水，母亲和女儿负责拔草。没有多长时间就长出了幼苗，菠菜眼看着一天天长大，西胡芦和云豆很快拔出了藤，西胡芦爬行生长，它爬到哪儿就在哪儿结瓜。云豆要搭架的，我在生研所的院里找了好多竹棍插在每棵云豆旁，不用你扶持它自己就缠绕着向上爬。这块地不用特意上肥，有农民工居住时倒出的好多炉灰土就是最好的肥料。到了7月份，这块地真是硕果累累，豆角长得很快，我们一家人吃，都追不上它长的速度，隔一天母亲就要摘豆角，不然就长老了不好吃了，有时爱人回西便门给婆婆带走一包豆角去，我上班顺道路过和平里给干爹干妈送点豆角去。这是我在北京生研所院内住木板房时，印象最深的也是最开心的记忆，也给女儿留下了难忘的回忆。

夏季也给我们留下了难忘的困扰，木板房旁有一条明渠臭水沟，苍蝇蚊子满天飞，白天蚊子都追着人叮咬，晚上隔着蚊帐也叮人，将女儿叮得满身都是疱。每天要喷洒好几次滴滴畏，关键是臭水沟里杀一批又生出一批，每天早晨起床后两个蚊帐顶上能扫一堆死蚊子，没有办法除了喷药就是喷药，母亲受害最多，一天到晚在家里受滴滴畏的伤害经常咳嗽。就这样我们一家四口在定福庄的木板房里度过了两年多的春夏秋冬。

交通的压力 回北京后第三个困难是交通的不适应。在兰州上班单位近，骑自行车10分钟就到单位了。在北京得坐两个多小时的公交车才能到单位，每天承受着很大的压力和考验，每天担心迟到急得经常掉眼泪。我每天早上4点多起床，赶乘通县发出的唯一的342路头班车，每趟最少倒4次车才能到单位。因自己刚到一个新的单位人生地不熟，又是党员迟到一次扣分少发奖金没关系，主要是影响不好。记得有一天在美术馆上车时，让别人将我从车门上挤下去倒在地上，怎么也爬不起来，旁边一住女同志将我拽起来，没有那位好心人拽我起来，我会被别人踩踏得更惨，当时我的髋骨疼得无法站立，靠在旁边的护拦上，等待下一趟车，误一趟车就会迟到了。那次髋骨受伤三个多月才慢慢好点，每天坚持上班，新的单位尽量不休病假，暗暗下决心要坚持，每天咬着牙忍着疼抬大笼屉，这种疼痛只有自己知道。

在食堂上夜班 后来我又被分配在食堂上夜班，每晚必须提前到厂里住在单身宿舍。我和小黄两人上夜班，她住厂东门的家属区，我俩晚10点上夜班，负责金一、金二、铸钢、三个车间上夜班的夜餐，12点开饭。除了馏馒头，炒一荤一素两个菜外，还要包20多斤面的饺子，如果因某种原因一天不包饺子，第二天早上铸钢车间工人就会到厂办公室去告状，自然已形成了规矩不得有所改变。到了食堂我先馏上馒头，准备要炒的两个菜。小黄是食堂的正式职工，受过长期学习和锻炼，虽然年龄比我小，但她面案技术、炒菜、包饺子、样样干得都很出色。我是半道出家，她带着我上夜班当然她很累，她不仅能干而且很善良、朴实，她对我很照顾和包容。她每晚用机器活好面，打好馅，她包饺子速度更快，我只负责擀20多斤面的饺子皮，用的不是普通的擀面杖，而是很小的枣核样的擀面杖，要用两手按压在两端擀，左手同时转饺皮，双手擀一是手腕不太累，二是速度快。两人在一个小时内要包完20多斤面的饺子，何等容易，全靠枣核擀面杖和小黄挤饺子速度快而去完成。我很感谢小黄，向她学习了不少技能，我们俩人在两个多月的夜班里合作得很默契很愉快。现在回想起我当时还较能干，要不然领导不会让我上夜班的。

又干化验本行了 一年多后，厂里新调来一位刘厂长，不知听谁说我是搞化验的，他在厂党委开会时提出我在食堂工作等于浪费人才，该干什么的就让他干什么。实际我都不认识这位刘厂长。还有一个原因铸钢炉前化验室女同志多，结婚的多，生孩子的多，倒班人员少，确实有困难。检验科的翟科长多次和厂行政科协商，要将我调到检验科铸钢炉前化验室，但食堂管理员不愿放我走，最后行政科还是同意了我调走。

1983年我调入检验科铸钢炉前化验室上夜班，又回到了14年前在三九机修厂铸钢化验室一样，又从头再来，要求稳、准、快、发出报告。要适应由原材料分析的慢速度到快速化验，从多批试样到少量试样的化验过程，逐渐适应了。

1983年国家企业体制改革后，北京冶金机械厂合并到首钢机电总公司管理，我厂改为首钢冶金机械厂。同年12月22日，检验科推选我参加首钢冶金机械厂首届职工代表大会，我很荣幸，我刚调本厂的检验科化验室，有点受宠若惊……

一年后我又调铸铁化验室上中班了，但交通更成问题了。晚上10点下班，那时大屯只有358路一趟车，晚上10点半末班车，328路晚上8点后就不发车了，死等一趟车。特别是冬天寒风刺骨，我和两三位女同事经常等车能等一个多小时才来车，赶上下雪天就更没有谱儿了。有一次下大雪，下班走了4个多小时才到家。那时既没有手机，又没有出租车，再说那时每月工资才40.1元，有出租车谁能打得起呢。

后来婆婆家拆迁，给了婆婆家西便门东里的楼房，我们才离开了又脏又冷的木板房，并能乘坐厂里的班车了，我就不会在北京东西南北四个方向坐车跑了，只跑两个方向了。

下夜班突遭抢劫　后来我又搬到朝阳东四环的水碓子一个18层的楼里，上班更远了，又开始跑四个方向了，中途又得倒四次车才能到单位。记得1996年夏季的一天晚上我下中班后，到了金台路的9路终点站已是夜里12点多了。那天还下着小雨，路上没有行人，我很害怕地走在马道口一片平房的南北小马路上，不敢回头看望，猛然身后一男人将我右手提的手提包拽下，那男子迅速逃向东西方向的胡同里，我急追在小偷后面边跑边喊：抓小偷！抓小偷！胡同的多户人家都已熄灯了，只有胡同深处一家门口还坐着几位老人乘凉，他们说，看见一个人跑过去了。我继续向西追，面前又出现一条南北方向的窄小马路，两边平房的胡同很多，不知小偷跑进那条胡同了。我已跑得上气不接下气了，我停下了脚步，心想再追可能有危险！赶紧回家！最后的那段路我是胆颤心惊地一直跑着，直到进了楼道里我才松口气，当时我左手还提着一个小塑料袋，里面装有两袋"维维豆奶粉"，是在厂里用保健票买的。下车前我将家门的钥匙从小皮包里掏出来装进了塑料袋里，为了到家开门方便点，因爱人那天值夜班不在家，不然就连钥匙一起被抢走了，我就无法进门了。这好像上苍在保佑我把钥匙留了下来。小偷抢走我的皮包是用灰黑两色皮子缝制成菱形格子的小皮包，很漂亮，也是我唯一的一个皮包，里面装着本月40元的通工月票，一副墨镜，30多元现金等，没有贵重的东西。但我受到惊吓和强烈刺激，两腿发软哆嗦着爬上了11层。

　　回家后赶紧打电话告诉爱人，他说："东西抢走没关系，人没受伤就是万幸，你还去追小偷多危险呀！"后来越想越后怕，小偷要返回给我一刀就麻烦了，甚至我就没命了！

　　那晚我由于受惊吓一夜未眠，第二天早上我去朝阳的八里庄派出所报了案，虽然没有抢走贵重的东西，但我要让派出所知道昨晚在这条马路上发生的抢劫事件，让民警加强该路段的夜间巡逻，不能再让别人被抢劫而受伤害。

　　下午上班后我向科长讲了昨夜我被抢劫的过程，请求领导能否将我调到铸钢化验室上大夜班，早上下班安全点，但领导说："化验室全是女同志都有困难，无法解决，让家人去车站接你一下，克服一下困难吧。"后来我想我换了大夜班，哪个姐妹上中班也许也会受到同样的伤害，我不能让领导再为难了，就自己去克服去解决，让爱人每天夜里去车站接我。那些年由于路程远公交车又少，我每天赶不上电梯，得爬到11层楼，两腿酸痛，这样坚持了好多年。

　　张百发副市长为民办实事　　由于北京市广大职工群众的反映，下夜班乘车难，坐电梯难。时任北京市副市长的张百发市长，提议好多路公交车夜里末班车延长到11点钟，二环路的44路末班车延长到夜里12点。居民楼电梯一律延长到夜里12点，原来大多数公交车都是到晚上10点末班车，还有楼房电梯都是到晚上11点停梯。张百发市长严肃地讲："如果哪一级执行有问题、有阻力，就让这一级领导先去爬上18层楼的楼梯后再去解决。"就这样很快得到了贯彻执行，解决了多少年来市民职工夜里坐车和乘电梯的困难。这样我不但倒车容易了，而且能赶上12点的电梯了，我很感谢张市长，为老百姓办实事，为民造福，全市人民都会感谢这位老市长的。1998年我有幸在北京"莱太花卉"市场开业时，见到已退到二线的张副市长，有机会当面说声感谢他，我向市长打招呼："市长您好！您来看花展！"市长笑着对我说："是啊！你也来看花展！"我急忙说："是！张市长使您让北京市好多条公交车的末班车延长到夜里11点和12点，居民楼的电梯也延长到夜里12点，让我们全市下夜班的人能坐上公交车和电梯，太感谢您了！"老市长和蔼地笑着说："是吗？你还记得过去的事！"我说："是啊！我不会忘记的，市长您多保重！"老市长笑着说："谢谢你！再见！"我激动地热泪盈眶，说了声再见！望着老市长的背影久久不愿离去，两个随行人员陪同老市长渐渐远去。这是我亲身所经历的一段往事，也是北京市在发展和变迁中的一段历史。

三、世界上最疼我的人离我而去

母亲执意要回老家　1986年国庆节期间，84岁的母亲执意要回老家，她说："我要没在老家。"（"没"是去世的意思）她还说："我害怕在北京火化，别人会说我没有儿子才被火化的。"我和爱人怎么劝她也不听。国庆节后刚上班第一天，我下班回家看到阳台上几盆麦冬花全被母亲给剪掉了，我很生气，问她为什么要剪花？她说："你不送我回老家，我将花全给你剪了！""老小孩"真没办法。我当时认为她是气话没有往心里去，第二天照常上班了，下班后母亲不在家，我想可能去婆婆家串门了，我去婆婆家，说母亲没有来过，我想可能是遛弯儿找不着楼门了。这么多楼房，怎么找呀？这次麻烦了！就在楼前楼后找，后经楼下一位老人告诉我："看见一个老太太，穿着一双小脚皮鞋，一手拄着拐拐，一手还提着一个小包，往9路车站方向去了。"因那时9路车站就在小区南面，从我的楼后西便门小学东墙边走过去不远就是车站，只有9路一趟车，可直到北京站，我想有可能真去火车站了！

别看母亲是个小脚老太太，没有文化，但在1974年我在嘉峪关时，有一次母亲离开老家没有告诉姐姐就敢一个人出远门，从早胜镇坐长途汽车到西安倒火车，两天一夜才到嘉峪关的，到站下车后她让车站工作人员给我厂化验室打电话，让我去市里车站接她。当我接到母亲时既高兴又担心，我含着热泪说："您怎么不来信或电报说一声，您这样一个人出来多危险呀！让我姐姐多担心和着急呀！"那年她已70岁了。当时她就带了我给她写的一封信的信封，手里提了一个小包，装了水杯和干粮就出远门了。她给我说："到汽车站上车后买票，到西安火车站让工作人员帮我买火车票，让她送我上火车。"我说，老妈，您真行！我真服您！我立刻给姐姐发了电报："母亲已到嘉峪关，平安无事，请您放心。"

我知道母亲有出远门的本事，但今年毕竟是84岁了，我真害怕，于是，我和爱人直奔北京火车站，我俩分头在各候车室找，最后我在去西安的候车室找到了母亲，然后将她带到火车站中间的大钟表下等爱人来。爱人见到母亲没有责怪她，只说老妈找到就好，他将母亲背上9路汽车，下车后又将母亲背上4楼的家，已是晚上9点多了。多亏找得及时，不然她就会坐9点的火车去西安了，那就麻烦了，我问母亲："今天您怎么没有买火车票呢？"她说："北京车站太大了，我怕买错了，想上火车后再补票。"我说："妈！您真不糊涂。"晚饭后我和爱人商量，看来今年老妈非走不可了，要理解老妈没有儿子的心情，尊重老人的意愿，不要让她留下遗憾。我决定请假送老妈回老家。走的那天爱人将老妈背上汽车，到火车站又将老妈背上火车，没想到这次的送行竟成了为母亲最后的送别……

噩耗传来 母亲回到姐姐家4个月后，1987年春节正月初六，我下班后接到电报，"母亲病故"，噩耗传来，得知世界上最疼我的人、最爱我的人离我而去！我心急如焚，在极度的悲痛中，嘴又突然发干，嘴唇和牙粘在了一起……来不及请假，让四弟帮我转告检验科一下。当天晚上我和爱人就上了火车。在火车上我一边哭，一边幻想，抱有一点希望，是姐姐骗我回家要给母亲做棺材，怕我不回家，才骗我说"母亲病故"，爱人说，有这种可能。爱人一路上一直在安慰我劝我，怕我过度悲伤引起大病，他说："回家后有好多事情等着我们去处理呢！"

第二天中午我们回到老家，当我看到亲人们带孝了，我的一切幻想破灭了，确认母亲真的走了，母亲与世长辞了！我失声痛哭，我绝望了，幻想被绝望压倒了，我心疼，嚎啕大哭！当堂兄打开棺材盖，我看见母亲像睡着了一样，我想唤醒母亲，妈！我和雅成看您来了，我怎么叫妈呀！妈！怎么呼唤她，她也不睁眼睛看我一眼，这是我最后一次见到慈祥的母亲，她很安祥地睡着了……从此母亲与我永远的分开了，今生今世再也看不见她了，从此天上人间，阴阳两隔……当我写到这里时不由得又泪流满面，妈！我太想您了，妈！您的在天之灵托我一个梦吧，让我在梦里再见见您，再说说话拉拉家常……

母亲坚强地走完了她的一生。母亲一生有句口头禅："积德行善，死时不受罪。"姐姐说："母亲真的没有得病没有受罪，在睡梦中走的。"

在彦珍兄、振东兄、振安兄等各位堂兄及嫂子和侄子、侄媳的帮助下，为母亲守灵、焚香、化纸、祭奠，左邻右舍、亲戚、村邻友好前来送纸。第六天出殡，为母亲举办了一个隆重的葬礼。

八十年代农村人去世没有开追悼会的，母亲是首位先例。参加追悼会的有李家大队和村委会的的领导，有姐姐、姐夫、表兄、表姐、堂兄嫂子、侄男子弟、亲戚及子女，有全村的父老乡亲，村邻友好，来为母亲送行。

在母亲追悼会上的悼词

呜呼痛哉！

李老太太于一九八七年农历正月初六于世长辞，享年85岁。

今天我们怀着沉痛的心情悼念这位勤劳朴实、热情奔放、亲善待人、和睦处事、慎惠贤淑的老人。李老太太一生是勤劳幸福的一生，受人尊敬的一生，是我村的楷模。一生气度非凡举止端庄，衣着整洁，讲究卫生，烹调有方，茶饭第一，三寸金莲，行走有力，待人热情，和睦处邻，热心助人，受人尊敬。壮年之时，命运不佳，丧子之苦，痛受悲伤，意志刚强，与命拼搏，精神不减。老伴逝后，小女尚幼，勤俭持家，见解卓识，后享女福。晚年之时，由女赡养，女孝婿敬，安度晚年。游览山水，名胜古迹，我村第一，西到嘉峪关，万里长城，酒泉公园，逍遥游览，划船遨游，古都西安，兰州铁桥，五泉公园，一一游览。首都北京，生活多年，天安门广场，留有身影，故宫宝殿，映入眼帘。从乡进城，乘坐火车，由城回乡，乘坐飞机，令人敬慕！安享女福，事实证明，养女胜男。每回故乡，乡邻欢迎，侄男子弟，热情招待。有生之日，收养娘侄，与之娶妻，成家立业，尽了母道，为的临终，归故还乡。临终之前，思乡心切，从城回乡，尊照遗嘱，叶落归根，遗体归乡，令人爱戴，我村村民，男女老少，表示欢迎，侄男子弟，倍加关心，安葬有礼，顺之人情，奠礼隆重，全村致哀！

英灵在上，瞑目长眠！

李家村委员会及全体村民
一九八七年农历正月十一日

李家村委会及全体村民高度评价了母亲的一生，这是对母亲的最高崇敬和爱戴！

一九八七年农历正月十一日，母亲的灵柩被迎葬在李家村二队的公墓里，入土为安，实现了母亲的夙愿，叶落归根，遗体归乡，安葬隆重，母亲的在天之灵一定会感到欣慰的。并将父亲的灵位从原坟址请移过来，和母亲并葬在一起，父亲母亲要在这里一起长眠，这里才是他们的千年屋！

我和雅成十分敬佩彦珍兄和嫂子，非常感谢兄嫂对我父母亲的孝敬、仗义和不辞辛劳以及所付出的一切。感谢各位堂兄、嫂子、侄男子弟、父老乡亲对我们的帮助，我们深表衷心的感谢！永生不会忘记！

养女胜男儿 听说我们走后，大队写了一篇报道，内容反映我是一位女子，为母亲办理了隆重葬礼的材料。主题"养女胜男儿"，报道我是女子不比男儿差，鼓励全县育龄妇女及家人，不要重男轻女，要以我为榜样，养女一样能享福。当时得到当地政府的大力宣传，听说当时对全县的计划生育工作起到积极的影响作用。这些也是听堂兄和亲戚来信讲的，让我很欣慰，也很激动，再次感到我们女人不比男人差，男人能办到的事，女人也能办得到，女人能顶半边天！

四、为父母亲立墓碑

1997年初冬，我邀请堂兄来北京游览，这次我和堂兄聊了好多往事，聊家乡日新月异的变化和人们生活水平的提高等等。最后我问堂兄，近几年家乡有立墓碑的吗？前几年听说白天立完，晚上就会被不道德的人偷走做喂养牲畜的槽底了，现在怎么样？堂兄说："现在大家都富裕了，用拖拉机耕种、收割机收割、脱粒全程都实行机械化了，养牲畜的人少了，没有人再偷墓碑了。"于是，我就委托堂兄帮我为父母亲立一座带碑楼的墓碑。

1998年春节后，彦珍兄在振东兄，振安兄的帮助下，从考察样式、画图、预算、筹料、请高级泥瓦匠等到很快进入施工阶段。同年4月1日动工，4日竣工，为两位老人竖立起一座带碑楼的"合道墓碑"。堂兄来信详细告诉我，碑楼用青砖砌成，楼顶用猫头铜瓦、云头瓦、万字形等瓦砌成，顶上站立着两只鸽子，碑楼门用钢筋作成的栅栏门。碑楼加底座全高4米多，宽1米多，深度1米多，合道墓碑竖立于碑楼中央。碑楼正面两边雕刻着对联，"上联：报本莫忘二老志，下联：追遠常存一片心，横批：德範常昭。"听堂兄和外甥讲，在当时是早胜镇唯一的一座带碑楼的墓碑，在早胜地区是独一无二的，也是最气派的一座。我看了照片，墓碑造型古朴典雅、美观大方，是一座精美考究，又高又大的碑楼。实现了我的最终心愿：让碑楼遮风挡雨，使墓碑不受风雨的侵袭。

4月5日清明节，举行了庄严的揭碑仪式，参加揭墓仪式的有舅舅家的表姐、表弟、姐姐、姐夫、亲戚、外甥、堂兄、嫂子、家门子弟，村邻友好，40多人前来参加，吸引了许多村人和过路行人。由振安兄主持仪式，由德高望重的80多岁的李福民揭碑，并讲话，振东兄读祭文，外甥和媳妇前去摄影照相。最后进行扫墓、典纸。给九泉之下的父母亲一个惊喜，一份安慰，我想二老一定会含笑九泉的，养女一样胜男儿，表达了我对父母亲的怀念和养育之恩，父母亲的品德昭示我，报本莫忘二老志，追远常存一片心。

揭碑仪式结束后，彦珍兄主办酒席招待亲戚、村邻好友，因我们在千里之外，只能用答谢信的方式来表达我们的感激之情。

1998年清明节为父母立起这座墓碑

在父母亲立碑仪式上的答谢信

尊敬的各位领导，各位乡亲，兄嫂姐妹：

你们好！

请让我们向各位领导、亲戚、村邻好友、兄嫂和侄男子弟，献上我们深深的敬意和衷心的感谢！特别是彦珍兄及嫂子为二位老人所付出的辛劳，我们万分感激！

多年来每当妹妹有困难的时候，兄嫂们总会伸出热情的双手，不辞辛劳，为妹妹排忧解难，给予无私的帮助，让我们深为感动，兄嫂们的忠厚、善良、勤劳、乐于助人的优秀品德让我们终生难忘。我们真不知用什么语言来表达我们对您们的感激之情，特请彦珍兄替我们向大家敬上一杯酒，以表达我们的感激之情，也替我的父母亲向大家表达衷心的谢意！

　　再次特邀请各位兄嫂及大家来北京游览，给我们一个感恩的机会。过几年，我们会回来看望大家的。

　　最后祝大家虎年吉祥！身体健康！万事如意！谢谢大家！

桂绒　雅成　1998年4月于北京

五、有惊无险的1992年春天

　　1991年是个暖冬，1992年春天来得很早，3月份迎春花第一个向人们露出微笑，杨树上早就鼓起了春意的叶骨朵，柳丝透出黄绿色的叶芽随风起舞，北京新华门两边的玉兰树上一个个快要绽放的花蕾，含苞欲放。阳光温柔地对着每个人微笑，每个人在春天里都可以有欢笑，有陶醉。但天有不侧风云，人有旦夕祸福，病魔的突然降临，让我们一家人回到了寒冷的冬天。

　　病魔突然降临　一天夜里爱人的疼痛喊声，让我从梦中惊醒，急忙打开灯，看到他满头大汗，在床上来回翻滚，我问他怎么了。他说："胃疼！"我陪他出门乘坐夜班公交车到达北医第一医院急诊室，做了B超检查，诊断是"急性胆囊炎"，由胆结石引起的，打了止痛针，症状稍有缓解。回家后口服消炎利胆等几种药，一周后症状有好转。

　　2月16日我陪爱人又去了北京医院进一步做B超检查，确诊："胆囊壁增厚不光滑，考虑慢性胆囊炎，不排除外壁其他病变，胆囊多发结石"。建议抗炎治疗，一月后复查。

　　一个月后我陪爱人去复查，又做了胆囊B超检查，这次胆囊已不显影了，超声提示："胆囊壁增厚性改变，凹凸不平，请险防胆囊息肉，胆汁瘀积，不除外小结石。"当时的主治医陈大夫已怀疑胆囊有问题了，她说："再做一个CT看看。"

　　4月2日做CT，那天作了好长时间，最后又打了增强剂，当时那位医师安慰我说："有人胆囊天生就凹凸不平，你别着急，再做一次检查。"当时我很敏感，觉的可能是胆囊出问题了，等爱人出来后我装作没事的样子，安慰他没事儿，和他一起回到家。那天晚上我一夜未眠，我感到有一种不祥的预感。

第二天拿报告看结果，我怕自己承受不了，就偷着给爱人的同学许文广打了电话，让他陪我一起去北京医院拿报告，让爱人去排队挂号。当我和许文广拿到报告一看，CT报告印象："胆囊壁厚不规则，胆囊癌的可能性大，建议再做一个核磁共振检查。"我不相信这是真的，绝对不是真的！我的大脑一片空白，无法控制自己就哭起来了，许文广劝我说有可能是误诊，我听了也抱有一丝侥幸心理，爱人他那么善良，命运怎么这样对待他，他才48岁，怎么面对他呢？老许劝我："你要冷静，你一哭他一下就看出来了。"我稍作心理调整，擦干眼泪去找陈大夫，陈大夫马上就看出我哭过的样子，她说："你这样的表情不行，只会让病人压力更大，还不如我直接告诉他，我会作他的思想工作，可能性大，不等于就是癌症，确诊如果是胆囊癌，马上做手术，不会扩散的。"这时爱人挂好了号，来找陈大夫看病，他说："许文广怎么来了？"我说："老许也来看病，正好在楼道里碰着。"我克制着自己的感情，陈大夫没有忧虑，就将CT报告结果告诉了我爱人，我看到爱人第一反应愣了一下，他说："我最近感觉良好，胆囊也不疼了，一直在服药，怎么可能呢？"陈大夫说："有可能不是，但还不能确诊，再做一次核磁共振检查，确诊一下。目前北京只有天坛医院有一台，其他医院还没有。"我急忙说行，就去天坛医院做检查。走出北京医院，我打起精神安慰他说："也许CT看不清楚，无法确诊，有可能不是。"许文广一直在安慰我们俩不要着急，做进一步检查，北京医疗条件这么好，即使是胆囊癌，将胆囊切除就好了。我们心情很沉重地回到家，没有惊动父母亲和兄弟姐妹，怕父母年纪大了承受不了这样的打击，女儿正在上学也不想影响她的学习，等确诊后再告诉她。那天夜里我们俩人相互安慰着，各自都说："没那么严重。"实际那天夜里谁也没有睡着觉，我一夜在想我们现在生活刚刚好一些，命运这样不公平……明天去天坛医院没有熟人，做核磁共振不是普通检查，排队预约得等好长时间，会耽误病情的。于是第二天早上就去找四弟雅利，告诉了他大哥的病情，四弟马上打电话托熟人找天坛医院放射科医生，结果我们到天坛医院，医生告诉此院设备只能做脑部检查，我们很失望地离开了天坛医院。

北京肿瘤医院　一周内我带爱人去了4家医院，首先去北京肿瘤医院。4月8日，找了同学刘振坤，最后才找到外科著名专家邵永孚教授会诊，他看了北京医院的B超和CT，又让在肿瘤医院再做了一个B超，诊断："胆囊内病变与肝分界不清，不除外有恶性可能，胆总管结石。"邵主任说："马上住院做手术。"并开了住院通知单。因普通病房无床位，就将高干病房倒出一间，当天就让爱人住院，马上安排手术。我征求爱人的意见，他说不愿在肿瘤医院做手术，如果自己不是癌症，别人都会说成是癌症。当时我看他显得很紧张，我找邵主任说，我们先回去准备一下。走出医院我安慰他说，不用怕，再多去几个医院会诊听听专家的意见。我们就这样各自承受着压力，但还互相安慰，爱人一直在说："我感觉良好，没事，又不疼了，准是误诊了。"我也想最好如此。

一丝曙光和希望 4月11日我又陪爱人去了北医第一医院，直接挂了放射科专家号，让专家会诊复查一下北京医院和肿瘤医院的B超和CT。那天是一位名叫王明的教授给爱人会诊的，他看完两个医院的B超和CT后，他说，我再做一个彩超看看，王明教授带着好多学生一起看彩超，他当着我爱人和许多学生讲："据我在国外多年B超经验，我看他的胆囊周围是清晰的，不像是癌。"我们俩一下有了笑容，赶忙说，谢谢您！那几年医院很少听说有彩超，王明教授给我爱人做了彩超，我们特别感谢这位教授，让我们听到了一个"不像是癌"的诊断。这是北京4个三级医院唯一的一个专家诊断："超出胆囊增生和胆结石，建议手术治疗。"给了我们一线曙光和希望。

但北医三院等几家医院都诊断是胆囊癌，我们分析后4:1，我们商量少数还得服从多数，不论是胆囊息肉、还是胆囊癌都得进行手术治疗，征求爱人意见，他经过反复斗争，最后总算同意了做手术，并选择了在北医三院做手术。

爱人就是我的天 这段时间我无法面对上学的女儿小妮，只对她说："你爸病没事，作完手术就好了。"怕她心理负担重影响学习，也无法过问女儿学校的事。我每天上夜班，白天去医院看她爸爸，女儿很懂事，她看在眼里记在心中，她去医院从不当着爸爸面哭，怕增加爸爸的精神压力，她在默默地为爸爸祈祷祝福。

那段日子里我背着他们爷俩，在被窝里哭，公交车上哭，化验室里哭，见了熟人不讲话先流泪，别人都不知道我怎么了。我的脑子全都被爱人的病占据，爱人就是我的天，我的全部。我作好了思想准备，爱人做完手术后我就请假不上班了，陪爱人做术后的放疗、化疗等一切的治疗，照顾他的生活起居。

我们科里的领导和同事知道后，就让物理组上中班的小郑去铸铁化验室看看我，安慰我。同班的张师傅、小劳、小田等同事都在劝我安慰我，怕我急坏了身体，他们给了我很大的关心和照顾，我很感谢他们！

住进北医三院 4月13日，爱人住进了北医三院外科病房。我每天坚持上夜班，白天给爱人送一顿鱼或肉及顺口的青菜，给他增加营养，使他能增强体能和抵抗力好做手术。我每天在公交车流泪，到了医院擦干眼泪，便破涕为笑，跟没事一样又说又笑，尽量减轻爱人的精神压力，但一踏出病房门就泪流满面，心里只有一个希望：尽快手术，以免扩散，尽力挽救他。

爱人他将自己的心态调整得还好，按时吃饭，尽量多吃让我好受些，我想他是为了给我减轻精神负担才这么做的。结果一周后他说自己还胖了，是真的胖了吗？我没有看出来。

一周后，4月20日，所有的检查全做完了，可以做手术了，当天我签完了字，准备手术，由外科专家陆少美主任做手术，李强大夫做助手，还有一位外科主任推迟了去云南讲学的时间，如果打开爱人腹腔一看是胆囊癌，这位主任就要和陆主任一起为他清理腹腔所有脏器的淋巴以防扩散。手术那天爱人早8点进了手术室，我和几个兄弟姐妹在楼道里等着，我不停地流泪，大家都在默默地为他祈祷让上苍保他平安……突然手术室走出一位大夫说："同雅成因心脏问题，不能打麻药停止今天的手术，要找心脏内科大夫会诊治疗后再做手术。"可能是手术前高度紧张，心脏病突发。一会儿护士将他推出手术室回到病房，马上请心脏内科大夫会诊，服药治疗。

第二次安排手术 一星期后，心脏恢复了正常。4月28日又安排第二次手术，结果那天进了手术室后心脏又出问题了，最后陆主任和李大夫找了一位麻醉专家，告诉她如果在拖延时间病人的癌细胞有可能转移，请求麻醉师想想办法进行麻醉。后来听爱人讲，这位女专家进来后用听诊器听了一下他的心脏，然后拍了拍他的双肩动了动他的头部说，没事不要紧张，要放松，给你注射麻药后你不会疼痛就睡着了。最后麻醉师又听了一下他的心脏，她说，没问题我给你麻醉，这位麻醉专家麻醉成功了。

手术进行了一个多小时后，陆主任出来告诉我："大嫂，大哥不是胆囊癌，只是胆囊长满了肉芽，把胆囊切除了，有胆管就行了，不要再着急了。"陆主任马上又返回了手术室，她想赶快告诉我，不让我再流泪了，我很感谢她。她们常年做手术有临床经验，肉眼能看出是不是癌症，但我还是不放心，只有做完病理化验才能确诊是不是癌症。一小时后爱人被推出了手术室，全麻一直在昏睡，护士叮嘱快醒时小心痰液呛到气管里，要盯着心脏监护器和吸痰器。

术后爱人的心脏很平稳，4个小时后，他才彻底醒过来的。陆主任来到病房，拍了拍他的头叫："同雅成！你很好，没事了不是癌症！一个星期后就可拆线出院了。"爱人用微弱的声音说了声谢谢您！又闭上了眼睛。麻药过后伤口肯定很疼，我说你要疼就声唤几声，但爱人很坚强没有哼一声，不让我着急。

第二天陆主任来病房看爱人时说："伤口会慢慢好的，实际你是由于胆结石太大，胆囊发炎时结石卡在胆囊口上了，胆汁流不进去也出不来，时间长了就长满了肉芽（按医学术语叫息肉），形成凹凸不平的大肉球，胆囊就不显影了，胆囊切除了没关系，由胆管排出胆汁就行了。"爱人和我赶忙说："谢谢陆主任！"

爱人一天比一天好，第三天就下床活动了，以防肠粘连。换药时我看见20多公分长的刀口缝了几十针，让人心疼。

胆囊未见癌细胞 那年北医三院还不能做病理化验，得送北京肿瘤医院做化验，一个星期漫长的等待，"提心吊胆"这四个字说来简单，可当你的心和胆真的被悬挂起来，滋味实在不好受，我那些天整夜难眠，盼望着病理报告的出来，决定命运的转折。终于盼到了这一天看到了报告："胆囊未见癌细胞"。不是胆囊癌，我激动地热泪盈眶，去找陆主任，她说："病理出来了，不是癌症，你们放心了吧，定期复查胆管就行了，不会有什么后遗症，少吃油腻食品，因没有胆囊储存胆汁帮助消化，慢慢习惯就好了，手术很成功。"

爱人手术后有父母亲和兄弟姐妹，姐夫外甥及亲戚朋友的看望和安慰，特别是父母亲已70多岁高龄了，前去医院看望他，让他激动不已。同时爱人单位民航营业大厦的领导李义昌、贺学民、魏家俊和同事多次的探望和关心，还有我们单位检验科支部书记叶肇纯和技术员尚金浩代表科长赵尔安去医院探望。所以爱人的心情和精神状态很好，恢复得很快，8天后爱人伤口拆线愈合很好。爱人手术的成功，要感谢陆主任，李大夫，麻醉师的努力配合，才使爱人转危为安，并要感谢所有的医护人员，感谢单位同事，感谢亲人的关爱。

5月6日，爱人出院后干爹干妈要让去和平里她们家住，二位老人当时身体还很好，想替我照顾他的儿子，让我好好休息一个星期后再上班，他们想给儿子好好补养调理一段时间。于是，我将自己彻底放松了，全身就好像变成一摊泥，睡了两天后才缓过劲来。

相信医学 爱人这次大病真是有惊无险。这是我们夫妇结婚19年来第二次受"癌"这个字的伤害恐吓和考验了，我们在病魔面前只有面对，只有接受，更要相互安慰，相互鼓励，同时要想尽一切办法去挽救、去治疗。有病不怕病，就怕耽误病。对待疾病的治疗，要相信医学，相信科学，相信医院，病人还要有信心，坚持治疗不放弃。人生最重要的就是身体健康，身体是人在世上维持正常生命的物质基础，拥有健康才能获得人生的成功。我相信爱人会慢慢康复的，我更深信好人一生平安！

六、一对双胞胎外甥

双胞胎外甥的出生 1982年5月10日，一对双胞胎外甥出生了，给姥姥舅舅家和奶奶家带来了喜悦和笑声。虽说妹妹带两个孩子不容易，但在两家亲戚的照顾下健康成长。这两个小宝贝长相特征能明显分出谁是老大谁是老二，姥姥偏爱老二，子玥，他长着圆圆的脑袋，胖胖的脸，一对大眼睛乌黑发亮，笑起来嘴角还有两个小酒窝，天真可爱。奶奶偏疼老大，子珺，他长着一头乌黑的头发，圆圆的脸上带着顽皮的神色，活泼机灵。我们做舅舅、舅妈的对两个外甥都是一样的喜欢疼爱。不知不觉，一对天真可爱的小外甥要上幼儿园了，老师们也格外喜欢这对双胞胎。又一晃哥俩要上小学了，就读于北京宣武区实验小学，两人有些腼腆不爱说话了，但男孩应有的好动调皮还是有的，这是天生的。

1991年，两个小外甥的爸爸，经过自己的不懈努力，走出了国门，去美国留学。

去美国使馆签证丢失了护照 1993年夏季，妹妹要去看望在美国留学的丈夫，带着两个11岁的双胞胎外甥去美国大使馆签证，签了4次都被拒签，反馈回来的材料签注的拒签理由，都是"有移民倾向，担心你们在美国生活不够钱"等字样。妹妹和在美国的妹夫都很着急。

第4次签证时妹妹因着急将申请表上的三个人的照片贴错了位置，应贴在英文的一面，她却贴在中文那一面了，工作人员就将材料退出来了，等她改贴完照片后，发现三本护照没有了，她问窗口的中国工作人员，工作人员说："所有材料全退给你了。"当时妹妹没有出使馆大门，隔着栅栏告诉我三本护照全丢了，我让她再进去看看，是否让旁边的人拿走了，她说旁边就两位老人已经走了。

我知道这三本护照对他们多重要啊！但我还得劝妹妹不要着急，也许有人拿错了，会送回来的，如果三天找不到咱们再补办新的护照吧！回家后妹妹倒在床上痛哭流涕，全家人都在分析是谁拿走了护照，有人说是使馆工作人员没有给她，当时护照不好办，一本护照可卖1000元到2000元。我始终觉得是别人拿错了，所以我每天下夜班后就去美国使馆，找发放和接收申请表的那位工作人员。

三本护照找到了　第三天我和妹妹托人找了一位派出所的警察，登记了丢护照的经过、地点，并找了北京晚报，准备登报声明挂失。然后去北京公安八处领取补办护照的申请表。我俩到了八处那里，发表的人不在单位，我说，别死等了，咱们再去使馆看看。结果一到使馆的小窗口，工作人员说："护照找到了，往你家打电话，你儿子接的，今天有两位老人来领取签证，一看包里有三本护照不是他们的，就赶紧来使馆将护照交到我这里。"我们俩激动地说："谢谢你！给你添了不少麻烦，深表感谢！"

肩负重任　后来我和爱人商量，把两个外甥留下来，让妹妹一个人去签，也许会签下来的。结果妹妹一个人去签证，一次就签下来了，我们全家人都为妹妹和在美国的妹夫高兴。我和爱人主动要担负起两个外甥的抚养和照顾，如果他们俩一直签不下来，我们就照顾他们在国内上学，甚至一直照顾到上大学。因我们的女儿已经上高中了，不需要我们怎么照顾了，就可以全力以赴地照顾两个外甥了。

妹妹于6月14日离开北京，前往美国犹他洲盐湖城探亲。妹妹离开时，泪流满面，舍不得离开两个儿子，大家都在安慰她，有两家这么多亲戚照顾，你就放心地走吧！我和爱人劝她："我们会照顾好两个外甥的，不会亏待他们俩的，你就放心地迈出这一步吧！"

和两个外甥在一起的时光　妹妹走后两个外甥就和我们一起生活了。每天早餐后，由他大舅送两个外甥到公交车站，还有外甥的大姑也不放心，早上骑自行车到复兴门44路车站，他大姑和大舅看着他们俩上车后再离开车站。中午在学校吃饭，下午放学后哥俩自己回家不用接。两个外甥很乖，每天都是按时回家，不让我们着急。

那时我倒班，上中班前将全家五口人的饭做好，他们回家后由他大舅和我女儿照顾他们吃晚饭，饭后让他们俩在楼下玩一会儿，由他姐姐看着他们俩写作业，负责听写、检查作业、签字。

记得有一天我在家休息，老二放学后按时回家了，我问老二："老大呢？"老二说："他去二姑家了。"我想二姑家住鼓楼西大街，44路可直接到，但二姑上班还没有回家呢，我赶紧给他二姑家打电话，没人接，我正在着急，二姑来电话了说："老大来我家了，你别着急，吃完晚饭后我送他回来。"过了一会儿，二姑又来电话说："我让老大看电视，我去给他买吃的东西，回家后一看老大不在家，书包也不在了，可能又回你那儿了，我追赶到44路车站也没看到他，已上车了。"我说："你别着急，等他到家我马上给你打电话。"那时学生还没有拿手机的，大人只有呼叫的BP机，还不是人人都有。过了半个多小时，老大自己回来了，进门低着头没说话，他意识到自已犯错误了。我赶忙给他二姑打电话："老大已回来了，你放心吧！"那天我没有客气，严厉地批评了他几句："你既然去了二姑家，就踏踏实实吃完饭再回来，你这样不告诉二姑就走了，让二姑多着急呀，又犯了第二次错误，下次不能再犯这样的错误了。"他以后再也没有不按时回家了。

两个人的学习还不错，没有因为妈妈去美国而影响他们的学习成绩。每晚他姐姐都要检查作业、签字。我们一家五口人每天都在忙忙碌碌，各自都在努力完成自己的任务，同时也让我体会着带男孩与带女孩的不同之处和乐趣。

很快到期末考试了，我们除了督促两个外甥抓紧复习外，还想趁放暑假的机会去美国大使馆试试看，两个外甥能否签上。我去美国大使馆领了申请表，找朋友填写后，交到美国使馆预约签证窗口，由领使看了申请表后同意预约那天接见，就可以去签证，如果不同意接见就要耐心等待，得等下一次再重新交申请表重新预约。一星期后我去使馆看结果，太好了，那天拿到了美国使馆同意接见的通知，我高兴极了，有希望了，能同意接见就等于能给办签证了。通知："1993年7月6日接见"。记的有三天的准备时间，第一赶紧给美国他们的父母打电话，通知去签证的时间。他父母很高兴，给我和两个儿子交待了签证时注意的问题。

两个外甥顺利拿到美国签证 7月6日那天我起得很早，我要做好一切心理准备，要带齐签证所备用的一些材料和护照，让他们穿戴整齐。

我带他们俩进入了使馆的签证大厅，排队等候。大厅里面只开了四个窗口办理。哥俩将我带的食品全吃完了还没有排到，他俩在里面就开始打闹折腾了，我没有办法就带着他们俩去叫号的窗口找中国工作人员小黄同志，我说："您能否想想办法，这两个双胞胎童子珺、童子玥闹得不行了。"小黄说："今天人太多了，再等一会儿吧！"这时突然听到喇叭喊："童子珺、童子玥到新开的五号窗口办理。"他们两也听见了很快跑到我面前，我急忙带他们俩走到新开的窗口前，他们俩站在前面，我拿着其他材料站在他们俩的后面，他们将两本护照放进了窗口，很幸运的是美国大使馆的领使亲自为他们俩办理，他只问了一句话："你们俩去美国干什么？"老大和老二同时说："去看爸爸妈妈！"领使笑了一下，没有再问什么，很顺利地就办完了，因领使前几天已看完哥俩的申请表才同意接见的，所以很顺利。领使留下了他们俩的护照，给了一张领去签证的通知单，他们俩一起说谢谢！我连续说了好几个Thank you！领使也向我们致意表示合作愉快。

走出了使馆大厅我既高兴又激动，向站在使馆外等待的爱人招手，并小声说，签上啦！我在大门口领取了我的身份证别提多高兴啦，真是喜出望外。回到家我赶忙打电话告诉小弟老大老二今天已签上签证啦！又迅速给美国打了电话告诉妹夫妹妹的喜讯和签证的经过。

机票订在7月20日下午14点整，我们拿到机票后就在西单民航营业大厦办理签写了委托书，委托中国国际航空公司空姐，将两个外甥带到美国犹他洲的盐湖城。他们俩将要飞到美国大洋彼岸和父母团聚了，真为他们高兴，为他们祝福！

妹妹全家团聚美国 两个外甥走的那天他们的奶奶、姑姑、大爷、大姨、几位舅舅、舅妈、表兄同非、同云等，还有几个小姐姐都去机场为他们送行。

我们最后再三叮嘱他们俩："在飞机上要听空姐的话，千万别把缝在两人衣服兜里爸爸妈妈的电话和地址交给不认识的人，有困难时再拿出来请求穿民航服装的工作人员帮助。"当时写了三张，我们也留了一份，万一有事找北京可和我们联系。

在机场通过服务台联系到机场地勤人员，我将两人的护照和委托书交给工作人员，他们带走了两个外甥和四个行李箱，这时我忍不住流出了眼泪，这一走还不知什么时候再能见到他们呢？奶奶、几位姑姑都哭了……我们一直等到飞机起飞后才离开机场的。

经过15个多小时旅程，他们顺利地到达了美国的犹他州盐湖城机场，到家后妹妹来电话，飞机正点到达，一切都很顺利。

两个外甥现已成家立业 岁月如箭，如今两个外甥已是帅气的小伙子了，两人不仅学业有成，而且各自走上了工作岗位，有稳定的工作和收入。并到了谈婚论嫁的年龄了，兄弟俩各自都找到了心爱的人。老大，子珺于2010年11月10日在北京与安徽籍女子小金举行了婚礼，小金长的和她的名字一样的文静、秀气、温雅。老二，子玥于2011年9月11日与四川籍女子小康在北京举行了婚礼，小康长的端庄秀丽、朴实大方。两个外甥先后走进了婚姻殿堂，各自带着心爱的爱人回到美国，兄弟俩有了幸福美满的小家庭，成家立业，事业上拥有美好的未来！

在此祝他们兄弟俩在不远的将来都能有一个健康的小宝宝！并祝他们兄弟俩及爱人事业有成，家庭幸福，万事顺意！

七、我曾四次登上天安门城楼

在普通百姓看来，天安门城楼是神圣的，只有举行重大庆典时，国家领导人才能登上天安门城楼，接见全国各族人民和各届代表。天安门过去只有皇帝可以由此进出。近几十年来，中国人民在天安门广场举行过多次爱国民主集会和游行活动。如1919年的"五四"运动，1935年的"一二·九"运动等，都是在这里爆发后而扩展到全国的。

我从1981年调到北京后，就一直盼望有一天我们普通百姓也能登上天安门城楼参观，看看气势恢宏的天安门广场，该多自豪啊！改革开放后，1995年初，李其炎任北京市市长时，批准天安门城楼对外开放，普通百姓可自由参观，我们盼望已久的登上天安门城楼参观、感受毛主席及党和国家领导人站过的地方的愿望能实现了。

1995年6月30日下午16时，在中国共产党诞生74周年前夕，我和首钢冶金机械厂技术支部49名党员，荣幸地在迎接外宾的礼炮声中登上了天安门城楼，心情特别激动，站在庄严雄伟的天安门城楼上，登台四望，宏大的广场，雄伟的建筑，开阔的长安街，古都新貌，气势磅礴，身感无比自豪。

城楼上的大厅里一面墙上悬挂着一幅巨幅画像，画面是1949年10月1日开国大典时，毛主席神采奕奕，充满愉悦，充满自信地向全中国、全世界庄严宣告："中华人民共和国中央政府成立了！中国人民从此站起来了！"在毛主席身后站着的有朱德总司令、刘少奇、宋庆龄、周恩来等党和国家领导人。画像很逼真，让我们感到毛主席和各位国家领导人就站在我们身边，特有一种幸福感！

这次还有幸领取了一本由北京市市长李其炎签名的《天安门参观纪念证书》，签有"李黎于1995年6月30日16时登上天安门城楼。特发此证"。当我接到证书后心情更加激动。

还有两次是1999年8月和2001年9月曾带我的亲家母和我姐姐、七哥七嫂再次登上天安门城楼，让各位亲戚也感受一下登上北京天安门城楼的喜悦。2002年4月13日，中国逻辑与语言函授大学建校20周年校庆，我和校友们第四次登上天安门城楼。

我每次站在天安门城楼上都很激动，每一次都有不同的感受，心中总有一种自内而发的喜悦和自豪感……

八、女儿去美国

出国潮 70年代末中国改革开放，国家公派了一批优秀的名牌大学的研究生去国外留学，中国成为了当时世界上第一个敢于向西方大量派遣留学生的社会主义国家。要知道那时，中国和西方已完全隔绝了三十多年，和苏联、东欧也断绝来往二十多年了。在这几十年中，中国人没有谁敢梦想今生今世到外面的世界去看看，更不要说自费去海外留学。这国门的打开，是中国在80年代初发生的许多影响深远的历史性变化之一。无数中国青年第一次在自己生活里发现了一个梦想，一个可以通过个人努力来实现的梦想。当最初从报纸上看到有多少多少留学生"赴美深造"，国外会提供奖学金时，对一代中国青年来说这就是一场充满诱惑的挑战，一次对自我价值的检验和一个真正改变自己生活的机遇。在出国留学的动机上，每个人或许不尽相同，有人是志向高远，有人因怀才不遇；有人赚钱太少，有人为婚姻不幸等等。而出国对每一个人也都意味着不同的事情，可能是为国争光或是为个人发展，可能是追求金钱享受或是争取言论自由，甚至也许只是为了多生一个孩子。但是无论人生追求什么，出国留学在那时总是最好的选择。

80年代末，北京街头两个熟人见面时，最常听到的对话已经变成："哎，出国的事怎么样了？""正办着呢！"还有岁数大点的问："你孩子出国了吗？""没有。""还不赶紧给孩子办，人家都在办呢……"在出国留学问题上，有先知先觉者，有后知后觉者，当然也有不知不觉者。当时对我们这样的普通家庭，让孩子出国留学简直是"天方夜谭"。但在短短的几年中，中国人的"留学意识"的提高，"出国潮"很快就由古井微澜变成了沧海巨波。

儿行千里母担忧 在席卷全国的"出国潮"中，我们也经不起诱惑，我的女儿在他姑夫和姑姑的帮助下，也去了美国留学。

1996年11月2日，女儿，小妮，21岁离开了我和她爸爸赴美国留学，和亲人的分别是最伤感的，俗话说"儿行千里母担忧"。在当时社会上流行"出国热"，谁家孩子能出国留学多让人羡慕呀，明知是好事，但我不由自主的要伤感、要哭，主要是女儿一个人独自赴美国有些不放心，女儿到美国的旧金山换程飞机再前往犹他洲的盐湖城，她姑姑、姑父前去机场接机，到家后妹妹和女儿来电话说，一切都很顺利，我们这才放下心来，在美国有她姑姑的照顾就好多了。

我自己那种伤感、思念的心情持续了好长时间，难以控制，上班见了同事哭，别人不能和我打招呼，一说话就哭，就好像女儿将我的心带走了一样，像丢了魂似的……母爱超越金钱，超越时空，没有距离方向的阻隔。再加上更年期的症状更无法控制，自己和自己较劲，和爱人较劲、动不动发脾气、伤感、不由自主地流泪，好像受了多大委屈似的，这种情绪一直持续了半年之久。

女儿到美国不久，随姑姑由美国的西海岸犹他州的盐湖城搬到东海岸的弗吉尼亚州，住了一段时间后，女儿不能久待在姑姑的身边，要去上学。于1997年3月，经姑姑、姑夫介绍，女儿从东部乘飞机到西部的旧金山换乘飞机到达洛杉矶市，在那里就读英语专业。打工、租房，生活很艰苦，得到一定的锻炼。

女儿走进婚姻殿堂　女儿在上学期间结识了男朋友小吴，他给了女儿很大的帮助，两人相互关心照顾，有了共同的语言和好感，他们从相识、相处、相恋、相爱，一年多后，于1998年8月在美国的拉斯韦加斯登记结婚。由志宏的表兄、表嫂作证婚人，她们携手走进了婚姻的殿堂，在美国有了属于他们两人的世界和空间，有了温暖幸福的小家庭，两人相互体贴，相互帮助，完成学业，并有了他们自己的事业，能在每个转折点做出明智的选择，创造他们多彩的人生，共同实现他们自己的梦想和美好的未来！

从此女儿身边有了爱她、体贴她、关心她、照顾她的爱人了，我们就放心了。但还是惦念着他们，这是人之常情。对于子女来说，父母的安慰和鼓励胜过所有的一切。为人父母，不管子女走得多远，也走不出父母亲思念期盼的目光，走不出亲情引力的吸引！父母总会像放风筝一样永远地拽着她，自然而然地牵挂着，总会如影随行般的惦念着……

九、婆婆离我们而去

婆婆病危　记的婆婆住院的那天是星期天，下午我和雅成去家里看婆婆，那天她不爱说话一直睡觉，也不爱吃东西，我们让她喝了一瓶奶制品后，她又继续睡觉了。她不发烧也不咳嗽，没有任何症状，我们想老人岁数大了爱睡觉是正常的，晚上我们和她打招呼说我们要回去了，她睁眼看了看我们，用微小的声音说："走吧！"我们就离开了西便门回朝阳水碓子的家了。约一个半小时刚到家，保姆小敏来电话说，她感觉大妈有些气短，不太正常，让我们赶紧回来看看。我们说马上回去，这时小弟来电话说，他来车接我们一起回西便门看婆婆。到了家婆婆还是在睡觉，我就打电话找阜外心血管医院女儿的同学，她是心脏外科的护士，她已从事护理工作好几年了，在重症监护中心ICU工作过，有临床经验，正好那天她上夜班，我和小弟去接她，让她给婆婆输液。女儿同学到家后用听诊器听了婆婆的心脏，觉得没有多大问题，最后说："肺部有罗音，可能是肺炎，不能在家里输液，得马上去医院治疗。"保姆说："大妈近来从没有咳嗽过，怎么能成肺炎呢？"女儿同学又说："由于老人长期卧床，容易引起肺炎，表面没有任何症状只是昏睡。"我说，不能再犹豫了，让小弟赶紧打电话叫120，10分钟后120就到了，大夫一检查说："老人是肺炎要马上去医院。"宣武医院离家最近，我们和四弟、小弟将婆婆送进了宣武医院急诊室，进行了一系列的检查和化验。这时婆婆还在昏睡，叫她只是睁眼看看不回声。随后就通知姐姐、三弟、二弟和几个弟妹，他们都先后到了医院。这时化验结果出来了，大夫说："老人是肺部感染，糖尿病并发尿毒症，先观察治疗看看，家属要留人陪床护理。"当天晚上我就要求留医院和保姆一起陪护，因我经常上夜班已习惯了，让哥儿几个和弟妹回家睡觉。

我的婆婆

这一夜老妈一直在昏睡，看着吊瓶的药一滴滴地输进老妈的体内，换了好几瓶，但也没有见效。鼻子里插着氧气管，用嘴呼吸，嘴唇很干，我和小敏一直用棉签蘸着水为老妈擦嘴唇让她好受些。

第二天早上雅成和小弟来换我们，老妈突然从昏迷中醒来了，睁开双眼看了看床前的儿子，张嘴模糊不清地说："水、水……"声音很小，睁着眼睛直盯着房顶看，睁眼不到10分钟又闭上眼睛昏睡了。

晚上，老妈还是昏迷不醒，我怎么叫她也不醒，看着她难受我急得直哭，就跟老妈说："妈你肯定想在美国的小英子了，她在美国太远了，她还有不满周岁的小儿子，天又这么冷，孩子太小回来受不了，妈！您是个明白人你会体谅她的，她也想您，让您去美国探亲，我帮您办了护照，带你去美国使馆签证没有签上，后来又让雅利带您去签了一次，还是没有签上，签证官怕您身体不好给女儿添麻烦，所以两次都没有签上，留下了遗憾，我知道您很想小英子！"我的声音很大，但老妈没有任何反应，继续昏睡。

就在医院的第三天老妈就开始呕吐绿水了,输进去多少液体吐出来多少,我和保姆不停地擦洗。医生让我们家属去办公室,他向我们交待:"老人已深度昏迷了,要准备老人的后事。"走出了办公室我们回到观察室老妈的床前,看着呕吐不止的老妈太痛苦了,雅成拿出晚上回水碓子家拿来的一包中药——"羚羊",听说人在昏迷时沏水喝下,会醒过来的,马上沏好用勺给老妈喂到嘴里,她已不会下咽了,但也喂进去了一些,隔了一会还是往外呕吐,多灵的药也无能为力了……

这天晚上我仍值夜班,小弟将他手机留给我,他说:"看来老太太熬不出今天夜里了,我看她的抬头纹已开了,额头前全平了,如果老妈病危,你就打电话给我们,我们哥儿几个今晚都住西便门,姐姐家近到时再通知。"并让我给老妈擦擦身上。那天晚上二弟雅元留下来和我一起陪护,他帮我打水给老妈洗了头,全身擦洗干净后,洗了脚,我又帮老妈剪了手指甲和脚指甲,这是我最后一次侍候老妈,给老妈擦洗全身时我摸她哪儿都是烫的,一直在发烧。我看着老妈安静地睡着,像在做梦。

我和二弟一直盯着监护器的各项生理指标,前半夜一直很平稳。

这时我不由自主的在回想婆婆的一生,从旧社会到新中国,她带了7个儿女,多不容易呀。婆婆是一位淳朴、善良的老人,虽说脾气急燥,但心底很善良。我结婚后,婆婆让我先生女儿,真巧我就为她生了个孙女,婆婆很开心,她喜欢女孩。她知道我爱吃带鱼,有人回兰州就给我带些去,直到盼我们调回北京,她很高兴。刚回北京因房子小人多住在一起,闹点小矛盾也是正常的,我和婆婆从来不隔心、不计仇。婆婆因眼花,我经常帮她穿针,总习惯要打一个线结,她马上揪掉,怕我记仇,我说这是迷信。过年过节婆婆总是说你大嫂爱吃带鱼,一定会做带鱼的。妈!以后您不会再给我做带鱼吃了,想着、看着老妈我泪流满面……

婆婆坚持到最后 凌晨3点多,突然我发现监护器上的血压低下来了,心率跳动不正常了,我让小敏赶紧喊在室外抽烟的二哥,我去找大夫,大夫看到监护器她说:"病人心衰。"大夫给老妈打了一针强心针,进行心肺复苏抢救,心跳有好转,这时我心跳不停,手直打哆嗦,连电话号码都不会拨了,拨了好几次才拨对家里的电话,告诉小弟:"老妈不好了,快速通知几个哥哥和姐姐,带上寿衣，迅速赶往医院。"这会儿我和二弟一直叫着："妈呀！妈！您不能走，您得等着您的几个儿子和我姐姐，他们一会儿就到了。"老妈就这样一直坚持着，心脏缓慢地跳动着，血压在逐渐下降，等到4个儿子、大女儿和几个儿媳赶到医院，儿女们哭着叫着妈！妈！大家怎么也叫不醒老妈，10多分钟后，老妈坚持到她再也坚持不了才停止了呼吸，最后监护器上的心率成了一条直线，血压没有了，大夫拔走了一切抢救的管子和设备。1997年12月17日老妈永远离开了爱她的儿女们，离开了充满爱的人间，享年76岁。儿女们放声哭着叫着，这是人间生离死别的悲伤啊……

我为老妈最后一次穿衣裳　听人讲过不能将眼泪掉在寿衣上，我擦干了眼泪和四弟雅利为老妈穿戴提前准备的寿衣7件套装，一件一件地穿在老妈的身上，最后穿好袜子和鞋，戴上黑色的大绒帽子。我想这是最后一次给老妈穿衣裳了，让老妈感到贴身舒适，老妈好像睡着了一样，她很安祥地走了……

随后我们将老妈送到太平间，老妈要在冰冷漆黑的房间过夜，金属的抽屉将老妈和我们阴阳两隔，我们真不忍心让老妈在那儿受委屈……

离开太平间，我们子女悲痛万分，就这样兄弟姐妹流着泪到了家，告诉老爸："老妈已走了，她很安祥地走了。"因老爸已有心理准备，他没有说话很失望地走进了小屋，躺在了床上。

为婆婆办理后事　在家为婆婆布置了灵堂，第一夜雅成和我守灵。全家开了一个会，兄弟们进行了分工。

第三天，19日早上我去商店给老妈买了一顶枣红色的毛线帽子，老妈生前喜欢红色的，换掉那天在医院给老妈戴的那顶黑色大绒帽子，我想老妈不会喜欢那种黑色帽子的。等出殡那天在殡仪馆给老妈换上枣红色的毛线帽子，让老妈开心。

第五天，21日早上，我们从宣武医院太平间接上了老妈，灵车缓缓前进，十多辆亲友的车一路随行，顺畅到达了八宝山殡仪馆。最大的礼堂第一告别室已布置的庄严肃穆，四周摆满了儿女、亲戚送的花圈，随后将老妈的遗像摆放在中间，遗像下摆放着白色菊花的花篮，遗像上高悬着横幅："缅怀李桂珍老人告别仪式"。八点钟将老妈送到告别室，整容后的老妈就好像睡着了一样，儿女们和所有的亲戚、亲友向老妈最后告别，子女们放声大哭……老妈就这样永远地离开了我们，离开了美好的人间，去了另一个世界，留下的是亲情，留下的是挚爱……

思念老妈 老妈去世后雅成一直沉浸在悲痛之中，他从相册里翻出老妈生前好多照片，默默地流泪，我劝他："老妈患高血压、糖尿病20多年了，最后逐渐并发成尿毒症，谁也没有想到会有这么严重，这是谁也不愿意看到的。"后来他又在一个笔记本里找出了老妈在他支援西北电力建设去青海半年后，从青海的641基地寄给家里一张照片，老妈看后在1965年1月18日，给他写的一封回信家书：

同雅成：像片已收到了，怎不像你从前的样子了。是不是瘦了，我看像片心里很难过。是不是病了，要是病了，赶快看病我再叫你照一张半身的像片。你邮来的像片看得不清楚，话就说到这儿。此致敬礼！妈妈写，1965年1月18（不要带帽子照像）

老妈不识字，但想儿子心切，于是她自己说，让三儿子写下来，老妈又亲自照着抄了一遍，以此方式表示她很想念儿子，让儿子再照一张不带帽子的半身照片。雅成一直保存了31年老妈写给他的这封信，是留给他珍贵的纪念品，他一直珍藏着。还有老妈用棕色的尼龙绸布给他缝的一件棉背心，他一直让我保存好作为纪念……

2003年8月1日，非典过后，公公也去逝了，和老妈并葬在一起，他们终于在天堂上相见了，那里才是他们的千年屋啊。

二位老人先后离开我们已17年了，除了过前3年的祭日外，我们儿女们每年清明节都要为二老扫墓祭奠，看看二位老人。墓碑上的碑文是用金粉写的，每年要为碑文重新涂一次金粉，让它更加清晰、明亮。并为二位老人送上鲜花、水果、食品、二锅头等祭品，四弟妹每年总会红烧两条黄花鱼带去让二老品尝，以表达我们对二位老人的思念之情和养育之恩……

十、为北京市政柔星管道厂筹建化验室

借调 1997年9月初，北京市政工程研究院的工程师是四弟的朋友，找四弟说他们研究院在大兴采育建了一个管道厂，厂房设备基本到位，还要建一个化

验室，你的大嫂是搞化验的，请她帮我们建一个化验室。四弟打电话问。我说可以，但首先要取得厂里和检验科的同意才行，四弟说厂里他去联系问题不大。我说："在大兴的采育上班太远了，每天跑我可跑不起。"他说："让你住在那儿，每周回来一次，有车接送。还有大哥一人在家行不行？"我说让我和你大哥商量一下再给你回话。当天晚上我和爱人商量，他说："你也不是出国，我支持你的工作，我会照顾好自己的。"我很快给四弟回了电话，你大哥同意我去，他自己没问题。

第二天四弟就和厂里有关领导商量，同意我借调去帮忙。同时也给检验科领导打了招呼，科里领导也同意了，当时铸铁化验室有五个人，我借调后不会影响化验室的正常倒班。

筹备化验室 9月9日周日，市政工程研究院的程工和李工来车接我去北京大兴柔星管道公司看看。汽车直奔东四环后又继续向南方向到京津塘高速公路。一路上窗外迎面而过的景色生机勃勃，绿油油的田野，一块块的菜地碧绿葱郁，一望无际的玉米地丰收在望。随后进入了102国道，是一段绿荫大道，让人有一种舒适的感觉。一个多小时到达大兴的采育大皮营柔星管道公司。

到厂后厂长董工接待了我，他向我介绍了北京柔星管道有限责任公司系北京市政工程研究院所属企业，是北京市科委柔性抗震管道及配件中试基地。由北京市政工程研究院研制成功，本公司生产的"柔性节口排水铸铁管及管件"能解决我国高层建筑普遍存在的室内传统排水管道裂损、漏水问题和排水管道的抗震设防问题。该项技术可填补我国的一项空白，具有国内先进水平。要求性能指标达到和超过国外的同类产品质量标准。要有完善的检测手段，使形成产品质量的全过程得到有效控制，化验室可对进厂的生铁、焦碳等原材料进行化验，能在生产过程中随炉取样化验成份含量，所以请你来帮我们厂建一个化验室，来检测、保证产品的质量符合国家的标准要求。听厂长介绍后我说："尽力而为吧。"

随后董工带我去厂房看了看，然后进了厂房旁的一个小院里，有三间大平房，房内东西两边隔出两小间。当天就和董工、程工提出了我的意见，要砌80公分宽、80公分高的操作台。

首先董工给了我一份柔性管道的资料，生铁、铸铁的成份和各元素的含量标准范围。然后要预订设备、仪器，有一些仪器、设备有现货，有的要提前和厂家订货。我告诉程工："还要让木工做封备式的通风橱和试剂架，尺寸我回厂画好图，所有设备、仪器我会作详细计划报表给你们的。"

回厂后，我除了作炉前化验外，就开始为柔星厂化验室作计划分类列表：设备、仪器、化学试剂、标钢、玻璃器皿种类多，以及其他物品……详细列表，还有通风橱柜和试剂架的平面图完成后，打电话让程工来我厂拿走计划表去订货。

随后我开始写操作规程和安全规程，这些写好后，我于10月8日正式借调到大兴柔星管道公司上班，吃、住在那里，一周回一次家。设备来一台安装调试一台，直到10月20日设备、仪器基本到位。将天平调试好后，请大兴计量局检测后才能使用。标钢在我厂化验室先借了三种不同含量的标钢试样，等柔星厂买回后再还给我厂。

剧毒药品购买难　化学试剂先买到一部分，唯有"三氧化二砷"是剧毒药品，化学试剂商店要求用户必须有剧毒许可本才能购买。我厂三个化验室由三个人保管剧毒本及剧毒药的保险柜，其中有专业技术员、一位领导、一位本办公室的工作人员，一人管钥匙，一人管密码，一人负责称取所用的药的重量，必须三人到齐，才能打开保险柜，专柜专用。每次都须严格登记时间、重量、三人签名。每次由各化验室的安全员去分领，称取所需要的克数，我是铸铁化验室安全员，由我去领，计算好标准溶液一次的用量，必须一次用完所领的药，固体的药化验室不得存放。

最后通过市政工程研究院开证明和介绍信，去大兴县的剧毒药品管理中心借用一次的用量，取得他们的同意。我有意加大标准溶液的体积，多借了1.3克，共借了2.6克三氧化二砷，保证化验室的使用而不影响生产。因剧毒本的申请很严格，对化验室的规模、消耗量、保管问题等等都得慎重考虑，是很难审批解决的一件事情。

培训小徒弟　化验室设备仪器已具备，我开始带两个小徒弟小栗（女），小李（男），首先教他们安全操作，特别是电器、试剂等必须严格的按安全规程去操作。要求他们必须熟背分析操作规程，我和他们一起练习做标钢，让他们多看多练习，熟能生巧，尽量减少误差，能稳、准、快地发出化验报告。两位徒弟经过刻苦学习，认真操作，勤奋练习，于10月28日正式发出报告。碳硫联合测定仪进厂晚，还要安装调试，还有一个配件三通结门厂家装箱时装错了，程工又去天津化学仪器厂更换了一个三通结门。卧式电炉的碳矽棒无货，等了一周后才买到，直到11月中旬，碳硫联合测定仪安装调试好后，才能做试样向炉前发报告了。但每次我都要复查一遍，要对产品负责。

12月14日婆婆突然病重住院，我临时打电话请假照顾婆婆，17日婆婆病故，为婆婆安葬后，23日我又返回了大兴，继续带两个徒弟练习。

对于焦碳化验，我原来从未接触过，但通过市政工程研究院找到一份分析操作规程和所需成份含量的标准，自己通过学习摸索，和两个徒弟一起学习，一起练习操作，最后对公司每一批来样，都准确无误地发出了化验报告。市政工程研究院和公司领导非常满意。

顺利完成任务　自己在建化验室期间，经常中午和晚上忘了吃饭，两个徒弟下班回家了，我还在调试仪器，食堂的大师傅和董工经常来化验室叫我去吃饭。我想抓紧时间调试好设备仪器，能提前发出报告，帮炉前工人师傅调整生铁的配料，让他们心里有数，把好质量关，尽快出成品。一个人经常到夜里11点多才离开化验室回到宿舍。

我从1969年参加工作后，调动了4个化验室，都是安装好的设备和仪器，从未亲自安装调试过某种新设备和仪器。这次在大兴柔星厂三个月的时间检验了自己29年的工作能力，并考验了自己。当然还得感谢市政工程研究院的程工，在他的大力支持和帮助下去完成的。程工，他戴一副近视眼镜，中等个儿，40多岁，热情、豪爽、说话快、反应快、办事快，今天的事决不会托到明天去办，从不耽误时间。从城里到大兴化验室，从未看见他坐下来休息一会，都是站着讲话，交待完所买的仪器和东西又马上返回单位。他在订购设备仪器的时间上帮了我不少忙，没有耽误我的安装时间。他对工作认真负责，是一位不怕累不辞辛劳的工程师，为了柔星能早出成品，他无私地奉献着，我也在默默地向他学习。自己经过3个月的努力，克服了许多困难，在各级领导的大力支持下，柔星管道公司化验室从筹备设备、仪器、化学试剂等到安装调试、培训化验员，能稳、准、快发出报告，都由自己独立完成的，也使自己得到锻炼和考验，感到很欣慰。最后自己写了总结报告，上报柔星管道公司和市政工程研究院，得到两级领导的好评。我非常感谢程工、厂长董工、李工每周来回接送我以及对我工作的大力支持和帮助，使我顺利完成任务，让我留下了一段难忘的记忆。

十一、难忘的生日、三八妇女节

1998年我退休之前爱人为了让我有个好心情，在"三八妇女节"的前一天晚上，他对我说："明天是'三八妇女节'，你的生日是3月13日，为了一起祝贺，就将两个好日子放在一起过多好啊！"我说："行啊！"爱人又说："今年三八妇女节，我要送你一个很有纪念意义的礼物，给你一个惊喜。"我很着急非让他告诉我不可，最后他告诉我："你很喜欢电影表演艺术家谢芳，明天她要在西便门"女子书店"举行她著的一本新书《往事匆匆》发行签售仪式，我送你这本书，这份礼物有意义吧！"我说："太有意义了。"我激动得一夜未眠。

1998年三八妇女节，著名艺术家谢芳老师为她著的《往事匆匆》签名

3月8日早晨我们起得很早，急速赶往西便门"女子书店"。到了书店已有好多人排队等待谢芳老师签名。爱人迅速为我买了谢芳老师著的这本书《往事匆匆》。当排到下一个该是我了，我很激动，我走到谢芳老师桌旁，我爱人在一旁说："您好！我是她爱人，今天是她的生日，我要用您的书作为生日礼物送给她。"谢芳老师亲切地说："这个日子好啊！祝你生日快乐！"我说："谢谢您！"她又问："你叫什么名字？"我迅速写了我们俩的名字，谢芳老师和蔼、热情地和我们交流，和她在电影里所扮演的角色一样可敬可亲。旁边站着一位先生不停地为谢芳老师拍照，谢芳老师说："这是我的老伴张目。"张目老师更是笑容可掬，彬彬有礼。现为中国戏剧家协会理事，原中国歌剧舞剧院歌剧团团长，曾是一位十分优秀的歌剧演员。他很热情的为我们拍照，并和我们一起合影。那年谢芳老师已经63岁，张目老师67岁了，但他们看起来都很年轻。

谢芳老师为我的书签了字："生日快乐！同雅成 李黎同志留念 谢芳1998年3月8日。"

谢芳老师将书交给我时，还说："祝你们幸福！"我和雅成急忙说："谢谢您！谢谢张老师！再见！"

离开女子书店，我太高兴了，今天有这样的机会，不仅近距离见到了谢芳老师这位表演艺术家，而且她很热情地和我们交谈、签字。

我对爱人说："感谢你送我的节日和生日礼物。"我激动的心情久久不能平静，上了公交车后一直在翻阅《往事匆匆》，到台基厂站要换车，爱人喊我："到站了！下车啦！"我这才急忙下车。

爱人送我谢芳老师的著作《往事匆匆》，这份很有纪念意义的节日和生日礼物，让我从中吸取养分，来不断提升和完善自己的人生，使我终生难忘，感谢你——我的爱人！

于是，每年的"三八妇女节"就成了我的生日和节日。

十二、我的美国小外孙

小外孙的出生 1999年5月30日(美国时间)，我们的小外孙健康地出生在美国加利福尼亚州的洛杉矶市。喜讯传来那天是6月1日，我和爱人刚从泰国旅游回国，到了家就接到女儿的电话，她说小宝宝顺利出生，很健康，是一个胖小子，体重6斤8两，她在医院一切都很好，第三天就可以出院了。请了一位中国阿姨照顾伺候月子，还有表嫂的照顾，让我们放心。我和爱人悬着的心总算放下来了。女儿是大兔宝宝，又有一个小兔宝宝天赐人间，我和他姥爷别提多高兴了！我们听到的和感受到的，不是黄昏的余晖，而是朝霞的光彩，是生命延续所带来的惊喜。女儿女婿初为人父人母的快乐油然而生，责任感也同时落在

1999年10月我的美国小外孙来到北京姥姥姥爷的身边

他们的肩膀上。

小外孙4个多月，女儿来电话说："妈，我们工作忙，想托王阿姨将您的小外孙带回北京，让你们帮我们照顾行吗？"我说："小孙子太小了坐飞机有问题，耳朵的鼓膜会受不了的。"她说："没事，我们了解了，好多人都说没问题。"我说："那你们自己作决定吧，我们帮你照顾没问题。"

小外孙来到北京　同年10月23日，不满5个月的小外孙从大洋彼岸来到北京姥姥和姥爷的身边。到了北京首都机场，我们第一眼看见小外孙，他就冲着我们乐，太可爱了，我们将他从小车上抱起来他也不哭，不认生，始终乐着。看着前去接他的建民一直开心地冲他笑着，他将建民认成他爸爸了，建民和我的女婿长得确实有点像，所以小外孙一直冲着他乐，可爱极了。

到家后，王阿姨继续照顾小外孙的吃、喝、睡，我们还得跟她好好学习，怎样配奶粉，多长时间喂奶一次，间隔多长时间喝水，什么时间加小罐头食品，还有多长时间换一次尿不湿等等，都得从头学，并且要认真，记不住就写在本上。王大姐教了我一个星期小孙子的生活规律，饮食的定量等事项，我基本掌握了。6天后，王大姐要回她久别了的上海和苏州老家，离开时小孙子正在睡觉，王大姐也舍不得离开小孙子，因她回国签证时间有限，不得不离开北京。

小外孙给我们带来欢乐和笑声　很快小外孙就和我们熟悉了，我每天等着他姥爷下班回来吃完饭，由姥爷接班看着小外孙，我抓紧时间睡一会觉，夜里有精神好侍候小孙子喝奶、喝水……

那段时间李姥姥、五姥爷和五姥姥常来看小外孙，小孙子见了他们很高兴，他不认生谁抱都行，他的适应能力很强，这是小外孙最大的优点。几位姥姥、姥爷和他一起玩他可开心了！他们还给小外孙带来好多衣服、吃的、玩的，他更高兴了。

还有女儿的同学带着比小外孙小一个月的女儿小萱萱，来看小外孙，并给小外孙起了个小名叫大象。为他们拍了好多天真可爱的婴儿照。

从头学习育儿知识　我们买了三本育儿常识一类的书，其中一本是我国著名儿科专家林巧稚写的《育儿常识》，另一本是法国的洛郎斯佩尔努著的《怎样科学育儿》，还有一本是外国的米里亚姆·斯托普德博士著的《让宝宝更聪明》。这三本书具体的介绍了对婴幼儿的照料、喂养、生活、教育、观察、指导等，让我们学到了育儿的多方面的知识,这三本书中西结合指导着我们去精心照顾小外孙。

我带自己女儿时,那是70年代,也买了两本《家庭育儿常识》上下册,但毕竟是25年前写的书了,给婴幼儿喂的食品、营养品有了很大的差距。那时我也没有像对小外孙这样认真去学习、去琢磨,那时也没有那么多的辅助食品,只有奶粉和"糕干粉"两种。小孙子赶上了这个好时代,所有外国小孩添加的罐头、果汁、进口奶粉在北京的洋货超市"国贸超市"都能买得到。所以小外孙在北京同样能享受到美国的待遇。

东方人——改变不了的体质 小外孙常吐奶也是一件让人着急的事,我一直按照王大姐教的配奶方式,一次配好几瓶放在冰箱里,喝时拿出一瓶后放到室温给他喝,说从月子里到五个月一直喝凉奶已习惯了,所以我就没有给他加热喝过,造成他老吐奶,直到现在小外孙的肠胃一遇凉就呕吐,可能和小时候喂凉奶有一定的影响。咱们是东方人他的爸爸妈妈小时候都是喝和妈妈体温一样温度的奶,他们将小外孙的习惯改变了肯定有问题,但我当时怎么也没有意识到这一点。真是当局者迷,很糊涂,崇洋媚外,所以现在心里一直很愧疚,愧对了小外孙,现在怎么也弥补不了对小外孙无意的伤害。这也是一件值得提醒和告诫我们东方年轻的妈妈、姥姥、奶奶们值得注意的一件事:东方人的婴幼儿不管他出生在那里,是在东方还是在西方,记住一定要喝热奶,不能死搬教条,学什么就套什么,千万别忘了我们是东方人的体质,我们的后代永远是东方人,这是环境所不能改变的事实。

小外孙有"八快" 小外孙很喜欢玩,小外孙每天最喜欢听着音乐在床上做健身操,我帮他动动小胳膊小腿,有节奏地运动,他可高兴了。再大点他更喜欢听歌曲,很投入很入迷,有一首歌名"战友"的歌曲,不管他玩什么玩具只要听到这首歌马上扔下玩具,扶小床的栏杆奔向录音机的方向聚精会神地听。等到听完后唱另一首歌时,他才坐下去拿别的玩具玩,我觉得很好奇,他怎么能听懂里面的词和调呢?我都记不住那些词。他还爱听北京胡同的小儿歌,百听不厌,百听不倦。他每天最不喜欢穿裤子、穿袜子,愿意光着小屁屁、小脚丫玩。小外孙很聪明,观察力很强,反应快,所以我称他"八快":"眼快、手快、耳朵快、学得快、反应快、喝水快、尿得快、指甲长得快"。

12月29日我们带小外孙去中日医院的国际医疗部体检，打预防针。大夫讲："这孩子身高、体重、发育，都正常。"我和他姥爷没有白辛苦，小孙子的健康成长就是对我们最大的安慰。

小外孙周岁生日 5月30日是小外孙周岁生日，那天五姥爷送小孙子一辆警车，他开着警车高兴极了，中午李姥姥请他在"海洋大厦"吃海鲜，记得那天李姥姥给他剥虾一个接一个地吃，几个人看着他吃得有滋有味，大家都为他高兴，祝福小孙子周岁生日快乐！我让他谢谢各位姥姥、姥爷，他用两只小手合在一起作揖并乐着表示谢谢！他还不会说谢谢。那天我担心他吃多了，但晚上回家还接着吃生日蛋糕，吃的满脸都是奶油，可爱极了！

31日是小外孙中国时间的生日，带他去照相馆拍生日小照，那顽皮、贪玩的样子逗的摄影师哈哈大笑，每一个动作、每一张小照都那么活泼可爱，谁看谁乐。

六月一日是小外孙在中国过第一个儿童节，我们带他去麦当劳吃、玩，他贪心的样子好玩极了，让我和他姥爷笑声不断。在游戏区玩、照相、他很贪玩半天都不愿离开。

小外孙过了三天的生日和节日，玩得很开心。小外孙周岁前只会叫爸爸妈妈，他每天要看着他爸爸妈妈的大照片叫，有时还要在他们的脸上亲一下，太可爱了。

小学 不知不觉小外孙两岁上了幼儿园。6岁就读于北京"美后小学"。从一年级起就开始寄宿小学住宿部，每周末接一次回家，每周日晚送小外孙回学校，他从来没有当着我们家长面哭过，刚住校的几周内从未在一周内接他回家住过，生病例外。别的同学开始不仅每2—3天要接一次回家住，而且家长离开时就哭，我问小外孙："你为什么不哭？"他说："你们走后我去厕所哭一会就好了，擦干眼泪就回宿舍了。"小外孙从小就很懂事，懂得爱，懂得心疼家长，不让我们家长为他着急。在住宿部表现也很好，得到生活老师的关爱和呵护，特别是有时夜里受凉经常呕吐，给住宿部老师添了不少麻烦，我们深表感谢！

小外孙聪明、纯真、诚实，学习很好，品学兼优，在各个年级段一直担任学习委员和中队长，常帮老师干一些力所能及的事，各科老师都很喜欢他。从四年级起，每年都被评为"三好生"，并荣获全国小学生作文一等奖。在小学的成长过程中，我们家长没有给他太多的压力，课外辅导课几乎没有，唯一参与"二胡演奏兴趣班"的学习，由于他勤学苦练，学到业余十级的最高一级。参加过好多集体和个人比赛及演出，其中"月坛杯"比赛，荣获银奖。我们唯一的出发点希望小孙子能拥有一个宽松、快乐、无忧无虑的童年。

小外孙从小就能适应各种环境，这是他最大的优点，他出生不到5个月就从美国离开父母，2岁离开北京姥姥姥爷去福州爷爷奶奶家，6岁回北京上小学，假期自己拉着小行李箱坐飞机一人去福州看爷爷奶奶，上中学自己一人坐高铁往返福州于北京……但小外孙也有小缺点，"小马虎"，粗心大意，这也是小男孩的共性，随着年龄的成长和不断努力会克服的，我们相信小外孙会逐渐养成良好的学习习惯和生活习惯。

初中 小外孙小学六年品学兼优，小学毕业后被保送推优到北京市的市重点中学，"北京市第二中学分校"，让我们全家喜出望外。

小外孙上了北京二中分校，新的学校，新的环境，有了新的开端，处于科目的增多，知识难度的提高，从而改变了自己的学习方法和习惯，并且刻苦努力，成绩优异，初二时被分在前3班。我们一直为小外孙的健康成长感到骄傲，不管是学习上还是生活上的表现，小外孙是他爸爸妈妈及全家人的期盼，小孙子是我们的骄傲！

中考 初中三年很快就要毕业中考了，中考是对学生综合能力的考察，不仅对单独知识点的考察，主要考察学生知识融会贯通能力和综合应用能力。希望小外孙在中考中取得优异成绩，考上自己理想的学校。后来因国家高教部政策规定，像小外孙这样外籍的学生不能参加国内的统一高考。中考后小外孙考上了一所带有国际部的学校，只招外籍及留学生的国际部，小孙子感到这是一所理想的学校，这样就可按本土出生的外国人，申请报考中国的一所大学。小外孙长大了，不再是小孩子了，一眨眼就要走向十八岁，走向成人，走向社会，希望小外孙能不断地学习，不断扩大自己的视野，在新的人生旅途上扬帆远航！

看到小外孙一天天成长，我们夫妇总有些成就感和欣慰在心兴。从今社会看，带育孩子真是个伟大的生活工程，在我们中国，许多人退休后都成了这项生活工程的建设者和志愿者。家庭是社会的一分子，带育孙辈对家庭、对子女、甚至对社会都有利，享受天伦之乐，何乐而不为呢？

十三、值得纪念的日子

1999年9月9日9时9分9秒，值得纪念的日子。

一则，世纪之交，1999.9.9.9.9.9.——千载难逢，千年等一回。

二则，26年前的1973年9月9日是我和雅成结婚的日子。

再则，八个9字意味着吉利，"九九归一，天长地久。"这是本世纪最后一个"九九归一，天长地久"的日子。今天是我和雅成结婚26周年的纪念日，在这个非常特殊的日子里，让这个特殊的日子给我们留下美好的记忆。

记得1973年9月9日9时9分，此时此刻我们正在嘉峪关市西电二公司的会议室举行艰朴的结婚仪式。第二天乘坐70次列车回到北京。那个年代没有婚纱照，在北京一张普通的黑白结婚照都没有照，因雅成上火嘴角长了一个小疱，涂了紫药水怕影响美貌。一个月后回到嘉峪关在照相馆照

结婚26周年纪念日一九九九年九月九日

了一张两人合影五寸的黑白照片，这张嘉峪关合影之照就成了我们夫妇永久纪念的结婚照。

逝水流年，往日岁月。往事像美丽的诗篇，无论是学习、工作、生活……26年过去了，为了留住那段寄托我们梦想和美好的日子，在今天这个值得纪念的日子，也是千载难逢的日子，我们就用那张黑白的结婚照重新采用电脑合成彩印了一张婚纱照，（当时是用彩色纸印技术而不是像纸）照片下方特意注写了八个"9"字，"九九归一，天长地久。"多么不寻常的日子。就好像又将我们带回到1973.9.9.9.9.9.那个幸福的时刻……让这张婚纱照展现我们过去的风采，把我们的爱和最美的一面留下来，固定在光影中，留待未来去回忆。让这张婚

纱照伴随我们继续走向幸福的未来，让我们相伴到永远！

十四、故乡情

我于2001年8月5日乘坐41次火车，回故乡为与世长辞的父母亲扫墓，并探望我惜别14年的亲人，以及生我养我的那片土地和父老乡亲，以表我多年的心愿。爱人因工作忙未能同去。实际上我离开故乡已32年了，岁月如水，时光如流。几十年过去了，在火车上我思绪万千，回想起好多往事，让我难以忘怀，心情久久不能平静，彻夜难眠，刚闭上眼睛，就听到列车员广播，历史古城西安就要到了，一看表已是6日早晨6点多了，我的心情格外激动，就要看到自己的家乡和亲人了，越走近故乡回家的感觉越强烈。列车缓慢进站，刚一停下，我从窗外一眼就看到外甥安排的朋友早已在站台上举着我的名字的纸牌等候着，突然一位年轻人已进入了9号卧铺车厢，站在我的面前，他很礼貌地问我："请问你是北京来的吗？"我急忙回答："是的。""我是来接你的小李。"我说："谢谢！让你们起一个大早！"他说："没关系。"他帮我提下两个行李箱，交给等候在站台的那位同志，后又帮我从另一个车门，将我托一位乘务员帮我保管的给姐夫买的一辆轮椅提下车，我对那位女乘务员深表感谢。这次如果没有外甥安排朋友来接我，我是无法出站的，第一两个箱子太重，还有一辆轮椅，第二西安火车站没有"小红帽"接送站服务。西安火车站几十年没有多大变化，我原想全国大城市火车站都一样，都有"小红帽"服务帮我出站，再打车到汽车站，让外甥在西峰接我就行了，没想到西安火车站没有人性化服务，服务理念跟不上时代的步伐，有点落伍了，还需待逐步完善。那天两位朋友接我很快出了站，住进一家宾馆，吃完早点后让我休息了两个多小时。

上午10点多离开西安，8月份的西安，像蒸笼一样闷热，公路两边的树枝树叶一动也不带动地无精打采地下垂着。

小车行驶在312国道上，后又转入211国道，一路上我注视着窗外的景观和绿油油的田野，在陕西省彬县公路旁看见了田间地头卖西瓜的瓜摊，我高兴极了，让小李停车，下车后看到特大的冬瓜形的大西瓜，个个都让人看着那么顺眼。主人说，个个都是熟透了的瓜，放心买吧。我们一下买了八个大西瓜，每个都有20多斤重。这是我有生以来买的最大的、也是最多的一次西瓜，记忆犹新。

西峰新貌 不午4点多到达西峰市，汽车进入市区，我眼前一亮，原来的庆阳地区西峰市的窄马路、小街道、大平房，已经被耸立的高楼、宽敞的大道所代替，一座生气勃勃的现代化城市映入眼帘，为之而感叹！两位朋友告诉我这些变化都是新市长上任后，进行整体规划所改变的。我听了后心情格外激动，由于他们的努力和付出才有西峰市今天城市这样的变化，并得到老百姓的认可和赞誉。

两位朋友将我送到西峰外甥的家，外甥媳妇早在家等候已久，热情地接待了我。外甥家住六层楼的4层，是个三室一厅的房子，装饰朴素大方，周边环境很好。

西峰很凉快，8月的天，晚上不用空调还得盖小薄被睡觉，舒适凉爽极了。他们对我照顾得非常周到，让我感受到家的亲情和温暖。

外甥媳妇每天不仅要照顾我，还要照顾上初二的儿子延延，孩子就读于庆阳地区的重点中学"二中"，他学习很好，并且很刻苦，有良好的学习习惯。我鼓励他："延延将来高考，一定要报考北京的一所大学。"

由于外甥工作很忙，他每天回家很晚，我只有每天晚上才能和他聊天、拉家常。白天外甥媳妇陪我游览了西峰市的街区、市景和商店。

黄河古象 西峰市中心有一个大象的雕塑标志，表示这里曾是大象的家园。也像征着这座城市以稳健的步伐在前进、在发展。北京自然博物馆的"黄河古象化石"就是从甘肃的庆阳地区挖掘出土的。

绿葱葱的道旁树、草坪、花坛、新建的商业大街、商品琳琅满目，高楼大厦林立，成为一座具有活力的现代化城市。十几年来，西峰市的变化很大、发展之快，无论市容还是城市规化建设都让人耳目一新。

豁达乐观的姐夫 这次见到久违的姐夫，多年不见，姐夫也变胖了，变老了，但他还是谈笑风生，不减当年，中午还带我去吃正宗的羊肉泡馍。姐夫年轻时曾是一位帅哥、美男子。他聪明过人，勇于拼搏，勇于挑战自我。姐夫曾先后在宁县供销社、商业局、县政府人委办任职文员。后调新疆工作十多年。1977年调甘肃庆阳地区汽修厂供销科工作，先后任供销科采购员、科长、供销公司经理、副厂长、配件厂厂长、工会主席等职数十年之久，后任助理调研员多年。姐夫具有很强的工作能力，工作上勤勤恳恳，认真负责，当年每当姐夫在兰州、北京出差时，他总是雷厉风行，争分夺秒和时间赛跑，办事效率极高。

姐夫平易近人，乐观幽默，待人赤诚坦荡，多才多艺，生活上艰苦朴素。后来才得知姐夫的人生很坎坷，少年丧父，14岁就走出家门，少小离家，屡遭磨难，但他意志坚强，用自己的聪明才智、勤奋和努力，改变了自己的人生。姐夫处事豁达乐观，多次变动工作岗位，无论处境多么艰难，遇到多大困难，他都能坦然面对。惠珍姐突然病世，对他打击很大，但他依然挺过来了，担负起照顾儿女的重任……等儿女们都成家立业了，他也老了，退休后享受天伦之乐，并研究竹板花鸟体书法。他患有糖尿病、高血压等疾病，还要与疾病抗争。

记得那天晚上，姐夫、外甥的继母我称她大姐和几个外甥、外甥女及孩子们一起共享了丰盛的晚餐。

姐夫练得一手很有功力、漂亮的竹板花鸟体书法，这次还为我写了一幅"乐观进取"四个大字的花鸟体书法横幅，非常漂亮，作为永久的纪念。

回宁县看望亲人 两天后我离开西峰去宁县早胜南庄村看望姐姐及久病的张姐夫。一下车，姐姐第一个出来接我，我差点认不出来是姐姐，母亲去世后我14年未回故乡，没能再见到姐姐，经常会打电话、寄钱给姐姐，但没想到十几年姐姐苍老了许多，满头白发，脸色憔悴，布满了皱纹，因衰老的到来有些佝偻。加之照顾半身不遂的姐夫好几年，身体瘦了好多，我心里一阵酸疼，不知说什么才好，我不禁潸然泪下。当我看到病卧在床上的张姐夫，我心里更难受，原来是一位顶天立地的男子汉，1998年患脑出血，留下了后遗症，半身不遂，让病魔折磨得瘦小了好多。他从电话里得知我从北京给他带一辆轮椅回来，他一直盼着轮椅的到来。姐夫看见我他激动的流出了泪水，我也哭了，当我将轮椅打开时他更激动了……轮椅能给他帮助和方便，能使他走出院子，去村里、田间地头，看望他惜别了四年的东西，他太高兴了，和我说了几句感谢的话后，就让二外甥将他扶上轮椅，要去村里看看，去田间地头转转。

晚上我躺在姐姐的身边，我们姐俩整夜地聊天，有说不完的话，问不完的事，直到夜深才入睡的。有一夜一直聊到凌晨，窗户看到亮光了。五十多年的情，十四年的思念，怎么能一下说完呢？姐姐大我14岁，我小时候她疼我、爱我，我没能报答她。我这次告诉姐姐："这次回来我要多住些日子，将你带到兰州、北京游一圈，让你散散心。"

为父母亲扫墓 在姐姐家休息了两天，我又着急回李家村为父母亲扫墓。早上二外甥打电话叫了出租车，14年前想也不敢想，过去只有别人骑自行车带着我，如今出门前打个电话就有出租车来接，太方便了。那天我和姐姐、大外甥女、女婿、表弟、弟媳一起去为父母亲扫墓。三年前我委托堂兄为父母亲立的带碑楼的墓碑，古朴典雅，美观大方，与我小时候记忆里马路东北边福民家祖坟旁那座碑楼一样高大、雄伟、气派，圆了我十几年的梦想和心愿。我们为父母亲扫墓，祭奠，焚香化纸，我和姐姐泪流满面，我向二老诉说了我多年的心愿和思念，深深感念父母培育的恩德，敬祈老人安眠。在二老的碑楼前我和姐姐合影留下永存的纪念。离开墓地，我的心久久不能平静……

这次在几位兄嫂家住了10天。姐姐要照顾久病的姐夫当天就回家了。村里的长辈都相继过世，这次看望了村里的兄嫂、姐妹。彦珍兄嫂，振东兄嫂，振安兄嫂，长英兄嫂，长禄兄嫂，振铎兄，东巧姐、表姐和晚辈侄子、侄媳、侄女等亲人。并看望了一位德高望重年逾九旬的李福民，要论辈分，他是孙辈了，但他还让儿子给我准备了一桌丰盛的饭菜佳肴来款待，他还和振安兄、振东兄一起陪同我去各家赴宴、喝酒，让我敬佩，也让我感动。每天村里要看望的亲人，晚辈们，都得排好队安排好时间，不然几家就会准备重了，每到一家都是热情接待，让我感到回娘家的亲情和温暖。兄嫂和晚辈们真诚、纯朴的语言，热情的面孔让我感动和难忘……

这次回乡探亲，主要去外甥家，姐姐家，回李家村为父母亲扫墓，并看望父老乡亲。因亲戚中的几位舅舅、姨姨早已过世，表兄、表嫂听说也有过世的，并且居住的都很远，未能前去探望。

为惠珍姐扫墓 回李家的第三天，由振东兄和振安兄陪同我去早胜镇南街的公墓，为过世多年的惠珍姐扫了墓，姐姐大我4岁，姐姐于1985年7月19日病故，年仅42岁就离开了世间。我跪在墓前为姐姐点香焚纸，边流泪边向姐姐诉说我多年的思念之情："苦命的姐姐你走得太早了，走得太突然了，你42岁就走了，你没有享什么福就匆忙地走了，我调北京后你也没有去趟北京看看，留下了很多遗憾……"

听振安兄介绍，姐姐发病很突然，诊断是：早年患肝病导致肝受损。但无明显的症状而被忽视了，随后逐渐发展致使肝损坏。最后医院确诊："肝硬化、肝昏迷、肝腹水、肝出血"。据说姐姐住院二十多天医治无效，永远地离开了儿女、离开了爱她的亲人……

惠珍姐一生贤惠善良，淳朴聪慧，待人和蔼可亲；生活中艰苦朴素，勤俭持家；能包容一切……并培养了三个优秀的儿女。一生工作调动频繁，曾先后多次调换工作，她都能服从上级安排，并能胜任。她先后曾任甘肃省宁县农建局打字员，早胜镇邮电局话务员，宁县供销社和盛商店、良平商店营业员，庆阳地区汽修厂任办公室文员、会计、后勤管理员等职。她无论调到那里，处境多么艰难，在什么工作岗位上都能勤勤恳恳，兢兢业业，任劳任怨。并和姐夫分居两地生活十多年，抚养儿女肩负重担，积劳成疾，最终倒了下去，我为失去这位好姐姐难过、悲伤……

惠珍姐的嘱托　惠珍姐生前曾在1983年11月19日，给我和雅成写了一封来信中说："小峰是刚毕业的一个大学生，但对社会上一切都不懂，年龄也小……小峰现在交给你们两个，啥事不对你就批评，对的就支持……小峰这个媳妇已经给订了，老家是山西人……81年兰州交通学校毕业后分回我们单位，82年考上电视大学，85年毕业……人性子好，单位影响好。"

记的接信后我给姐姐和小峰写了回信："……希望小峰抓紧复习报考研究生，姐姐、姐夫都支持他考研……"

1983年12月13日姐姐又给我回了信："你来信对小峰学习重视，对我们全家人启发很大，特别是你姐夫原来担水怕人笑话他，这几天担水做家务，还给买肉抓生活。小峰不用说决心更大，已给单位打了招呼，12月1日报了名，2月18日考试，真正能考上那就更好了，原来小峰说不论考那里都行，现在只报北京，那里都不去，可能北京有你的缘故……小峰把时间抓得很紧，吃完饭就走了。说他从见了你，他能正确对待他们俩个，保证不影响团结，促进学习。小梅、小敏都问候小妮。祝你们全家愉快！　姐姐　惠珍　83.12.13"

没想到姐姐给我们的这两封信，竟然成了她给我们最后写的两封信，竟成了绝笔。留下了许多遗憾，让人心疼……

姐姐的两封家书绝笔，姐姐的重托，姐姐的信任，成了我和雅成终生的义务和责任。因为信任，是对彼此人格的了解与欣赏。

外甥没有让姐姐失望　外甥工作从零开始，从基层作起，对工作认真负责，并能服从组织安排，无论组织上调他到那个单位、那个工作岗位上他都能胜任，并能出色的完成任务。他曾先后在不同的领导岗位上工作过。他从基层开始，一步一个脚印，踏踏实实地为民办实事。

这些年来外甥工作多次调动，对他每次工作的调整，我们都要打电话嘱咐他："要严格要求自己，要廉洁自律，警惕身边的不正之风，权钱交易、行贿受贿、贪污腐败和社会上的各种诱惑等现象的发生，要做到出污泥而不染。"我们经常用全国各省、市的典型案例给外甥敲警钟，他对我们的提示能认真地接受。外甥在30多年的政坛生涯中，在不同的工作岗位上，一步一个脚印，一路走来，廉洁奉公，没有犯错误，我们为他感到欣慰。他立足本职工作，理论联系实际，视野开阔，见解独到，多次受到省、地委的表扬。他曾发表过多篇学术及经济论文。

姐夫有福气看到儿子的成功并分享了喜悦，享了儿子的福，姐姐却没有亲眼看到儿子的成绩和荣誉，没有享到儿子的福，是姐姐的遗憾，也是外甥最大的遗憾。但不幸的是姐夫身患糖尿病多年，并发成综合症，久病医治无效，于2010年12月25日病故，享年69岁。他和姐姐在天堂重逢，愿他们含笑九泉。

对外孙延延的殷切期望　这些年来我们不但关注着外甥的进步和成功，还为故去的姐姐关照着孙子——外甥的儿子延延的成长。1992年春天，小外孙延延6岁第一次和他妈妈来北京，迎接他爸爸从日本研修后回国到北京，我们第一次见到小外孙，长得健壮、聪明、可爱，但不爱讲话。我想外甥因种种原因没能在北京上研究生，留下了遗憾。但我对小外孙延延却有殷切的期望："延延将来你要在北京上大学，到那时我已退休了能照顾你。"2001年回西峰见到延延已上初二了，我鼓励他："将来高考，一定要报考北京一所大学。"2004年高考报志愿时，我还是建议他报北京的大学。我为延延在北京亲临几所大学考察咨询。在北京就读大学，毕业后就业选择平台大，机会更多……我的这些意见仅供外甥和外孙他们参考。最后他们决定第一志愿报考"北京理工大学"，该专业只在甘肃省招一名，延延以优异成绩被录取了，所有亲人都为延延考上北京的大学而高兴！由于延延的努力，有外甥他们的引导和精心照顾，三代人的愿望和梦想终于实现了！

在北京理工大学的几年里，我替姐姐对孙子尽了一份力所能及的关心和照顾，不时地为外孙送点食品及水果，以补充他晚自习及早点食品的需要。延延学习很优秀，于2011年获得硕士学位，毕业后就业于中石油企业。女朋友研究生毕业，在北京协和医院实习。两人已于2014年3月16日结婚，走进了婚姻殿堂，有了幸福的小家庭。延延在单位工作很出色，常被单位派出驻海外办事处。事业上两人拥有美好的未来。希望在不远的将来有一个健康的小宝宝！我们能看到外甥一家的幸福生活，从内心感到高兴和欣慰，替惠珍姐享受了天伦之乐，我想姐姐在天堂也会感到欣慰的。

多年来，外甥和媳妇对我们非常好，孝敬有加。只要外甥来北京出差，第一时间给我们打电话报个到，他几点到北京的，安排好时间一定会前来看望我和他姨夫的。并且要买许多营养品及老家的特产，都是我们喜欢吃的食品。他们平时常来电话问寒问暖，关心着我们的身体健康状况。我们对外甥就像对待儿子一样的牵挂着，对他一直有一种偏心的疼爱，我经常对别人讲，我姐姐走得太早，外甥没有母爱了，我要补上这份母爱，让外甥得到母爱的温暖，这是一份难舍的情缘。

思念惠珍姐的纪念品 回想起我刚参加工作时，每次回家探亲都要去看姐姐，同时得到姐姐的照顾和帮助。姐姐在我最困难最需要的时候给了我一台她自己正在使用的煤油炉子，然后她自己再想办法去克服困难。我非常感谢姐姐那次对我的帮助，1971年是当时物资最匮乏的年代，市面上花多少钱也是无法买到的。人们的工资低，收入少，产品少，紧俏商品都是计划供应的，想买一台煤油炉子太难了。当年那台煤油炉子解决了我刚接母亲到嘉峪关后，烧水、做饭等生活上的困难，真是"雪中送炭。"现在早不用了，但我将它一直保留着，作为纪念品。还有在姐姐的供销社"和盛商店"里买的一块人造棉的被面，那个年代人造棉刚上市很紧俏，也是计划供应，在嘉峪关是见不到根本买不上的，这块人造棉一直伴随着我，直到1981年我调到北京，夏季天气要比兰州热好多，这块人造棉厚而重，就像重磅丝绸一样，酷暑盖它睡觉凉爽不沾身，它一直伴随着我度过30多年的酷夏，现在虽然已有破洞，但我每年夏天总愿用它，只要用它就会想起惠珍姐姐，这竟成为我思念姐姐最珍贵的纪念品了！

外甥、侄子比翼双飞 外甥小峰上小学时，我是他的启蒙老师，他很聪明，学习非常好，惠珍姐工作忙无法照顾他上学，他是在舅舅家上的学，那时我感到他和别的孩子有点不一样，平时别说批评他，就连看他一眼他都会脸红的，觉得自己哪儿不好或犯错误了，从小就很懂事。

我的侄子敏权和外甥一起上小学，我也是他的启蒙老师，侄子非常聪明，学习很优秀，但他有些顽皮、贪玩，有时我会批评他的，侄子会觉得我偏心眼，确实是这样，因外甥在舅舅家上学，我怕别的孩子欺负他，所以我常表扬他，侄子那时幼小的心灵会产生一些想法，现在侄子会理解我那时的用心良苦……

回想45年前，侄子和外甥小峰，那时他们俩就聪明过人，后来两人毕业于同一所大学。光阴似箭，几十年后，现在他们俩竟成为国家的栋梁之才。

侄子敏权荣获博士、研究员、博士生导师。曾任甘肃省农大植保系党总支书记，校人事处处长，甘肃省青年联合会常委，兰州大学干旱农业生态国家重点实验室博士后。甘肃省政协人环资专业委员会委员，甘肃省农业科学院副院长等职务。他身兼多职，为甘肃省的植被、生态、农业科学研究作出了重大贡献。

外甥也是身兼多职，廉洁奉公，为民办实事，为老区的建设和发展、重振老区雄威，作出了应有的贡献。

侄子、外甥比翼双飞，我真从内心为侄子和外甥他们俩所取得的成绩而感到骄傲和自豪！

带姐姐走出家门 这次回乡我在李家村兄嫂各家轮流住了10天后，惦念着病中的张姐夫，依依不舍地离开了他们，回到南庄村姐姐家。姐夫的病情还是依旧，但心情好多了，每天坐着我送他的轮椅，能出院子去田间地头，去邻居家串门儿，并能去他大儿子家了，到处炫耀自己坐上轮椅了！就像小孩一样开心，这给姐姐及全家一个最大的安慰，我也感到很欣慰。趁着姐夫高兴的这个机会就和姐夫讲："我想带姐姐去兰州看望几个女儿，然后再到北京，让姐姐休息休息，出去散散心。"直到姐夫同意了，并安排了他的两个儿子和大女儿、二女婿轮流照顾姐夫的生活起居。因姐夫曾去过北京两次了，而姐姐一次都没有去过。

一个星期后，我带着姐姐去兰州看望了3个外甥女。我和外甥女带姐姐游览了五泉山公园、水车公园、看到"黄河母亲"的雕像……

敏权侄子侄媳惠兰及侄孙女带我和姐姐参观了兰州的市容和最繁华的东方红广场。并享用了兰州的美味佳肴和兰州特色的手抓羊肉，味道独特鲜美，让我和姐姐大饱口福。这次我和姐姐还在侄子家住了一个晚上。看到侄孙女已长成一个大姑娘了，学习非常优秀，就读于甘肃省唯一的一所重点中学。当时我鼓励她：将来一定要去北京上大学，要有目标，加油！到时姑奶奶还能照顾你。2006年高考她以优异的成绩考上了中国科技大学，一所名牌大学，她还觉得不理想，没有考上清华、北大。我鼓励她，将来再上清华、北大读研究生！果不其然，孩子中科大毕业后被保送到北京大学读研究生，孩子太优秀了！毕业后就职于北京交通银行，工作很出色，不断学习，挑战自我，两年后被提升到领导岗位上，真让我赞叹不已，让我佩服……她真是一位才女！

这次敏权侄子还带我见到兰州园林研究所所长，平福，侄孙子，但他和我是同龄人，又是同学，我们已40多年没有见面了，这次见到他和他的爱人，大家在一起聊天叙叙旧，回忆昔日的往事，很开心。

带姐姐及兄嫂逛北京　姐姐在兰州玩了9天后，我带姐姐来到北京，并邀请振安兄嫂直接从老家来到北京，让兄嫂和姐姐一起游览北京的名胜古迹：去毛主席纪念堂瞻仰了毛主席的遗容，游览了天安门广场，登上了天安门城楼，参观了人民大会堂，游览了北海公园，颐和园的十七孔桥，去天坛公园的祈年殿，去动物园和大象一起合影，去王府井大街和朝阳公园等10多个景区和名胜古迹。但振安兄嫂9月19日才来到北京的，时间更紧，除了以上有的景点外，雅成陪同兄嫂去了一趟十三陵和八达岭长城，还因七嫂腿疼没能登上长城，在长城脚下看了看。好多景点未能去游览。兄嫂因家里有困难要急着回家，只住了一个星期，姐姐只住了半个月，她一直惦念着久病的姐夫，就返回了老家。所以我们还想让他们再来一次北京，再带他们在北京好好游览一圈，并承诺带他们去天津看大海，去汉古的八卦海滩，看看二战时苏联的一艘航空母舰。再去天津港口坐轮船到深海看看远洋大货轮，以实现我对姐姐、兄嫂的一个心愿，来表达我们的感恩之情。但振东兄因身体健康问题，患脑梗后行动不便，未能来北京游览一次，于2008年病故，给他留下了临终的遗憾，也让我们深感遗憾……

探亲随想　这次回故乡，感慨万千。给我印象最深的是14年来，改革开放使我的家乡发生了巨大的变化，人们不仅住上了新房，看上了彩电，安装了电话，而且出门有事打个电话出租车就会来接你，很方便，过去连想都不敢想，如今就出现在眼前。春天有播种机，夏收有收割机，耕、种、收全程实现了机械化。由于市场经济、商品经济带来了物质的丰富，人们的生活水平普遍提高了，精神面貌，文化娱乐方面也发生了变化，村村也办起了卡拉OK歌厅，农村人也能享受到城里人所享受的娱乐生活。

  总体来看，我的家乡环境改变了，生活富裕了，人更美了。父老乡亲，兄嫂姐妹的淳朴、热情和真诚让我终生难忘，我不论走到那里，走得多远，多大年龄，永远都不会忘记生我养我的那片土地和父老乡亲、兄嫂姐妹。我小时候上学的那座庙，那所学校，故乡的一草一木，一泓清泉，经常萦绕在我的梦中，那些往事记忆犹新，形成不断的梦境……

十五、"国庆"与"家庆"

  举国欢庆日，恰逢团圆时。真是凑巧，今年(2001年)的"国庆"和"中秋"，肩并着肩，手挽着手，又一次结伴而来。双节双至，双欢双乐，可谓是家庆国庆天下庆，山歌水歌九州歌。

  查阅"年历"，建国后第一次的两节"同步"是在1982年，转眼19年过去，虽然是"弹指一挥间"，但我们的家，我们的国，确已都发生了日新月异的巨变。

  说到国，先想到家，这不仅是因先圣孟子说过"天下之本在国，国之本在家"。更重要的是我们的亲眼所见，家是国的"寒暑表"，国的变化，国的进步，国的发展，都能从一个个的家中去体会，去发现。

  中秋之庆，庆的是团圆。家庆当然离不开国庆。因为我们眼前的一切，都来源于国的繁荣和富强。国家富裕了，我们才能丰衣足食，国家强大，我们才能挺起胸膛。

  国庆也是为大家而庆，为全中国千千万万个家庭而庆。从1949年到2001年，52年的同甘共苦，52年的风雨征程，我们始终与祖国一同跋涉，一同攀登。我们忘不了历史的脚步，从50年代到90年代，从苦苦求索到如梦初醒，多少个坎坎坷坷，多少次磕磕碰碰，终于，与世界接轨，与全球争荣。我们忘不了祖国，更忘不了心中的歌。金秋十月，双节临门举国欢腾，万家同庆，让我们举起酒杯，放开歌喉，为祖国碰杯，为祖国而歌。

女儿女婿在美国，打来越洋电话："祝你们双节快乐！"并告诉我们，他们在国外和同乡华人相聚一起，欢度国庆和中秋节，他们不会忘记祖国，大家一起畅谈祖国的飞速发展、繁荣和富强。还说有朋友从国内带去了月饼和大家一起分享！

人长久，家长和，国长泰，民长安，是我们的祝愿，也是我们的希望！让我们一起祝福祖国生日快乐！祝福祖国更加繁荣昌盛！祝福人民富裕安康！

十六、中国逻辑与语言函授大学20年校庆

2002年4月13日，在阳光明媚，风和日丽的美好时节，我和雅成及校友、老师满怀喜悦，相聚在庄严的人民大会堂，共同庆祝中国逻辑与语言函授大学20周年华诞。

参加大会的有来自国家教育部副部长、名誉校长臧白平，北京市委副书记龙新民，北京市教委领导耿学超，著名书法家欧阳中石先生及有关单位和各大学的来宾，有来自全国各地、各条战线的校友和学员代表。这次大会是全体教职员工和50万校友期盼已久的一件喜事，也是民办教育史上的一件盛事。

大会在"逻大的校友来相会"的歌声中开幕！

大家高唱："逻大的校友们，今天来相会，想起多年前，求学不后退，学文化攻专业，边学边实践，条条战线结出硕果累。啊，亲爱的校友们，取得成绩归于谁，归于我归于你，归于逻大辛勤耕耘的老师们。

逻大的校友们，我们来相会，校庆二十年，桃李满天飞，谈今天话未来，明天惹人醉，男女老少争当英雄辈。啊，亲爱的校友们，灿烂的笑容属于谁，属于我属于你，属于我们新世纪的校友们。

但愿到将来，我们还相会，汇报新成绩，再上新台阶，向前进去创造，新的里程碑，振兴中华我们可无愧。啊，亲爱的校友们，让我们自豪地举起杯，为祖国为学校，为了我们幸福的将来再干杯。为了我们幸福的将来再干杯！为了我们幸福的将来再干杯！"

大家唱得那么洪亮有力，嘹亮的歌声荡漾在人民大会堂的重庆厅……当时

我们非常激动，好像又将我们带回了青年时代。

大会由原教育部副部长臧伯平致词。

逻大校长刘培育汇报逻大20年取得的成绩和体会。他说："中国逻大是中国逻辑协会主办的一所开放型民办大学，创建于1982年4月。是我国实行改革开放后创办最早的民办高校之一。逻大的创建是北京市人民政府，国家教育部和社会各届有识之士大力支持的结果。逻大在改革开放的春风中诞生，在国家扶持的雨露中成长。中国逻大20年来，始终坚持正确的办学方向，以在职成人为主要培养对象，以培养会思维、会学习、有创新精神和实践能力的国家急需的实用型文科专门人才为目标，以函授和网络为主要教学方式。中国逻大想学员之所想，急学员之所急，让广大学员在这所'没有围墙的大学里'学到有用的知识。20年辛勤耕耘，20载春华秋实。20年先后为50多万学子提供了不同的知识门类，不同程度的学习机会，为提高国民素质，为我国社会力量办学开创了一条新学之道，为我国的民办教育事业作出了巨大的贡献。有一家三代人在校学习，其中相当一部分学子已成为所在单位的骨干力量和现代化建设的优秀人才。逻大已成为在继续教育领域，特别是远程继续教育方面别具特色，符合我国国情，顺乎民意，适应社会需要的函授形式的一所社会力量民办大学。在中国逻大毕业的学员中，有将军、有作家、有大学教授、有企业家、有担任要职的党政干部，还有更多默默奋战在祖国城乡边远地区的伟大建设者，他们为国家，为社会主义建设做出了更大的贡献，为母校，为中国逻大争了光。"

听完刘校长的报告，我们为有这样的学校而欣慰，为我们夫妇能成为这所大学的学员而自豪！雅成是82届的第一届学员，我是88届学员，我们是夫妻又是校友。

最后北京市教委主任耿学超讲话，表彰先进，颁发了荣誉证书，各单位来宾致贺词，学员向母校献礼、表决心，校友情牵母校回报师恩，捐款、捐物、书法献艺、献书、献爱心。

会议期间，举行校友风采展示会，校友们汇报的先进事迹，一件件感人肺腑。还听取了几位教授的"创新学术讲座"。

大会期间同来自全国各地各条战线的校友们，参观游览了中华世纪坛、天安门城楼、亚运村等景区。校友们在一起非常开心！

我有幸和我国著名书法家、书法教育家欧阳中石先生合影留念！会后全体校友、老师同国家教育部和北京市领导在人民大会堂合影，留下了难忘的记忆！

祝中国逻大明天更美好！

十七、2003年我们一起走过

神舟冲天　千年梦圆　2003年10月15日，对中国而言，这是一个载入史册的日子，上午9时整，"神舟"五号飞船载着我国首位航天员杨利伟，进行了21小时18分的太空旅程，环绕地球飞行14圈，实现了中华民族千年的飞天梦。这是一次天地之间的出征，一次英雄的出征，一次中华民族历史上里程碑的出征。出征虽然只有一人，却寄托着数十万中国航天人的希冀，牵动着13亿中国人的心，背负着中华民族五千年的梦想。"神舟"五号载人飞船发射成功，是我们伟大祖国的荣耀，标志着中国人民攀登世界科技高峰征程上又迈出了具有重大历史意义的一步，取得举世瞩目的成就，谱写了中华民族自强不息的壮丽诗篇。

2003年非同寻常　2003年对于中国人来说是很不寻常的一年。这一年中国人万众一心，团结奋斗战胜了突如其来的非典（SARS）疫情和地震、洪涝、干旱等多种自然灾害带来的困难和挑战。继续推进改革开放，促进社会主义物质文明、政治文明和精神文明协调发展，保持了国民经济较快增长和各项社会事业全面发展的良好势头。2003年我的小家也是非同寻常，有悲伤有遗憾，有烦恼也有喜悦。因为受非典的影响，我们的两位亲人相继逝世，永远离开了我们，一位是干爹，一位是我的公公。

干爹逝世　4月30日干爹因肠梗阻去医院，先去一墙之隔的和平里医院，告知全院消毒不接诊。后又去中日医院、协和医院等5家医院都不接诊，都说医院进行彻底消毒拒绝接收病人。最后到北京六院是勉强接收的，入院后就给输液，没有进行灌肠治疗，原来干爹每次犯病肠梗阻到医院先输液、灌肠，后再输液，几天就出院了，可那天六院医护人员怕灌肠时大便传染，只是采取了输液治疗，到5月1日凌晨老人因腹部疼痛、肠梗阻而去世，享年87岁。事后才知道北京六院已有医护人员被感染上非典。要不是非典非常时期，医院采取灌肠输液同时治疗，干爹不会去世的，我们极为悲痛，在太平间为干爹穿老衣时见了他最后一面。因非典非常时期，没有为干爹举行告别仪式，于5月2日就出殡火化了，出殡那天我没能去送老人很遗憾，雅成代表全家送老人最后一程，干爹就这样离开了亲人，离开了世间。

雅成一岁时是干爹干妈认的干儿子，当年公公婆婆和干爹干妈他们两家人同住北京顺城门内（现在的宣武门内）小帘胡同里的一个小院里。干妈没有生育子女，就将一岁的雅成认成了干儿子，他们对雅成幼年时疼爱有加。我们从1981年调回北京后，二位老人对我和雅成及女儿很关心，女儿小学时放寒暑假常去干奶奶家住，得到爷爷奶奶的关照。二位老人和蔼慈祥，平易近人。干爹是位老秀才，曾是北京西单工商银行职员，记忆力极强，生活节俭，87岁时还能一个人独立生活。干妈是位老党员，曾是北京羊毛衫厂的纺织工。退休后还担任街道居委会党支部书记，对街道工作认真负责。20年来我和雅成一直照顾着二位老人，他们有什么困难都愿找我们，我们有求必应，随叫随到，就连干妈每月报销药费，都是我下了夜班去北京东四羊毛衫厂财务科排队报销后再送回和平里。

公公逝世 福不双降，祸不单行。时隔3个月，8月1日我的公公也辞世了。公公因五年前摔断了股骨头，当时经治疗骨头已长上了，但长期不活动，常年卧床不起，容易引起肺部感染，身体其他方面还可以。5月20日公公因发烧去北京复兴医院就诊，检查、验血，确诊为普通型肺炎，不是流行的"非典"，让回家观察治疗，在家服药，请广内医院设在小区的门诊部的大夫来家看病检查，护士上门输液消炎。由于当天两个儿子送老人去过医院发烧门诊，两个儿子就要告知单位，在家观察一周后无症状才能不上班。其他3个儿子都在上班，几个弟妹也在上班，那年我已退休，我提出去西便门和保姆小燕一起照顾老人，尽量隔离，其他几个儿子不要来探望老人，一怕把病毒带来，老人已86岁高龄了，没有抵抗力

我的公公

了,二怕万一感染了非典,只有我和保姆两人,其他子女不会被感染的,全封闭,除过门诊部的大夫看病检查,护士打针送药,其他人尽量不探望。就这样我和小燕陪老人度过了半个多月的非常时期,老人的肺炎得到控制,身体一天比一天逐渐好转,每天两顿饭的饭量也增加了,每顿能喝一碗粥,吃一个鸡蛋羹,有时还能加一块白薯,每天换着样的做可口的饭菜,让老人吃得顺口些,老人食欲越来越好,能坐起来和我及保姆小燕聊天、看电视,老人普通肺炎经过治疗基本全愈。我告诉老人:"你的肺炎已经好了,没有什么问题了,我要回水碓子照顾雅成了。"老人说:"我没事了,你回去吧,有小燕照顾就行了。"就这样我回到了朝阳水碓子的家。但每天打电话问小燕爷爷怎么样。都说挺好的。我们说,等非典好一些我们再去看爷爷,其他几个儿子由于怕非典传染,也不敢去看望老人,都说,等疫情缓解再去看他,但老人不理解,心里很郁闷,食欲大减,身体越来越消瘦,非典疫情得到控制后,雅成去看老人几次,7月28日下午,雅成决定让老人住院治疗,因非典过后宣武医院不接收普通病人,要进行彻底消毒,最后住进宣武广内医院。老人不愿去医院,在雅成抱他下楼时,老人还打了雅成一个巴掌,说:"我不去医院,我要在家。"上了救护车还在和儿子生气。住院后经各项检查,进行输液治疗。

  29日我的左脚小指头因踢在卫生间的门上骨折了,疼痛难忍,30日我忍着疼痛一瘸一拐地去医院看公公,他不停地说:"我要回家!"我说:"等输完了液,就回家。"我还说:"你孙女小妮大后天从美国回来看你来,你要等着她!"但他没有反应,只是不停地呕吐,将输进的液体和喝的水全都吐出来了,我意识到公公呕吐的症状和6年前婆婆病危时的症状一样,我马上和四弟妹去找医生,我问医生老人为什么不停地呕吐。医生说:"老人心率衰竭,已进入脑昏迷状态,你们子女要给老人准备后事了。"当时就打电话告诉几个儿子,老人病危,为老人准备老衣吧。夜间请了一位男护工照顾老人。

  8月1日老人的病情恶化,于凌晨,公公以顽强的生命力走完了他的一生,停止了呼吸……医生对雅成讲:"老人是心率衰竭,属于自然死亡,老人将全身都洗干净了走的。"公公就这样离开了子女,离开了世间,享年86岁。虽说是高寿,但我们还是很悲伤,公公经历过旧社会的苦难,新中国成立后公私合营,有了新的工作单位,工作中勤勤恳恳,任劳任怨,勤俭持家,为人正直、厚道。

上班时省吃俭用，听公公讲，他在食堂吃饭，经常每顿只买半个菜吃，想到这里我就忍不住泪流满面……

当天在家里为公公设了灵堂，第一晚仍由雅成和我守灵，我忍着左脚骨折肿胀的疼痛，穿上四弟妹的一双大绒面布鞋，坚持给公公上香守灵。

公公和婆婆并葬　殡仪馆告别大厅庄严肃穆，大厅中央悬挂着老人的遗像，下面摆放着白色菊花的花篮，大厅四周摆满了花圈，大厅外还摆放了许多花圈。前来送老人最后一程的有老人生前工作单位的领导、同事，有亲朋好友，有亲戚及子女，举行了隆重的告别仪式，老人神态安祥，永远地离开了我们。火化后送温泉公墓和婆婆并葬相聚，那里才是他们的永久屋！

目送一次次黯然伤别的墓地，往往用人生最后的一幕，以验证逝者的生前。公墓知道在人生的舞台上有主角、也有配角，但最终除了思念，人不能从世间带走任何东西……

回想这段日子里，两位老人相继离世，都是无形杀手"非典"的影响夺走了两位老人的生命，要不是"非典"两位老人还会健在，会健康长寿的。人类必须不断努力去征服大自然给人类带来的各种瘟疫和疾病的伤害！

十八、雅成步入人生第二个春天

2004年对于雅成来说是个不平凡的一年，是丰收的一年，是金色收获的秋天，硕果累累，好事多多。猴年是雅成的本命年，猴年给雅成带来聪慧，带来好运，也给我们全家带来了好运。

60岁又考状元　尽管雅成的大专学历已有三个，其中有逻辑与语言函授大学文秘专业，中国金融学院投资专业，北京电子信息大学外贸英语专业。但他还不放弃新的追求，又于2000年考入北京中医药大学，4年进修完中医骨伤专业，于2004年7月毕业。因雅成40多年来，酷爱中医正骨医术，从70年代就拜师著名中医正骨大师乔金风先生，学习医术，这位大师曾为抗日战争和解放战争的伤病员接骨、治病，医术精湛，妙手回春。雅成跟乔老学习了正骨、推拿、按摩的中医手法，得到名家真传。多年来为数千名患者解除了痛苦，见效快，疗效好，得到众多患者的好评。但他对中医正骨的理论和X光片的知识了解不够，必须进行系统学习。所以我支持他攻读中医药大学"骨伤专业。"

对于一个年过半百的人来说，既要上班又要学习，谈何容易，但他仍然勤奋刻苦，在这4年期间，在繁忙的工作之余，利用周六、周日休息时间去上课学习，从未间断过，不论酷暑、严寒，刮大风、下暴雪，天气多冷，他都按时到校。他人到、心到、笔记到，作业、考试成绩优良，最终以优异的成绩毕业于北京中医药大学。

雅成毕业后刚歇口气，8月份接着又晋级国家特级按摩师的考试，从理论、实操、到论文答辩，成绩都名列前茅，名列全国同行副教授级第22名，目前全国只有41名这样特级按摩师。尤其是他的论文、论述、论证得到几位专家的好评。中国学术期刊网、全文数据库全文收录期刊可查询预约，来北京就诊，并在《按摩与导引》第25卷 第3期 总第171期头版发表同雅成 熊光明 专论《腰椎后伸扳腿法治疗腰椎后关节紊乱症的研究》。

有耕耘就有收获，雅成又经过刻苦钻研，继续进修研究生，最后又获得了研究生学历。我为他取得的成绩而高兴，和他一起分享收获的喜悦。雅成所获得的成绩都是他刻苦学习，持之以恒，坚持不懈的努力所取得的，他不断追求新的目标，不断挑战自我，为实现下一个新的目标而奋斗！

对病人像亲人 雅成经过4年中医药大学骨伤专业理论的系统学习，以及研究生的进修，理论知识及X光片的判断能力迅速提高。所以他对各种伤筋、骨折、颈椎病、急性腰扭伤、腰椎小关节紊乱、腰椎间盘突出症、髋关节脱位、骶髂关节错位等病症的治疗独有建树。多年来曾为国内外数千名患者治愈了病症，得到国内外患者的高度评价："医德高尚，医术精湛。"赢得国内外无数患者的信赖。

难能可贵的是多年来雅成一直热情、耐心、认真地为每一位患者诊病治疗，从不敷衍了事。他常对学生说："对待病人要像对自己的亲人一样去对待，去诊治，每天都要从零开始。"

他经常对我讲："每治好一个病人我很高兴。"他每天起早贪黑，早出晚归，我说："你已70岁的人了，你这样太辛苦了！"他说："我为病人解除了痛苦，治好了病，觉得很有成就感，不觉得辛苦！"

曾有来自美国、台湾的患者邀请他去美国和台湾给他们治病开诊所，为更多的华人治病。我劝他："你岁数大了，不要出国了，在哪儿都是为人民服务，老党员同志！国内更适合你发挥光和热，就在国内为广大患者治病吧！"他理解了我的心思，打消了去国外的想法。

有一次北京万国公寓总经理(美国人)，打来电话说他96岁的爸爸来北京探亲旅游，腰部突然发病，疼痛难忍，不能下床走路了，请同医生来公寓为他爸爸治病。我听了很担心，因为是岁数太大的外国人，治疗中万一有事，咱担不起责任，我告诉他手法一定要轻点！他说："我常给老外看病，你放心吧！"听说老人又高又胖，经同医生一次治疗老爷子就能下床走路了，老人和总经理非常感谢他。

还有一位86岁的法国老人也是来北京旅游的，住在万国公寓，不甚造成骶髂关节错位，行走困难，经他一次治疗疼痛缓解，走路没问题了，老人直举大拇指："Thank you！Thank you！"还说："我可以上飞机回国了！"能看得出老人特别高兴和满意。在北京像这样的老人病例太多了，举不胜举……以上两位是高龄"老外"有些特殊而已。

众多患者全愈后为同雅成大夫送来多面锦旗，他的专家诊室只挂两面锦旗，他从不张扬；他的病人就是上帝，他治病认真，对症施治，绝不敷衍了事；他严肃，却不失浪漫；他朴素，却很现实；他不为名利所累，却受到大家的敬佩。他用自己的无私付出，回答了怎样才是活到老、奉献到老的行为准则。

人生第二个春天　2004年12月24日是雅成60岁生日，又迎来了一年一度的圣诞节。一场大雪覆盖了北京城，给2004年这个"暖冬"带来冬天的寒意，千树"梨花"竞相开放。冬日缤纷尽在北京灯饰巨阵，火树银花的圣诞树把这座城市打扮得更加漂亮迷人。24日晚是圣诞平安夜，女儿和女婿为了给他爸爸过60岁大寿，他们知道爸爸非常喜爱京剧，想请爸爸看京剧，提前买戏票，但因圣诞节长安戏院等几家戏院都上演话剧。功夫不负有心人，最后还是找了一家在前门饭店的"梨园剧场"买上了戏票。晚上在珠市口的"丰泽园饭庄"为他爸爸举办了生日聚会，女儿女婿举杯祝他爸爸生日快乐！健康长寿！此时此刻我对爱人讲了我国著名医学专家洪绍光教授在中南海的一段精辟的讲话，他说："人生从60岁起，正是金色收获的秋天，应该健康享受每一天。"他还说："人的正常寿命应该是120岁，我把0—60岁叫做第一个春天，61—120岁是第二个春天。第一个春天是耕耘的春天，你要上学，要成家立业，上有老下有小，中间还要把老伴伺候好，真正幸福的人生是第二个春天。"洪教授的这一段论述是我今天送给你的生日礼物！你要光荣退休，开始步入人生幸福的第二个春天，你要去享受、去品味、去欣赏人生最幸福的时光，去追寻、去实现你的梦想，不管梦想有多遥远，因为你曾追求过，人生就不会有遗憾。祝你在人生的第二个春天创造你人生的辉煌！爱人激动地说："谢谢你！谢谢女儿女婿！"全家在欢乐的气氛中分享生日蛋糕，共进圣诞晚餐。

晚餐后女儿女婿请我们在前门饭店的梨园剧场观看了京剧《霸王别姬》和《十八罗汉斗悟空》。还观看了圣诞文艺晚会，已是深夜了。

现在同雅成大夫在温暖的第二个春天里，用他火热的心，炽热的夕阳，迸发出顽强的激情，使第二个春天变得更加灿烂，他在开心的享受着第二个春天的每一天。他为继承和发扬祖国的中医事业，贡献着自己的医术、激情和力量，始终不懈地为广大患者解除痛苦，不断地奉献着自己的光和热。

祝同雅成大夫的医疗之树永葆青春！

十九、不平凡的2008年

2008年，年初我们胜利度过历史罕见的雨雪冰冻、抗击5·12汶川特大地震灾害。8月成功举办北京奥运会和残奥会，9月顺利完成神舟七号载人航天飞行任务，中国人首次实现太空行走，茫茫太空第一次留下中国人的足迹，世界瞩目，举国振奋。隆重纪念党的十一届三中全会召开30周年，应对国际金融危机取得积极成效，国民经济继续保持平稳较快发展，改革开放迈出新的步伐。成就来之不易。这是以胡锦涛为总书记的党中央审时度世，坚强领导的结果，是各地区各部门密切配合、齐心协力的结果，是全党全国各族人民同心同德、共克时艰的结果。这一切充分体现了改革开放30年我国积累的强大经济实力和综合国力，充分证明了中国特色社会主义道路的正确性，充分证明了社会主义制度能够集中力量办大事的优越性，充分体现了中华民族不畏艰险、自强不息的英雄气概。

2008，大喜大悲之年，值得中国人永远铭刻的一段历史。走过2008，留下一份喜悦，奥运、神七，让国人为之激动；走过2008，留下一种心痛，雪灾，地震，让国人为之悲伤；将我们的心情描绘成一张心动曲线图……有激情澎湃，有黯然神伤，有热血豪迈，有悸动难平。走过极不平凡的2008年，我们要珍藏这份属于2008的感受，这是国人的回忆。

在告别极不平凡的2008年之后，人们又怀揣着美好的期待和梦想，走进2009年。无论曾经经历的是痛苦，还是幸福，新的一年我们又重新去迎接、去祝福、去拥抱未来。

难忘的奥运会　2008年8月8日，举世瞩目的第29届奥林匹克运动盛会在北京开幕。在奥运圣火的光芒辉映下，在全世界人民的共同期盼中，北京这座古老而现代的城市，迎来了第29届奥运会和第13届残奥会。来自世界五大洲的朋友相聚北京，共同感受国际奥林匹克运动的魅力。中国人民以极大的热情欢迎各方宾客，同世界人民共享欢乐和喜悦。各国各地区运动员牢记更快、更高、更强的格言，奋勇拼搏，公平竞争，挑战自我，体现高超的竞技水平和良好的体育精神。

2008年8月是丰收的8月，是幸福的8月，是难忘的8月。我们夫妇在有生之年有幸在北京在家门口，亲临场馆看奥运会比赛，无比的激动和自豪，给我们留下难忘的记忆。百年梦想，今年圆梦，展现在我们面前我们能不幸福吗！能不自豪吗！

8月11日，我们有幸在中国科技体育馆，观看了女子柔道最后一场决赛，为来自世界各国的健儿加油鼓掌，当中国女子获得冠军站在领奖台上时，我们激动的热泪盈眶，为她鼓掌，为她自豪！

看完比赛走出体育馆，有几位外国朋友和我们一路同行，他们梳着不同颜色的头发，有翠绿色的、粉红色的，带着很特别的帽子，兴高采烈的走在我们面前跳着、舞动着，用肢体语言来表达他们来到中国北京很开心，北京很棒！我们因英语不好，只会说："Welcome to Beijing"最后和他们一起合影表示友好、欢迎！留下了难忘的瞬间。

残奥会一样精彩　9月13日，我们在"鸟巢"国家体育场观看了第13届残奥会"田径"决赛现场，心情更为激动，越走近鸟巢，我们越被这独特的建筑所震撼。虽然在电视里，甚至还乘坐奥运专线车在它身边观看过，拍照过，还在晚上夜光下观看过鸟巢的宏伟壮美。但当我们进入鸟巢时还是激动万分。

鸟巢的形态如同孕育生命的"巢",它更像一个摇篮。设计新颖,形象完美纯净,简洁而典雅,结构独特,外观即为建筑结构,结构的组件相互支撑,形成了钢网状的结构,就像树枝编织的鸟巢。

当我们走进"鸟巢"巨大的赛场,环绕的观众席,湛蓝的天空,燃烧的火炬……如此近距离地接触它,更让我们激动不已!

我们参观了体育场大厅,就像一个室内的城市空间,设有餐厅和商店,就如同商业街廊或广场。我们又情不自禁地一通儿猛拍、摄影,因"鸟巢"太独特、太吸引人了。鸟巢已成为北京的标志性建筑,不论近看还是远观,都将给人留下与众不同的形象。

在鸟巢体育场毗邻的"水立方"游泳中心,和"鸟巢"遥相呼应,亮丽夺目,阳光下晶莹剔透的"智能泡泡"反光遮阳,它能激发人们的灵感和热情。它的膜结构是世界之最,创意十分奇特,为人们提供记忆的载体,成为北京的新地标。

9月15日,我们又在奥林匹克公园网球中心,观看了残奥会男子轮椅网球决赛现场,是著名的日本选手和英国选手进行决赛,最后是日本选手获得冠军。他们坐着轮椅竞技比赛,那种灵活的战略战术和技艺,让人惊心动魄,那种顽强的拼搏精神,超越自我、挑战极限、令人感动,深受鼓舞。我们作为正常人,如何对待事业、生活、人生的挑战?

我们夫妇在家门口看奥运比赛,身感自豪、幸福、难忘!

短短7年里北京城矗立起31座世界一流体育场馆,它们以世界顶尖的设计、顶级的科技装备在奥运史上标志出北京"高度"。我们夫妇作为北京市民一分子感到由衷的骄傲和自豪!

二十、2009年 有悲痛 有泪水 有温暖 有亲情

姐姐突然离去 2009年3月2日晚,接到外甥的电话,竟是噩耗传来,告知我姐姐当天下午打吊针时突然去世,我真不相信这是真的,我连着说了好几个不可能,前些天我刚给她打完电话,她身体很好,她说今年夏天一定来北京

看我，怎么没几天人就没了呢？这不可能，外甥说："姨，是真的，昨天我妈说胃有点疼，我下午带她去南苑诊所打了两瓶吊针，胃疼有好转，我想今天下午我再带她打一次就会彻底好了，过段时间好去北京看你，她昨天和今天都是坐着我的摩托车去诊所的，一路上又说又笑，10分钟就到了诊所，她自己跳下车，进屋就躺在床上，边和大夫开玩笑，边看着吊瓶，第一小瓶打完后，又换上了一小瓶药，第二瓶刚打到一小半时，我妈突然呼吸加剧、急喘气，不一会儿就昏迷了，我问大夫第二瓶和第一瓶药是一样的吗？大夫说，不一样，经大夫抢救无效，最后大夫说，我妈是心肌梗死而去世的。"

　　我听后失声大哭，我的心快要碎了，姐您走的太突然了……放下电话后，我的心如刀割，哭一会想一会，爱人安慰我、劝我，姐姐已经走了，你别急坏了。我在想有可能是输错了药，还是输液太快心脏承受不了等等原因，造成姐姐突然离去，她是我唯一的亲人，我想天亮动身回老家，但又对爱人常年高血压，心脏近来常出现早博二联律，留他一人在家很不放心。是回去还是不回？彻夜难眠，好容易盼到天亮，我马上给老家的几位堂兄打电话，请他们去南庄姐姐家，了解一下姐姐看病输液的全过程，要用以理服人的方式去处理此事。并告诉堂兄雅成近期身体状况不太好，我无法前去，请各位堂兄多帮忙。

　　于是，我就去邮局为姐姐寄钱，春节寄给姐姐的钱她还没来得及花，就突然走了，这次是我最后一次写姐姐的名字汇出2000元，让姐姐再收一次我寄给她的钱，让外甥为姐姐办理丧葬后事。

　　当天上午彦珍兄、振安兄、长英兄、长禄兄四位堂兄和几个侄子就赶到姐姐家，经过对外甥和诊所大夫的了解，看病大夫自己承认有责任，致使患者去世。但因现场已破坏，无法取证，是输液输错了药，还是点滴太快造成的。大夫只说有责任，也说不清楚，最后经多方调解，双方协商，大夫愿赔偿一万五千元，作为对家属的安慰。这样给故去的姐姐一个交待和说法，让她的在天之灵得到一点安慰，给儿女和我们所有亲人一个交待和安慰……

　　姐姐走的太突然了，享年76岁。姐姐永远地离开了我，离开了儿女和亲人，哪些天我悲痛至极，昼夜难眠，姐姐答应我再次来北京的愿望没能实现，今生今世永远没有机会再见她了，只有在梦里能相见，但姐姐在梦里却不理我，不说话，那我也愿在梦里见到姐姐……

姐姐的一生，她是为儿女们活着的，她有六个儿女，两男四女。姐姐一生善良淳朴，勤俭持家，孝敬公婆，伺候双目失明的婆婆好多年，是村里有名的孝媳妇。生吃俭用把儿女们养大，各自都成家立业了，姐姐已是子孙满堂，可以说是四世同堂了，生活条件好了，但她还是舍不得花钱，舍不得离开老家，要为儿子看家护院。2001年夏季我带她来北京只住了15天，就被儿子打电话叫回了家，伺候半身不遂的姐夫7年多。姐夫去世后她说还得等姐夫过完三年后才能出远门，才能来北京看我，春节时她告诉我，今年夏天一定来北京看我，但没有实现她的愿望，谁也没想到她突然的离去，她走得太匆忙，没能留下一句话，只给我们姐妹俩留下了终生难以弥补的遗憾……

爱人重病住院 姐姐刚过世20多天，我还在悲伤中煎熬度日，3月26日晚5点多，爱人休克倒在电梯上，有幸被同楼8层的一位大哥扶他喊他让他苏醒过来，大哥又将他搀扶到家，大哥说："他晕倒在了电梯上了，还好我喊了一会儿他就醒过来了，赶快给他服药。"我说："谢谢大哥！"急忙搀扶他躺在沙发上，速拿速效救心丸，给他10几粒含服，一次，二次，慢慢他说胸闷、憋气有缓解好多了，但脸色还是发白。这时他才说："平时也有眩晕、胸闷的情况，服用硝酸甘油或速效救心一会儿就好了，今天从下午2点多就感到胸闷、憋气、恶心，含了一次硝酸甘油，还给政法门诊两位病人看完病后，又含服了一次速效救心丸，坐车坚持到小西天门诊为一位老将军治完病，身上带的药全都吃完了，感到左上肢疼痛，胸闷很难受，诊室的人看我脸色发白，问我，您怎么了？是否病了？我说：头晕，胸部有点不舒服，他们就赶快开车送我回家，到了楼门口，他们要送我上楼，我说：有电梯，几步道就到电梯了，我没事，你们走吧！我想到家后再吃点药就好了，谁知进了电梯突然感到眩晕一下什么都不知道了，多亏后面进来的大哥喊我，我醒过来后还在电梯上。我听了后又着急又害怕，我赶紧给女儿打电话，这时女婿也赶回了家，我们送他去阜外心血管专科医院。

女婿开车速度很快，但由于堵车9点多才到阜外医院急诊科，检查心电图："ST段抬高"，急查心肌坏死表志物诊断为："急性下后壁心肌梗死，必须急诊做介入支架手术。"同时检查血压、血脂、血糖都很高。这时爱人神智清楚，他想保守治疗，输液溶通，不愿做支架，我和女儿同意做支架。我告诉大夫抓紧做手术前的各项检查，我和女儿劝爱人到医院就得听医生的。他反复思考，最后同意做支架手术。

　　爱人进了手术室，女儿说："妈，得告诉我小叔一声吧，万一我爸有事，我几位叔叔会埋怨我们的，我说太晚了别告诉他们了，女儿还是给他小叔打了电话，约20分钟后小弟和弟妹就赶到医院，他们安慰我说："大哥没事，做完支架后就会好的。"我们在着急的等待中，于27日零点45分从手术室出来一名大夫告知手术结束，很顺利，患者直接送进ICU心脏监护中心了，家属留一人去ICU谈话间等待，其他人可以回家了。我说留我吧，你们都回家，明天还得上班。就这样小弟及弟妹、女儿女婿都回家了。我到了谈话间很着急，心如刀绞，一名大夫又找我去签字，十多张白、红、黄、蓝、绿、等不同颜色的表及说明，都是病人手术后的风险及ICU监护的风险和意外，告知家属所承担的责任等有关事项，我的手都不好使了。签字后在我的请求下允许我去ICU看了爱人一眼，他吸着氧气，手上扎着吊针，有气无力地跟我说他没事放心吧，我看他很虚弱的样子，我安慰他："手术很成功，住进医院就不用怕了，有大夫、护士他们的精心监护，你就好好养着。"走出监护室，我的心稍放松了点，在谈话间彻夜未眠，害怕大夫找我，那就有危险了。

　　27日早上6点钟，才允许我进ICU病房，我看爱人脸色发黄，继续输液，右手肿得很厉害，爱人说："心脏还是不舒服有隐疼。"我安慰他慢慢恢复会好的，千万不能着急。告诉他我要去医院外买卫生用品和坐便盆。当我返回后就不让我进ICU谈话间了，东西由看门的护士交给6床患者。这时小弟雅光送来了早餐和餐具也不让进去，又让看门的护士转送进去。小弟劝我吃点东西，我流着眼泪吃了两个小笼包子，喝了些粥。因没有停车位，小弟的车停在一家银行门前，不能久停，时间长会有危险的。我只能坐在小弟车上围着阜外医院转圈，直到女儿来医院后，小弟才离开医院的，我非常感谢小弟对我们的安慰关心和照顾。

　　下午3点后ICU才能让家属探视一个小时，每次只能进一个人探视。当天上午10点钟，我和女儿进了ICU病房，看到爱人，他说："大夫讲胸前隐疼是正常的，过段时间会慢慢好的，因从右手腕的动脉血管放入支架，用力包扎压迫血管伤口才能止血，24小时可解压，手会慢慢消肿的。但看上去他身体很虚弱。

28日病情平稳，右手消肿。29日病情大有好转，各项体征恢复正常。4天后30日下午转入普通病房，继续观察治疗，当天发现有早博三联律，服用硝酸甘油后有缓解。31日出现低烧、咳嗽，连续输液三天后退烧了。并作了动态心电图，背了24小时的"好特"，诊断："窦性心律，偶发房性早博，短阵房性心动过速，频发室性早博，部分三联律，T波改变。"T波改变是心肌坏死后留下的痕迹。

从爱人3月26日晚住院到4月2日出院，在这7天里我除了3个晚上回家拿东西外，还要看西医书籍对心梗的治疗，做介入支架手术的作用等，抄在一张纸条上送到医院让爱人看一遍，让他缓解一下精神压力，早日康复出院。经过大夫的对症、精心治疗，护士的精心护理，在女儿女婿，兄弟姐妹和亲戚朋友的关心照顾下，爱人恢复的很快，7天就出院了，压在我心上的一块石头总算落地了。

在出院后的前一个月，爱人身体很虚弱，但他认真服药，并坚持锻炼，调整饮食，身体逐渐恢复，血压、血糖控制到稳定值。

爱人这次重病住院治疗，是对我们家又一次鲜活的教训和警告，我要告知亲戚朋友及所有人，三高：高血压、高血脂、高血糖是孪生三兄弟，是粥样动脉硬化的主要因素，是冠心病，心脑血管疾病的祸根。吸烟、情绪变化也有一定影响，但最主要的祸根还是三高。我们要珍惜生命，善待生命，拥有健康，健康是幸福的基础，有了健康就有了一切！

有温暖　有亲情　2009年对我们来说是难忘的一年，在这一年里有悲痛，有泪水，有温暖，有亲情。姐姐突然去世，让我悲痛万分，有老家几位年迈的堂兄，给我和外甥出主意，并亲临现场处理姐姐的后事，给故去的姐姐一个说法，一份安慰。帮我度过了最悲痛的日日夜夜……

2009年给我们留下温暖的记忆，我想苍凉不是生活的常态，生命恒久的应该是温暖，温暖是最朴素的长留在心中的理由。爱人患病期间女儿女婿、兄弟姐妹的多次看望，朋友的关心探望，给了他精神上的安慰和心理上的治疗，使他增强了战胜疾病的信心和力量。每来一位亲人、朋友，或接一个问候的电话都让他感动，是亲人、兄弟姐妹、朋友温暖了我们的心灵，在我们心底留下了温暖和感动的记忆。我们怀着真诚的感激之情，由衷地感谢远在老家的堂兄和嫂子！感谢北京的兄弟姐妹和朋友！

人生就是这样，有些苦涩是必须咽下去的，有些困难是自己必须战胜的，细细想来，我和爱人结婚36年里，一路走来，他得了好几次大病，经历的磨难、痛苦、压力，有时也会让你变得坚强起来。回想起他曾疑似："乳腺癌、胆囊癌、胃癌、前列腺癌"以上这4次都有这个可怕的"癌"字，它像魔鬼一样恐吓着我们，让我们提心吊胆，煎熬度日，好在都是有惊无险，化险为夷。我们俩人如果没有一定的承受能力，爱人不是癌会被吓成癌症，我没有病也会吓出病来。经过这4次可怕的考验和今年的第5次急性心肌梗死，又一次的考验，我们都挺过来了。我们相互安慰，相互鼓励，相互支持，各自调整心态，共同面对病魔，战胜了一个又一个心理上和精神上的压力，共同走出了阴影。我们都是把痛苦、把爱、把真情写在心里，多少心酸的回忆，多少痛苦的记忆……风风雨雨，一路走来，我们走过冬天，走过四季，也走过我们自己。我们要彼此珍惜，去享受美好的幸福的人生，我们要一路同行到永远！

二十一、和睦的大家庭

我是1973年融入了这个大家庭，得知公公婆婆养育了7个子女，五男二女，按传统习俗的讲究，是一个很有福气的大家庭。新中国的城市和农村都很贫困，公公婆婆在城里养育7个孩子很不容易，他们勤俭持家，省吃俭用，让7个儿女受到良好的教育，将他们培养成人，并且都很优秀，为人正直、坦诚。5个儿子都是1米78的大高个儿，长得都很英俊，两个女儿美貌、秀气。7个儿女及儿媳、女婿，在改革的大潮中，没有一人下岗。晚辈们也很好，各自都有了幸福的家庭，并有了子女，成家立业，各有所长，在不同的工作岗位上发挥着各自的能量，生活都很幸福。

大家庭的温暖　《同一首歌》我们同氏家族的兄弟姐妹近年来都在《同一首歌》KTV聚会过大年除夕。人常说："父母在家就在"，不管房子多小，都要在父母家过大年除夕，吃年夜饭、包饺子……公公婆婆过世后，头一年全家人去四弟家过大年三十，因他家房子大。后几年又去饭馆聚餐，再后来就去《同一首歌》KTV过大年三十。大家在一起共进午餐，姐妹们在一个屋边吃边聊天，兄弟们在一个屋边唱、边喝、边聊，以便加深兄弟姐妹间的交流和感情。大家在一起其乐融融，享受着大家庭的温暖。

长子　爱人从六十年代到八十年代因工伤打坏眼睛、腿部长了骨瘤，1992年患胆囊息肉做胆囊切除手术，2009年患冠心病，做支架手术，每一次重病都有这个大家庭作后盾，是父母、兄弟姐妹给了爱人无微不至的关心和照顾，给了我们温暖，使爱人得到精神上的最大安慰和心理上的治愈，很快康复。我和爱人及女儿、女婿向所有亲人深表感谢！

姐姐　2008年5月身患"肠梗阻"，住进了北医三院，最后经检查确诊："结肠癌"，决定是否做手术。因姐夫不在了，几个外甥无法做主，让我们娘家的兄弟及弟妹到医院帮助拿主意，当天有爱人和我，四弟夫妇和小弟。消化内科主治医宋医生在办公室明确告诉我们："肿瘤已经像鸡蛋那么大了，必须手术切除，否则就会再次肠梗阻，甚至造成生命危险，我已和外科病房联系好了床位。"听后我们5个人进行商量，小弟的意见想联系气功大师进行气功治疗，雅成和四弟怕再次肠梗阻大便不通，我的意见必须进行手术切除。后来我终于做通了姐姐本人的工作，手术终于顺利进行。

在姐姐手术后的第3年，于2011年农历正月二十，是姐姐70岁生日，我和雅成给姐姐买了生日蛋糕和衣服，我女儿也为她大姑买了衣服，还有两个外甥一起为姐姐过了70大寿，让她高兴开心。我们祝福姐姐健康长寿！好好的享受每一天！那天姐姐很开心，心情好了免疫力会提高，身体会越来越好。姐姐手术后7年多了，已经过了安全期，我们兄弟姐妹都为姐姐高兴。姐姐太瘦主要是糖尿病所致的消瘦，只要好好保养不会有什么问题的。祝姐姐大难过后有后福！

二弟很坚强，多次与病魔抗争，他没有被病魔所吓倒，而是勇敢的去面对，积极的去治疗，战胜了一次又一次的手术和疼痛，以顽强的毅力坚持服用中药，调理扶正，现在身体恢复得很好，全家为二弟的康复高兴，祝二弟健康平安！

在这么多年的人生岁月里，从亲人、亲戚的治病经历中，让我更感受到同氏大家庭的温暖，亲情使亲人从精神和心理上得到安慰和康复。同时还要告诉大家要相信科学，相信医学，相信医院，哪里有病症、肿物，确诊后就将其手术切除，然后再用中医扶正调理，达到逐渐康复。不管是谁都要重视自己生病，要看医生，健康要靠自己。

三弟、四弟，他们兄弟俩已过60岁了，现在身体还好，三弟妹四弟妹现在身体也处于亚健康。希望各位兄弟姐妹及美国的妹妹和妹夫，大家今后都要注重健康问题，每年要做一次体检，要以健康为中心，认真做好各自的健康管理，只有健康才有幸福，才有一切！

成为亲属也是一份缘　多年来全家兄弟姐妹大家都相互关心、相互照顾着，对我们和大姐平时格外关心，嘘寒问暖照顾有加，过年过节更要问候看望，我们由衷深表感谢！

现在我的母亲、姐姐、公公、婆婆、都不在了，我在北京除了我的爱人、女儿、女婿、外孙和外甥的儿子、儿媳、侄子的女儿、女婿等亲人外，全家的兄弟姐妹都是我的亲人，不论是姐姐，还是哪位兄弟、弟妹有病或家里有急事我都会心身不安地牵挂着，甚至彻夜难眠，有时急得直流泪……今后希望我们这个大家族永远团结其乐融融，兄弟姐妹间继续保持互敬互爱，相互关心，相互照顾。亲属之间相处，有了不合适，还要想一想有合适的时候，谁都不可能十全十美。世上人与人都是因缘而聚，我们能成为亲属也是一份缘，应该很好的珍惜这份宝贵的缘分和亲情。更希望兄弟姐妹及晚辈们生活幸福！健康平安！

二十二、坦然面对我的健康问题

坦然的心态去面对　随着年龄的增长，我已迈入老年人的行列，年初在二弟肺部手术前我感到胃部不适，每天早晨感觉嘴苦，白天口腔常有异味，自己没有在意，直到4月份我才去看病，抽血、做B超检查，因年龄的增大，代谢的紊乱，功能的退行性改变，各项指标出现异常是正常的，B超检查，好多脏器有退行性病变。原来的慢性肾炎、囊肿，胆囊息肉都有增大，但都没有增长到做手术的指标范围。但胃镜检查去活检病理诊断："幽门胃底粘膜慢性炎，伴有粘膜肌增生。""胃体大弯后壁见约0.6cm粘膜下肿物占位。"没有取活检，我马上找外科一位教授看了报告他说："最好再做一个内镜超声，能否切除。"消化科主任也说："胃镜看不清占位肿物底部有多大多深，只有内镜超声才能看清楚。"于是，我就预约北大唯一的一位年大夫做内镜超声，

5月23日做内镜超声那天，三弟和弟妹知道后早上凌晨4点起床从北京6环外

开车赶到朝阳水碓子接我去医院排队，排在第二位，我很感动。外甥媳妇在河北参加学习班当天早上和孙媳也赶到医院，我说："没有多大的病却惊动了大家。"让我深感不安，但我从内心还是感谢亲戚的关心安慰和照顾，我很幸福！

当天做内镜超声前我要求年大夫，不管是什么，切掉就行。结果内镜超声查出了："胃底体两个粘膜下占位，分别0.6cm、0.4cm占位，大病灶呈椭圆形向腔内外突出，起源于粘膜下层。小病灶起源于胃壁固有肌层。"做此种内镜超声很痛苦，向胃内打气又打水，做完检查后年教授告诉我两年后来复查，我很高兴，也很坦然，我不能让亲人、亲戚为我着急，要用坦然的心态去面对。但我的师傅杨师傅听了后说："你真大放心，两年后病情有变化就耽误了。"我说，我相信医院，相信医生。杨师傅又说，北京有好多医院让其他专家再会诊一下没什么不好。我说：22年前1992年雅成在北京医院诊断："胆囊癌"，我带他去了北京四大医院找专家进行会诊，怕误诊耽误治疗时间，但我对自己的病却很豁达乐观，最后在杨师傅举病例和劝说下，我答应她去其他医院会诊。我马上找北大一院外科一位教授会诊他说："最好半年复查一次，或一年复查一次，看占位肿物是否发展，如长的快再考虑手术。"听了专家的会诊我更坦然了，连肿瘤医院都不用去了。

积极的态度去治疗 这么多年我经历了爱人和几位亲戚病症的治疗过程，深深体会到医学的进步和高速发展，同时通过北京《养生堂》对健康养生知识的普及教育，人们对养生知识有了一定的了解，同时也对"肿物、息肉、占位"几个字更敏感，但我自己却很坦然，即使确诊是胃癌我也不怕，现在医疗水平这么高，20年前爱人的大舅70多岁患胃癌，在北京武警医院将胃切除五分之四，最后恢复很好，饮食正常。音乐家卢国文13年前在北医一院，刘玉村院长将卢国文的胃全部切除，然后将十二脂肠和食管接在一起，伤口愈合出院后卢国文还马上去意大利留学。听卢先生讲，进食量慢慢增大，现在每天能吃6两到一斤主食，生存质量很好，现在他还继续活跃在音乐的舞台上作教学工作，真是个奇迹。在现实中好多病人不是病死了，而是被病魔癌症吓死了。我是坦然面对，积极治疗。我的情绪直接影响着爱人、女儿、女婿，外孙马上要中考了直接影响着他的情绪，并且会让所有亲戚朋友牵挂、着急和担心。我用坦然的心态去面对，用积极的态度去治疗。

精心做好健康管理 我患有多年的慢性肾炎、囊肿、胆囊息肉,要定期复查。对待这次胃部查出的肿物息肉更要定期复查。我有自知之明,我的胃病不管是胃炎增生,还是息肉占位都是我生活没有规律,没有饥饿感,不按时吃饭造成的后果。美国著名的科学家富兰克林曾说过:"保持健康是对自己的义务,甚至也是对社会的义务。"往后自己要尽到对自己对社会的义务和责任,也是对家人、对亲人的负责。跟自己说声对不起,这些年没学会爱自己。从此要重视自己,善待自己,珍惜自己是最基本的要求。精心做好自己和爱人的健康管理,特别注意生活要规律,合理膳食,坚持运动,心理平衡,控制"三高",重点维护好人体能源的"大锅炉"人体的第二"大脑",胃的功能,打好持久保"胃"战,因为它要陪我到晚年,陪我和老伴一起走到终点。

成为好朋友更是一份缘 我经过几个月的积极用药治疗,胃炎疼痛有好转,但早晨嘴还是发苦,还有口气异味,心想是胆囊息肉迅速长大,还是胆管出了问题,影响胆汁排泄而反流到胃里面引起的嘴苦和口腔异味?于是,我就找肝胆科医生看病,医生给我开了治疗肝炎、胆囊炎、胆管炎、胃炎等病症的一种药"亮菌口服液",成份为:亮菌多糖及多肽。结果用药一个星期后,我的脸部突然发黑,脸颊出现黑斑,就像"包公"一样,出门不敢见街坊邻居和熟人,是自己真得胃癌反映在脸上了,还是服药过敏?正赶"十一"放长假,医院只看急诊。我很着急,我有一个小女儿,不是亲生胜似亲女儿叫小熊,她是我女儿的知心朋友和妹妹,她得知我的病情更着急,从网上购买广东产的"氢琨乳膏"快递北京,还有韩国的水果面膜和日本的"马油"及脱色增白霜等,都是她想办法快递到我家,让我尽快用药得到及时的治疗,让我感动!小熊为人真诚善良,勤奋直爽,我们从认识她的几年里,不论我和小妮遇到什么困难和急事,她都急我们所急,帮小妮出谋划策,为我们排忧解难,过年过节更是"以礼相待"。她是小妮的好帮手、好妹妹,我们的好女儿!我们有这样一个小女儿感到很幸福!不但她为人好,她的父母亲更好更善良,对待小妮像亲生女儿一样,无微不至地关心照顾着。她的爱人更是待人热情豪爽,有求必应,我们多了一个好女婿。我们两家能成为好朋友更是一份缘,我们十分珍惜这份缘,希望我们两家的友谊天长地久,两家人能相互关爱,相互帮助到永远!

节后我赶忙到医院找肝胆科大夫,他说:"可能是过敏,需马上停药。"又看皮肤科，专家诊断：服药后引起面部发黑长斑，是一种药物反应性过敏，立刻停药，只需口服维生素E和C，白天外抹本院的"维生素E乳膏"晚上涂广东产的"氢醌乳膏"脱色，不能晒太阳，最少得治疗3个月才能慢慢恢复。两个女儿在网上找的药是正确的选择，让我得到及时的治疗。经过3个多月的治疗，我的面部黑斑慢慢减退，逐渐恢复。我要感谢两个女儿，特别感谢我的小女儿，是她的"雪中送炭"，让我得到及时的治疗，很快得到恢复。

二十三、感恩

一个人来到这个世界，首先要感谢父母给了我们生命，然后要感谢父母千辛万苦抚育我们长大成人，感谢父母、家人给我们无私的爱。走进学校我们要感谢老师教授我们的知识，我们才具备了欣赏大自然，认识大千世界，认识人生社会是是非非的本领。感谢恩师给了我知识技能；感谢同事诸多朋友给了我友爱；以及素昧平生的人无私的帮助；感谢爱人给我的理解、支持、信任和关爱；感谢亲属、兄弟姐妹给了我温暖与自尊；感谢党给了我多年的教育和培养；感谢生活给与我的一切……但是现实生活中并非每一个人都懂得感恩，都有一颗感恩的心。

要我说要想得到国家的认可，要想得到甜蜜的爱情，要想得到朋友的理解支持，一切必须从学会感恩开始。学会了感恩，自己就会努力工作，就能够品尝到辛勤奉献的快乐；学会了感恩，就会感到生活的天空是辽阔的，世上每一个人都是和蔼可亲的，目之所及，一草一木都显得含情脉脉。要想成为一名人人敬重，人人爱慕，人人欢迎的人吗？那就请从学会感恩开始吧！请大家每一天结束时不要忘记感谢，然后去迎接明天的到来！

岁月不蹉跎，因我一直在感恩，永远心存感激，感谢所有的亲人，感谢一生中我遇到的每一位朋友和同事，感谢每一个人对我的帮扶，感谢陪伴我走过半生的丈夫……我人生中还有很多好的故事和好的人，我没能将他们写下来。也许后半生感恩、想念、回忆、阅读、旅游就是我们最幸福、最快乐、最浪漫的事！

游记篇

退休后

退休前单位远，觉得很辛苦，盼着退休，真的要办手续了，心里不由得有一种失落感，要离开30多年的工作岗位，要离开朝夕相处的同事、姐妹们，离开单位没有领导管了，成了"无娘的孩子"，过一种无约无束的自由生活，每天买菜、做饭、做家务，与街坊拉家常……越想越觉得不是滋味。

1998年4月1日，当我办完退休手续的那一瞬间，不禁眼泪夺眶而出。

回到家后爱人看见我闷闷不乐，情绪低落，他开玩笑说："退休了还不高兴，每天都能呆在家里多好啊！"可我怎么也高兴不起来，一想就这样退休了，觉得没有什么奔头了，从心理上感到很失落，很不习惯……再加上更年期的反应和症状，心烦、气短、燥热，这样的异常情绪闹了好长时间。爱人给我买了一张北京十大公园通票，星期天陪我去公园游览赏景，换换思维，尽量让我能开心点。女儿从美国来电话也劝我出去旅游玩玩，看看外面的世界，忘掉一切，心情会好些。在这期间随逻大校友去过山西的"五台山"，辽宁的"兴城"海边。随爱人单位去山东的日照，青岛的崂山，辽宁的大连等海边城市，住在大连的海边"大地度假村"，门前就是"阳光浴场"，每天都能看到一望无际的大海，蔚蓝、明净，心情宽广敞亮多了。爱人每天傍晚陪我在海边散步，有时还下海捞海带，太好玩了。在日照的海滨第三泳场冲浪，更好玩，记的一个海浪涌过来把我卷入大浪中，一时间心慌脚下没底，害怕极了！这下完了！爱人一把拉起我，还好没有淹得太深，那次海滨冲浪印象太深了……

经过将近一年的退休生活，有爱人的照顾，有亲戚朋友的关爱和安慰，自己慢慢的适应，不断调整心态和精神状态，心情越来越好。

要活出自我

时间过的很快，到了1999年，爱人又从单位拿回一本书，是著名医学专家洪绍光教授在中南海的讲座：《生活方式与身心健康》他讲到按照世界卫生组织的定义：65岁以前算中年人，65岁至74岁算青年老年人，75岁至90岁才算正式老年人。他说："人生从60岁起，正是金色收获的秋天，真正幸福的人生是第二个春天，更灿烂，60岁是第二个春天的开始。退休了时间富余了，空间广阔了，经验成熟了，不再为衣食、子女、名利、操劳奔波，这个时候正可以享受人生，品味人生，欣赏人生。"洪教授精辟的论述，让我豁然开朗，仔细推敲我还是中年人，做一些自己喜欢做的、高兴的、有益的事。心情逐渐好起来了，心想自已以前为工作、为家庭、为孩子操劳了半辈子不容易，一定要好好享受生活，该活出自我了，首先要有年轻的心态，才能活出快乐精彩的晚年。现在没有经济压力，生活越来越好，有条件在有生之年去实现年轻时的梦想和愿望，去旅游，去游山玩水，不能错过欣赏大自然，享受大自然的机会。

美国著名的作家莫利曾说过，"开门和关门是人的生活中最有意思的行动。"就让我打开那扇自己心意的门，让心灵来一次梦寐以求的旅行，怀揣梦想蓄势待发……

去五大洲

退休后的15年里，我和爱人除了和小外孙在一起享受天伦之乐外，我们夫妇对旅游越来越喜欢越钟情。我们曾先后出游了15个国家、地区和国内众多的城市旅游景区。其中有泰国、美国、香港、澳门、台湾、欧洲七国：意大利、梵蒂冈、德国、奥地利、瑞士、列支敦士登、法国。大洋洲的澳大利亚和新西兰。地跨欧亚两洲的俄罗斯等国家。去一个国家有不同的新鲜感，换一个地方有不同的新体会、新收获。每到一个地方都像看了一本书，一路的旅程便是一路的阅读，所以这个世界是最好的图书馆。优美的自然风景，雅致的人文景观，还有永远是生活主角的形形色色的人，丰富了我们的阅历，净化了我们的心灵。移步换景是生命的必然，也是生命的渴望。一个人生命历史的幅度根本上取决于其所穿越时空的幅度，既然我们在时间之轴上更多地遵循了生命的必然，那就让我们尽可能地去拓展我们视野的空间。当我们情不自禁地为眼前难以言表的美发自内心的惊叹，我们的心灵在感知，在品味。只要看得精彩，我们的生命就不会倦怠，也才能感悟到真实的自我。当我们的心灵向自然敞开，自然自将我们拥入怀中。这个世界还有太多我们未曾涉足的地方，那里的人，那里的事，那里的城邦，那里的山水……世界上迷人的风景还很多，我们要一一造访。如果我们从来都没去到过，它将永远属于别人的历史。行万里路，其实只是为了实现自己的梦想和愿望，让我们自己的历史变得更加宽广！举起相机记录瞬间的精彩，留下永恒的历史！

一、难忘的1999年5月

天上掉馅饼了

我们于1999年3月30日收到一封书信，打开一看：
"柯达新年泰国游"大抽奖获奖通知书。
李黎　女士
恭喜您成为"柯达新年泰国游"抽奖活动的幸运儿，我们现在正式通知您：在本次抽奖中，您荣获的奖品是：

泰国八日游

根据您所在的地区，统一安排于5月底出发前往泰国旅游，具体出团时间及办法由您所在地指定之旅行社另行通知。
再次祝贺您！
感谢您的热情参与！
顺祝旅途愉快！
注：抽奖活动由广州市公证处公证
主办单位：柯达（外贸）有限公司　抽奖及旅游承办单位：
　　（盖章）　　广州亚太广告经营有限公司
　　　　　　　　　　（盖章）
　　　　　　　一九九九年　月　日　一九九九年　月　日
我和爱人看完这份获奖通知书，开始也有些半信半疑，是否有不法分子打着柯达公司的旗号搞诈骗活动？我说："是真的吗？"爱人说："是真的，这是广州市公证处公证的，并加盖了主办单位的公章。

两个月前我们买了柯达胶卷，看到外包装纸盒上写有参加中奖活动的通知：只需要剪下包装盒通知的那一面，将其寄到柯达公司指定的地址，即可参加"柯达新年泰国游"大抽奖活动，以及本人的姓名和详细通信地址。就这么简单，两个月后真收到以上这封"获奖通知书"。但我们按照中奖须知指定的"中国中旅总社"的电话和联系人：刘一然，我们马上拨通了电话，确认此中奖通知书是否真的中奖了，刘一然说："是真的中奖了，请你们带好中奖通知书原件，务必在4月8日前决定是否参团，护照由旅行社代办，办理护照费用人民币1000元自理。"还通知已为我购买了旅游意外保险。我说谢谢！我们很激动，我说："真是梦想成真！真的天上掉馅饼了！可能是我们的善良感动了上苍，给我们一次恩赐吧！"

我们当时因女儿出国刚两年多还有借债，家里经济较困难。于是，我将喜讯告诉小弟，他说："祝贺你中奖了，你一个人去没有意思，和我大哥一起去多好啊。"我说，如果我不能亲自参团，可书面授权他人代替出团，否则作自动放弃处理，本奖品不能兑换现金，一次性使用。我想让你去，小弟说："我以后会有机会去的，还是你和我大哥去合适。"我说，哪有钱呢？他说："我借你们点，两人一起去吧。"第二天3月31日我和爱人去三元桥的中旅大厦中国中旅总社，找到刘一然同志报到，交付了我办护照的1000元费用，再向她问了一下我爱人随团去行吗？她说："可以，费用每人4380元，含办理护照及签证费用。"我俩商量后还是想一起去，一起分享喜悦，一起去感受异国的风情。于是，我们领取了两份赴泰国旅游护照申请表，要求填写后，交本人所在单位及主管部门盖章加注意见签名后，连同身份证、户口簿正本、大一寸彩色光面免冠照片8张，交旅行社。两人既高兴又发愁，当时要拿出5000多元还是很难的，我们那时只有1000多元，够我一个人的费用，就给小弟打电话告诉了另有亲属参团可以，每人需交的费用金额，小弟说："我借你们没问题。"就这样在小弟的帮助下，4月7日交完两份申请表及所有证件的复印件和爱人的费用。旅行社告知办理护照、签证大约一个多月的时间。我们俩是第一次出国，要提前作好一切准备等待出发。

我们第一次走出国门

我们于5月25日下午6点乘坐泰国航班波音777客机，这是我第四次坐飞机，记的1979年在兰州曾往返坐过两次安尔型的只能乘坐30多人的小飞机，噪音很大。第三次是旅游时从大连回北京乘坐200多人的飞机，这次巨大的波音777客机宽敞舒适。飞机像矫健的银燕飞翔在白云蓝天中。从舷窗向外看去，白云一团一团像棉花一样，一卷一卷地如波涛海浪，一座一座的像冰山，一会儿又变成一床无边无际的白绒毯，严严密密地覆盖着祖国的上空。这次是我们夫妇第一次走出国门，心情格外激动。

不知不觉4个多小时就到达了泰国的曼谷机场，出机场后接受"少女献花"仪式，泰方礼仪小姐给我们每位贵宾带上迎宾花环，都是用鲜花做成的，就好像享受到国家级贵宾的待遇，气氛非常热烈，我们的心情十分激动，在热烈的气氛中导游将我们带上了11号旅游大巴。

我们这次旅行团一行500多人，有来自北京和我国沿海地区及西南部分地区的朋友，北京的40多位朋友就成为11号大巴的团员。为我们导游的是一位祖籍中国广州的泰籍华裔，祖父早年移居泰国，他会说一口流利的汉语，他是泰国太平洋假期旅行社的伍尚发先生，还有他的女儿小妮娜大学刚毕业，她是学汉语酒店管理专业的，假期帮父亲带团，可进行实习和锻炼汉语口语能力。他们父女俩服务热情、风趣、浪漫，使我们在泰国期间游得高兴，玩得开心。

曼 谷

5月26日上午，在去大皇宫的大巴上，导游伍妮娜向我们介绍了泰国的历史文化，名胜古迹，风土人情。她说泰国是"自由之国"，有"千佛之国"、"黄袍之国"、"大象之邦"之称。农业居重要地位，以种植业为主，是新兴工业化国家。

首都曼谷，美丽的湄南河纵贯其中，把曼谷一分为二。曼谷是泰国最大的工业城市。我们在曼谷一路上到处都能看到寺庙和僧院，香火鼎盛，青烟缭绕。

有来自世界各地、各种肤色的人们都有一个共同的心愿，请求佛祖保佑，全家一生平安。

曼谷大皇宫

第一天上午我们参观了曼谷著名的大皇宫，远看大皇宫像似一座金殿，皇宫规模宏大，建筑风格独特精美。走进大皇宫，整个殿堂内外金碧辉煌，灿烂夺目，是泰国唯一没有僧侣住持的佛寺。现在是国家元首接见外宾和举行国事典礼的地方。

随后我们参观了安南国会殿堂、马车博物馆和拉玛五世皇金柚木行宫。行宫内有100多间房间，饰物十分华丽。它是世界上规模最大，质地最好的金柚木宫殿。它是历代泰皇御照和收藏艺术的博物馆，藏有许多珠宝，同时它本身也是一件世界珍贵的艺术品。全楼窗户都是水晶玻璃，100多间房间找不到一个钉子，证明了泰国古代人的聪明才智。

人妖表演

傍晚我们观看了独一无二精彩的人妖歌舞表演，人妖是泰国的国宝，华丽的服饰，野艳的人妖"美女"比女人还美、还漂亮，居世界第一。还乘坐了夜游"东方公主"号游轮，观看了许多娱乐项目和人妖在游轮上的服务，目睹了泰国丰富多彩的夜生活。

曼谷的珠宝店内，琳琅满目，华丽耀眼的首饰，吸引着各地游人。

芭堤雅

随后乘车前去曼谷湾畔，被誉为"东方夏威夷"的海滨城市芭堤雅，那里依山傍水，气候宜人，各种鲜花遍布街道、庭院，甚至连篱笆也是花墙，誉为"花城"之美称。大街上酒吧、咖啡厅，随处可见。

乘降落伞飘逸看大海

第二天中午我和爱人参加太平洋上乘降落伞飘逸活动,我们两人互相鼓励,来考验一次我们俩的胆量和心理素质,同时也能检验我们俩的身体状况。我说我先去登伞,如果刺激、反应太大,爱人就不要勉强去了。当我被工作人员帮好安全带送上高空时,我没有任何反应,没有感到恐慌和害怕。登伞飘逸看大海更是一往无际,享受着飘浮在大海上的那种和航空兵一样的感受和体会,能在太平洋上空乘降落伞飘逸,太难得了,大海太美了!在海上飘逸了一圈约20多分钟后,那种奇特的感觉还没有体会够呢,降落伞就开始慢慢下降了,我招手呼喊同雅成!我回来啦!爱人一直为我拍照摄影,直到我降落下伞后跑到他面前时他才停机,为我们留下了美好的瞬间和难忘的记忆。我急忙对爱人说,跳吧!登伞飘逸看大海感觉太美了,没有任何不适的感觉。于是,爱人就排队准备下一个登伞了,我在下面船上为他摄影拍照,直到他安全降落走到我面前我才停机,忙问他没有事吧,有反应和不适感吗?他说:"感觉良好,太刺激了,伞上看大海太美了!"两人跳伞后,身体一切正常,我们太激动了,在太平洋上登伞飘逸太有纪念意义了。那年我52岁,爱人55岁,这是我们后半生以来玩得最开心的一次!我们感觉自己还年轻、还有活力,年轻人能办的事我们也能办得到。

骑大象涉水日光浴

下午我们在炎炎烈日下,天空中没有一片云,一丝风,太阳就像一只倒扣的火盆,酷热难当。为了解暑热,在"大象王国",我们骑着大象进行丛林日光浴、涉水漫游。带我们漫游牵大象的是一位身材矮小的泰国小男孩,他黑黑的脸,显得朴实而聪明,他会讲一口流利的汉语,他将我们俩扶坐在大象的背上。带我们夫妇俩漫游的大象已是62岁

1999年5月我和雅成于泰国

高龄了，它稳健的步伐带我们穿过丛林、渡过池塘，领略着泰国独特的风光，我们边游、边赏景、边听骑在大象脖子上的主人小男孩，给我们讲大象的故事和当地的风土人情。我们坐在大象背上没有感到恐惧，而是一种愉悦的享受。

沙美岛 第三天中午我们游览了芭堤雅的沙美岛，雪白的细沙好像银海一样覆盖在海滩上，我们曾几次去过海边看到的都是黄色的沙滩，从未见过洁白色的沙滩。沙滩一边长着许多迎风招展的椰子树和热带植物，美极了！沙美岛上有来自世界各地的游人在海上游泳，在洁白的沙滩上享受日光浴和海岛风光。雅成享受了一次日光浴，他躺在沙滩上将雪白的沙子捂在身上，头上盖一块绿色的浴巾，沐浴在阳光下，享受着大自然的厚爱。

海洋馆

下午我们参观了泰国的海洋馆，观看了海狮、海豚、鳄鱼表演。特别是鳄鱼的精彩表演，引起观众一阵阵热烈地掌声，鳄鱼性格凶猛，但几个主人将它们训练的服服帖帖，一条鳄鱼张着大嘴将主人小姐的头含在嘴里，那位小姐表演的太精彩了，太受刺激了！但又太可怕，太惊险了！

桂河大桥的船屋 30日傍晚我们来到桂河上的夜总会船屋，各式各样的船屋，打扮得多姿多彩，有的像古典的欧式建筑，有的像泰国的小竹楼，有的像农家小屋……每个船屋都像稀世精美的艺术品。夜晚的桂河灯火辉煌，五彩缤纷，各船屋争相放着烟花鞭炮，一片节日的景象呈现在眼前，人们唱着卡拉OK，载歌载舞，谈笑风生，却忘了自己是在异国的桂河船屋上……直到深夜我们才离开了船屋。

我们在泰国不仅欣赏了泰国的历史文化和自然风光，而且享受了泰国丰盛的的美食佳肴和各种热带水果，体验着异国的情景交融，媚南河上的水乡人家、桂河上的船屋、芭堤雅雪白的沙滩、精彩的人妖表演、惊险的太平洋上登伞飘逸、可爱的大象涉水日光浴……让我们回味无穷，在这个微笑、浪漫的国度里，随时都能领略到泰人的热情好客，使我们夫妇非常高兴，玩的开心。1999年5月你是我们最难忘的记忆！

二、去福建观光

2000年4月8日我和爱人带着不满周岁的小外孙，去福州看望他的爷爷奶奶、姑姑、叔叔及全家。我们是和民航的朋友韩大姐及她的小儿子一起去的，三个小时到达了福州亲家的家。小外孙的奶奶家孩子多，小外孙很快就和他们熟悉了，融入了他们的生活。

满城绿荫的福州素有"榕城"之美称，在街头巷尾总能看到枝荣叶茂的大榕树，像是一把"大绿伞"慈爱的遮蔽着下面的一切，四季常青，生机盎然，榕树上还长有许多"胡须"，很有意思。这座"大绿伞"下的古城，似乎在向过往的人们讲述往昔的故事。还有高而粗的木棉树上挂满了大红色的木棉花，有点像北方的玉兰花，但它的花瓣比玉兰花大，颜色更鲜艳，更引人注目。

东方瑞士——厦　门

鼓浪屿

第二天我们将小外孙留给他奶奶及家人照顾，我们和韩大姐及她的儿子乘大巴前往厦门市游览，由女婿的弟弟作向导，他说，厦门是个气候宜人、风景优美的海滨城市，素有"东方瑞士"的美称。到了厦门我们迫不及待的先去有名的鼓浪屿看看，它是厦门西南的一个小岛，与厦门隔海相望。我们乘渡轮到了鼓浪屿，听导游介绍，因岛西南有一礁石的海蚀洞受浪潮冲击，声如擂鼓，人们称鼓浪石，明朝雅化为"鼓浪屿"因此得名。

由于历史原因，鼓浪屿是一个交织着历史纵深感、文艺情结和"现代桃花源"气息的别样之地。岛上布满了归国华侨修建的西洋建筑和许多古色古香的中式庭院，建筑非常精致。曾经的英、美、法、德等13个国家的领事馆、教堂、公馆、学校、医院……有欧陆风格、古希腊的三大柱式、中西合璧，风格各异的建筑物在此被完好地汇集、保留，有"万国建筑博物馆"之称。

岛上没有汽车，没有马车，只有一条条弯来拐去的林荫步行道，显得特别幽静。环境优美、无车马喧嚣，有鸟语花香，生灵众多。我们乘缆车参观了百鸟林，有美丽的孔雀、洁白的鸽子和多种奇异的鸟类，它们长着不同颜色的羽毛在比美，在自由的飞来飞去，与人类共享快乐。我们看到岛上的榕树、三角梅、鞭炮花、特别是木棉花开的比别处更霸气。

导游讲，小岛是音乐的沃土，音乐人才辈出，又得美名 "音乐之乡"，是"音乐家的摇篮"。我们漫步在小道上，不时地听到悦耳的钢琴声、悠扬的小提琴声、轻快的吉他声、动人优美的歌声，加以海浪的节拍，太迷人了，音乐已成为鼓浪屿特别绚丽的风景线。

鼓浪屿奇峰突起，我们登上了日光岩的顶峰，俯瞰了厦门市的全貌，群鸥腾飞……像一幅美丽的画卷。

移步见奇——武夷山

第四天我们又和韩大姐坐火车去武夷山，三日游。武夷山境内峰峦岩峭，秀拔奇伟，山、林、溪、泉，胜景之美于一体。我们在武夷游山涉水，武夷山的山奇、水美，让人赏心悦目。特别是"一线天"的奇观妙景，我们从下而上的慢爬陡岩石梯，亲眼目睹了岩石缝隙里只能看到一线的天是明亮的，身临其境，让我们感叹！感谢大自然给这里留下的奇观妙景！

乘竹筏漂流"九曲十八道湾"时的那种愉悦的心情无法形容，并听船夫介绍：让我们看到武夷山的陡岩峭壁上的"悬棺葬"，是宝贵的世界文化遗产，在世界上数一无二的，给我们留下了很深的印象。

我们游览了一线天、水帘洞、鹰嘴岩、天游峰、乘竹筏漂流九曲十八湾等景区。真是涉目有景，移步见奇。天然大氧吧让人心旷神怡。

五天的福建观光之旅，使我们感到福州、厦门、武夷山的山美、水美、人更美。亲家一家人的淳朴、真诚和热情让我们感动，他们不仅要接待我们和朋友，还要照顾小孙子，特别是女婿的弟弟不辞辛劳，陪同我们去厦门游览，让我们玩的很开心。

三、世纪之交赴美国探亲

美国，在许多人心目中是个有点像世界警察的国家，甚至有些张狂和蛮横。我不知道所有第一次去美国，成长于大陆的中国人，是否有"美国情结"：熟悉又陌生，排斥又向往，复杂又微妙，带着特定的印痕，又试图挣脱某种局限……我把时间、心态、情感绞成一个团，愈是难以梳理，我愈是感到有一时难以说清的机缘。

2000年11月中旬，世纪之交，我们应女儿女婿的邀请前去美国加利福尼亚州的洛杉矶探亲，要带1岁7个月的小外孙去看他的爸爸妈妈。因有护照，去美国大使馆领取两份赴美探亲申请表，填好后不用预约可直接去签证。

我们夫妇去使馆一次就顺利的拿到美国签证。这是我第三次进美国使馆，第一次是1993年带两个双胞胎外甥签证一次就签上了。第二次是1996年带婆婆去签证，就不那么幸运了，没有签上，那年婆婆已75岁了，签证官说怕给女儿找麻烦，所以就拒签了，又让四弟带婆婆签了一次还是没有签上。进美国使馆签证太让人受刺激了。

为小外孙办理通行证

在这段期间同时要给小外孙办理"通行证"，他的身份是美国公民，持有美国护照，但要在北京出入境办理通行证，也是一个很复杂的办理过程。我拿着小外孙在北京的暂住证明和宣武区公安分局出入境办公室的证明，最后到"北京市公民出入境办事处"去办理有关手续，出入境要求将小外孙在美国的出生纸，也可以说是户口簿吧，按出入境指定的律师事务所翻译成中文，须等一个星期后才能译好，再连同护照、出生纸、照片一起交出入境办事处，等了十个工作日才领到通行证。在拿到领取通行证的通知单后，就告诉美国女儿，他们很快在美国订了3张机票，告诉我们在北京"长富宫饭店"领取机票，我们准时拿到赴美国的机票。

随后买了四个行李箱和所需要带的东西，及小弟为小外孙买的一辆小自行车，拆卸后装了一个箱子。还有一些在美国买很贵并受限制的消炎药、中药等物品。最后由装箱打包专家小弟为我们装箱打包。我们家谁出国都是他亲手装箱、打包装带，他小姐姐、姐夫每次回国，两个双胞胎外甥、我女儿、我们夫妇、小侄女等亲人出国都是他耐心的装、认真的打包装带，从不说声累，最后还要送到机场来回接送。借此机会代表所有亲人向小弟深表感谢！小弟你辛苦了！

我们夫妇于12月22日带着小外孙乘坐中国国航飞机直飞美国洛杉矶。上飞机后自己在家紧张忙乱的情绪稍些放松和平静了，每次乘飞机办理登机牌时，自己总要请求工作人员给办理靠舷窗的位置，愿看飞机飞行时美丽多变的云彩，这次看到白云像安静的羔羊，像凝固的海浪，忽如移来的峰峰雪山银峦，太漂亮了……

不一会儿空姐推着小车，送来了丰盛的午餐，吸引了小孙子的注意力，他急忙拿起小勺就往嘴里送，看到小孙子真的饿了，吃了不少的饭菜和水果。小外孙很兴奋，一会儿喝饮料、一会儿喝水，直到吃完晚餐小孙子好不容睡着了，我服了一片"乘晕宁"趁机睡了一会。

不知不觉有人说，已经到了洛杉矶的上空，快要着陆了，我急忙从舷窗下望去，太平洋的蓝色海面出现了，飞机开始低空飞行了，最后很平稳地降落在太平洋岸边的洛杉矶机场。这时我们夫妇要见到久别的女儿，第一次见女婿心情很激动，小外孙要见他爸爸妈妈格外高兴。

未填写入境登记卡

下飞机前我们没有填写入境登记卡，因英文看不明白，我们正在着急怎么办找谁填。最后在机场找到一位女服务人员，我说哈喽！她也说哈喽！她问我们有什么需要帮助吗？她会说汉语，是中国人，她说她是中国民航地勤工作人员，我拿出没有填写的入境卡，请她帮我们填写一下，这位小姐很热情的帮我们用英文填写了入境卡，给了我们很大的帮助，我们向她表示感谢！使我们顺利通过了边检、海关。

黑皮肤的美国人给予我们的帮助

让我们最受感动的也是最难忘的一件事，我们在认领行李箱时，有一位美国人，黑色皮肤，个子很高，显得很和善，胸前带着工作证，他看到我们夫妇带着小孩，又带着四个大箱子很困难，他主动跟我们打招呼"Hello"！后面说的英语我们一句也听不懂，他用手比划着，并指着自己然后又指着箱子要帮我们装在旁边的推车上，我很快明白了他的意思，他要帮助我们，我急忙说："Thank you！"这时他帮我们将四个箱子装在两个推车上，帮我们推到行李安检处安检。记的那天打开了两个箱子进行检查，那位黑人朋友又帮我们将两个打开的箱子捆绑好，将我们送出机场外和我们说："Bye bye!"我们说：Thank you! Thank you! 那位黑人朋友和蔼友善的主动帮助我们，让我们刚踏上美国这片土地后第一印象：美国人并不陌生、很友善、很和蔼，让我们感动！

当我们走出机场外见到等候已久的女儿女婿，我差点没有认出女儿来，因女儿太瘦了，她喊爸！妈！我是小妮你们认不出我了！我激动得热泪盈眶，她向我们介绍：这是小吴你们的女婿，小吴叫爸！妈！我们第一次见到女婿，心情格外激动。小外孙高兴极了，好像要对爸爸妈妈说好多话，但又表达不出来。

走马观花游美国

洛杉矶

女儿住在洛杉矶市一个复式的二层小楼里，他们叫"康斗"，是和别家住户连接在一起的二层楼房。女儿的楼下从前门进屋是一个小客厅，从后门进，是一间可停两辆小轿车的车库，还放有大型的洗衣机和烘干机。前后门进屋都可以从楼梯上到二楼。楼上有一大客厅、两间卧室、厨房、两个卫生间，很方便。

最引人注目的是他们家落地两开门的大冰箱，像一个冷藏储存间，带有自动制冰的装制，随时可往可乐、饮料里加冰，制冰的水已经过消毒过滤很安全，当时在国内北京电器商城从未见过那么大的冰箱。近些年国内才开时进口、生产、销售那么大的冰箱，随着人们的生活水平的提高，消费观念的改变，能承受了大冰箱高耗电的消费了，所以现在市场上见怪不怪了，国外的商品，我们有进口的，也有自己研发制造的，应有尽有。

女儿居住的楼前屋后，有各种样式的平房别墅，居住着当地的市民，房屋装有美丽玻璃花纹的门窗，也没有装任何防盗护栏设施，门窗很低全是玻璃结构的，有的玻璃上贴有白纸条格，听说是防震用的，因洛杉矶是一个地震带。

不远处有一个很大的街心公园和一个大型的超市，里面商品应有尽有，购物非常方便。那时国内北京这样的超市还很少。

在休息的两天里女儿女婿带我们去市区餐馆吃饭，女儿女婿给我们介绍说，洛杉矶是一座风景秀丽、繁华的海滨城市，是美国第二大城市，仅次于纽约，是全世界文化、科学、媒体、经济、国际贸易和高等教育的中心之一。这里有闻名世界的好莱坞、迪斯尼乐园。并有好多供人们游泳、日光浴的海滩，离我们最近的有圣莫尼卡海滩，有壮观的海岸线，沙滩很美，过段时间带你们去看看海潮的涨落。

女婿接着说，洛杉矶坐落在三面环山，一面临海的开阔盆地中，一年四季阳光明媚，终年干燥少雨，以冬雨为主。气候温和宜人，夏季比较炎热，中午热一会儿，早晚很舒适。冬季不冷，用不着穿羽绒服，日间气温有摄氏20度，就和国内的福州、广州一样，一年四季常青。洛杉矶市区建筑物一般不高，以别墅木屋为多。

洛杉矶的大街上到处是绿荫如盖的大树环绕着，有好多市民房前屋后的枇杷树上挂满了金黄色的枇杷，柠檬树上美丽的柠檬在和枇杷相互比美，太漂亮了。街心公园绿树成荫，草坪绿如地毯，园林师在不停的修剪着各种图形的草坪，新颖、美观。公园内设有专为小朋友们玩的游戏区，各种各样的娱乐设施，样样俱全。

女儿告诉我洛杉矶不少市民都喜欢养狗，养狗成了他们生活方式的一个重要内容，也是这个城市生活的一个组成部分，人们对狗是很溺爱的。有许多台湾和中国大陆的后裔，当询问他们家庭有多少成员时，主人常常答复说，除了老公、儿女外，还有几只狗，他们谈到狗总是提到他们的名字，如果不注意，就会以为在谈自己的家属。有些人是给狗穿衣服的，并且有一年四季的衣服。

有些家庭雇人照顾狗，就像给孩子雇保姆一样，有些学生为了挣点钱作学费，就找这种差事干，他们每天定时到雇主家，把狗牵出来逛街，让狗在街上拉屎撒尿。狗在街上拉屎，是禁止的，被警察看见了，狗的主人就得掏出手绢把狗屎包起来带走。用这样的方法教育市民，自觉地来维护城市的市容环境卫生。

全家去拉斯韦加斯欢度圣诞节

12月24日圣诞节前夕，女婿开车带我们去美国最大的赌城内华达州的拉斯韦加斯欢度圣诞节。那天的天气风和日丽，蔚蓝的天空淡淡地飘着几朵白云，汽车奔跑在一片戈壁沙漠中的高速公路上，太阳把沙漠照得晶亮。公路两边没有建筑物和人烟，绿色植被草坪、树木很少，汽车随着车流向前行驶着。我们母女、父女在聊天。

女婿边开车边给我们介绍拉斯韦加斯，他说："拉斯韦加斯是以赌博业为中心庞大的旅游、购物、度假产业而著名，拥有世界"娱乐之都"和"结婚之都"的美称。每年来购物享受美食的旅客占了大多数，专程来赌博的只占少数。"

2000年12月25日我与爱人及外孙、女儿、女婿在美国的拉斯韦加斯欢度圣诞节我（左）爱人（右）

不知不觉看到车窗外一座美丽的城市，漂亮的建筑，一片热带风光呈现在眼前，五彩缤纷的赌城，一片节日的景象，五光十色的彩灯闪烁不停，在向人们祝福圣诞节快乐！大街上有来自世界各地，各种肤色的人们，身着色彩艳丽的节日盛装，兴高采烈地在欢度圣诞节！

米高梅大酒店

我们住进了豪华的米高梅大酒店。米高梅酒店是全球最大客房最多的赌城酒店，设有拉斯韦加斯最大的赌场。

那天晚上我们去了最大的娱乐厅，那里有各种各样五颜六色的老虎机、转盘式的赌盘……供来自世界各地各个阶层的人们玩乐，让人们随时都可以碰碰运气。有老人、中年人、青年人，有男、有女。赌场秩序很好，很安全。女婿玩的我们也看不懂，我带小孙子在里面娱乐厅看热闹，看一个仿真人拿着鱼杆在"放长线钓大鱼"的全景。

女儿为他爸换了600美元的筹码，带着从未涉足赌场的爸爸也试了试运气，忙乎了一阵子，父女俩终于将白花花的600美元全输完了。最后又换了100美元让他爸玩老虎机，结果全都填进了老虎贪婪的嘴里。女儿主要想让他爸爸玩玩，开开眼界，输赢不是目的。记的女婿那天手气很好赢了2000美元。

圣诞大餐

中午我们在米高梅酒店最大的餐厅享用圣诞大餐，在餐厅外人们绕行排队进入了就餐大厅，享用自助餐，人们祥和的围坐在餐厅的餐桌前，共享20世纪最后的一个圣诞大餐，人们在这里尽情享用美食，尽情欢乐，迎接21世纪的到来！我们在这里第一次享用火鸡肉，肉质瘦而嫩，切成约10公分的正方形大片，还有阿拉斯加的大海蟹、大虾、牛肉、蔬菜水果沙拉、果汁、可乐等太丰盛了，应有尽有，不愧称之为圣诞大餐！

下午女儿女婿带我们游览酒店内的娱乐活动场所，我们游览了人文景观：小桥、瀑布、假山、沙漠，有骆驼、大象、科幻太空、虚拟的天空、电闪雷鸣……简直是一个富有大自然景观的游乐中心，让我们大开眼界、大饱眼福，小孙子玩得更开心！

另外这里还有教堂，夜总会，购物商场，美容健身中心等。并设有全套服务的结婚礼堂，有来自世界各地的恋人，在这里举行婚礼，留下一生最美好的回忆。听说一天大约要发出230张结婚证书，一年大约发出10万张结婚证书。我女儿和女婿就是在这里登记结婚的。

在拉斯韦加斯分不出白天和黑夜，这里是一座不夜城，这里的夜景更迷人，奇异的建筑、奇特的灯饰、各放异彩，是一座光怪陆离的灯光世界，把这座城市打扮得灿烂辉煌，给每一个来到这里的人们带来美的享受，留下难忘的记忆。这里是最自由的世界——拉斯韦加斯！这里是有钱人的天堂，决非我辈潇洒的地方！

电影城——好莱坞

我们在洛杉矶送走了2000年最后一天，迎来了新世纪的开元之年、2001年的第一天——元旦，无论身在何处，辞旧迎新，迎接新的一年让美好的开端伴随着我们全家继续走向幸福的未来。元旦期间女婿女儿带我们参观了世界著名的电影城好莱坞，在英语中是"冬青树林"的意思。

女婿说，好莱坞位于洛杉矶市西北部，依山傍水，景色宜人。我们远远从车窗外望去，就看到好莱坞的标志"HOLLYWOOD"非常醒目的一排字站在半山腰上，

2001年元旦我们全家人在美国的好莱坞欢度新年我（左）女儿（中）雅成（左）

就好像向前来参观的人们问好！欢迎大家光临！最后听女婿介绍说："它的一个字竟高达13.7米，是为发展好莱坞而修建的，也是洛杉矶有名的建筑。"

电影工业

汽车绕着平坦的坡形公路缓慢的前行，女儿女婿继续给我们介绍说，好莱坞最早是摄影师寻找外景地时发现的。大约在20世纪初，这里便吸引了许多拍摄者。而后来是一些为了逃避专利公司控制的小公司和独立制片商们纷纷涌来，逐渐形成了一个电影中心。最早著名的格里非斯和卓别林等一些电影大师们在这里为美国电影赢得了世界名誉，随后华尔街的大财团插手电影业，好莱坞电影城由此迅速兴起，电影产业恰恰适应了美国在这一时期经济飞速发展的需要，电影也进入经济机制，成为谋取利润的一部分。随着资本的雄厚，影片产量的

增多，保证了美国电影市场在世界各地的倾销，洛杉矶郊外的小村庄最终成为一个庞大的电影城，好莱坞也在无形中成为美国电影的代名词，"好莱坞"一词往往直接用来指定美国加州南部的电影工业。

好莱坞为美国以及全球的电影迷们缔造一个个科幻大片、一个个可爱无厘头的卡通人物、一个个英雄传奇故事……它是美国人紧张生活的舒缓剂，制造着美国人最喜欢的娱乐业。1999年6月洛杉矶的地铁开到了好莱坞，游人们就更方便了。

女婿将车停在了半山坡的停车场，女儿去入口处排队买票，然后乘坐好莱坞往返运送游客的旅游观光车游览，按指定的时间，提供游览路线，两小时的游览时间。观光车速度缓慢，我们在车上随意拍照摄影，留下了宝贵的镜头。

我们首先参观了一家电影公司，是好莱坞仅存的片场，片场并不大，入场后我们观看电影经典回放，很多电影里曾看到过的背景和装置，如假山、地震、电闪雷鸣、天崩地裂……很惊险、逼真、绚丽，好像将我们带入了此地、此情、此景中。真是大开眼界！

我们走在好莱坞的大街上，街道旁有各式各样不同风格的华丽建筑和人文景观，以及现代化的摄影棚。最引人注目的是倒挂在鱼网上的一条大鲸鱼，张着大嘴要吞吃小鱼，凶险可怕的样子，但人们还是冒险的摸摸那条大鲸鱼，将手伸到鲸鱼的大嘴里来留影而感到快乐！大街上的男女秀和我们合影，表示友好！表示欢迎！并有"唐老鸭"和我的小外孙一起作游戏……太开心了！

中国戏院 星光大道

我们参观了好莱坞的星光大道上的中国戏院，从1927年5月开幕，以其中国式建筑的外观得名，青铜色屋顶高入云霄，戏院内部也以中国艺术概念所设计，这座大红大绿中国寺院风格的建筑是星光大道的象征。中国戏院最吸引人的是戏院前庭的那173位知名的明星手印、足印，吸引各国游客到此一睹明星的足迹，每个到此旅游的游客，不是忙着拍自己偶像的手印、足印，而是把自己的手放在明星手印上好好比对一番。

在好莱坞的星光大道上，有2000多颗镶有好莱坞商会追敬名人姓名的星形奖章，以纪念他们对娱乐工业的贡献。

洛杉矶的步行街

在圣莫尼卡海滩不远有一处有名的步行街，女儿带我们去那里游览，那里没有汽车，街区整洁，街道两边有古朴、典雅的建筑、商铺，有酒吧、咖啡馆，也有在大街上摆小摊的中国人。这条街售有来自世界各地的艺术品、服饰、服装，都很漂亮。在那里看到好多艺人在表演、在绘画，还有许多华人在表演杂技、弹唱，有美国人全家在演唱、表演绝活，真是各有所好、各尽所能，别有一番异国情调。在那里看到各种肤色的人们，在用不同的语言传播着各国的文化艺术，为了艺术，也为了生活，各自在奋斗、在追求……

元旦期间女儿女婿还带我们游览了洛杉矶著名的"迪斯尼乐园"和墨西哥边界的"圣地亚哥海洋世界"，在那里看到可爱的小企鹅群体，观看了海豚表演，和西部牛仔表演……让我们大开眼界，品尝美食，享受快乐！

客居异国他乡　亲如兄弟姐妹

我们在洛杉矶，女儿女婿的亲戚表兄、表嫂、朋友特设盛宴款待我们。女婿的二姐在美国东海岸佛罗里达州的迈阿密工作，她特意打来电话对我们的到来表示问候，并让他弟弟替她送我们200美元，以表她的一点心意，我们深表感谢！朋友王大姐、珍妮、佟阿姨、老杜等常来看望我们，大家在一起聚餐，感到很亲切。大家都是从中国大陆天津、北京、东北、济南、苏州等地来到美国留学、工作、生活的，大家相处的亲如兄弟姐妹，相互关心，相互照顾，对小妮像女儿一样的关心体贴和照顾，使我们远在国内的父母看到女儿女婿客居异国他乡，有这么多的好朋友亲如兄弟姐妹，相互关爱着，就放心多了。

美国东海岸之旅

2001年1月10日上午，我们从洛杉矶随旅游团，乘坐飞往美国东部的美国AA航班到达纽约，开始6天的美国东部之旅。游览了纽约、费城、华盛顿、尼加拉瀑布、波士顿等著名的城市和景区，并看望了居住在华盛顿马里兰州的妹妹雅清及全家。

带我们的导游是一位台湾籍华人，50多岁的中年男士叶先生，负责我们一路吃、住、行。

纽　约

我们当天伴晚到达纽约的肯尼迪国际机场，乘车途中，叶导向我们介绍：纽约是世界上最大的城市和金融中心，它的一举一动无时无刻不在影响着世界，在超过一个世纪中，纽约在商业金融方面发挥了极为重要的全球影响作用，它左右着全球的媒体、政治、教育、娱乐与时尚界的风云。纽约意味着冒险和机遇，这里每天都上演着奇迹。繁华的华尔街是美国金融帝国的象征。24小时运营的地铁，从不简断的人流不夜城……不一会儿大巴停在了酒店门口，我们放好行李，稍作歇息。

帝国大厦　当天晚上叶导就带我们去了曼哈顿市中心的帝国大厦，俯瞰纽约的夜景。在大巴上叶导继续给我们介绍说："帝国大厦"和"世贸中心双子大厦"均有100多层，直耸云霄，巍峨壮观，纽约也因此有了"站立的城市"之称，帝国大厦也成为了纽约永远的标志。落成于1931年，仅花了410天建成，是世界建筑史上的里程碑。楼总高度443米，102层，占地9万平方米，耗资4000多万美元，是一座钢结构高塔式建筑物，它长期以来是纽约著名的摩天大楼，超高的办公楼，显得与众不同，赫然雄立。听说1994年以来帝国大厦的顶层成为纽约青年举办婚礼的首选地，在这里举行婚礼就能成为帝国大厦的俱乐部成员，每年情人节可以免费重返帝国大厦，不过申请到资格不易。

我们来到帝国大厦，登上了102层的眺望台，从半空中俯览纽约迷人的夜景，远远望去，一望无际的灯海，散发出不可抵挡的魅力，一片摩天楼群，有的楼像个站立的火柴盒，有的像座宝塔，有的像一部没有话筒的电话座机，有的像一个竖立着的镶满玻璃的铁盒子，形状不一，色彩各异，参差不齐，耸入云际。更为耀眼的是大厦的另一面竖立着格外明亮的两座大厦，是世贸中心"双子大厦"兄弟俩并肩而站，在夜幕里像两个高大的长方体金色的灯塔，格外引人瞩目。

双子大厦——世贸中心　1月11日上午9时，我们亲自登上了纽约最高无横梁的世贸中心"双子大厦"，它建于1973年，它以110层，两楼各高420米的高度作为摩天巨人被载入史册，世界排榜第三，曾是纽约的标志性建筑。楼内有贸易公司、运输公司、通信机构、银行、保险公司、海关等公私机构，凡与贸易及港湾活动有关的活动均集中于此。大约有12万人在双子大厦内工作。我们在107层的眺望大厅，极目远望，方圆可俯瞰纽约市全景。我们看见地面上的"布鲁克大桥"、东河和西河非常漂亮、壮观，使我们久久不愿离去。

出了双子大厦，站在地面看两座大厦像并肩竖着的两个白铁盒子，站在他们面前仰头望去，都要摘掉帽子。遗憾的是后去的人们再也看不到他们"兄弟俩的身影了"……

华尔街

我们走进华尔街，这是一条其貌不扬，普普通通的街道，路面很窄，宽仅有10多米，街道很短，长不过500米，一眼就可看到底。这条街就是美国的金融巨头的集中地，这条街和另一条街的丁字路口，建有一座灰色的、外表上显得陈旧的建筑物。叶导说：它就是美国历史最老、规模最大、举世闻名的纽约股票交易所，华尔街11号。虽然只是一座7层楼的大厦，但它对世界经济的影响力却是巨大的。如果说华尔街是世界金融业的心脏，那么股票交易所则是其脉博，只要它轻轻一跳，国际经济与金融界立即就随其晃动。这足以看出华尔街其魔幻般的巨大威力，对世界经济产生着巨大的影响。

在华尔街股票交易所的斜对面，有一座古老的建筑，古典而庄严，是美国最早的议会厅，门前塑有美国第一总统华盛顿的塑像，英俊而威武，他在"注视着"美国经济的不断发展。

纽约港的自由女神像

我们乘渡轮,前往纽约港的自由岛,渡轮在自由岛靠岸,自由岛四周被纽约港的水面团团围住,矗立在岛上的一座巨型女神像,连同花岗岩基座,高达300多英尺,她左手握《独立宣言》,右手高举火炬,从地面仰望,颇为壮观。

这座女神像,是法国人民为了纪念法国大革命期间两国建立的友谊,祝贺美国独立100周年,1876年赠送给美国人民的礼物。雕像锻铁的内部结构是法国的艾菲尔设计的,法国著名的雕塑家巴托尔迪历时10年艰辛完成了雕像的雕塑工作。雕像女神头戴光芒四射的冠冕,有像征世界七大洲及四大洋的七道光芒,她身着罗马古代长袍。女神被命名为"照耀世界的自由女神"。

2001年1月我在美国纽约的曼哈顿岛上乘船前去自由岛看"自由女神"

联合国总部大厦

在去联合国总部的路上,叶导向我们讲述了联合国的原始故事,二次世界大战后,纽约的东河岸边,是一个荒凉倒垃圾的场所,其地产为洛克菲勒家族所有。1946年,小约翰·洛克菲勒先生以象征性的"一美元"将这块18英亩的土地捐赠给了联合国,使此前"居无定所"的联合国总部终于有了常设地。1947年一位中国建筑师——梁思成先生作为联合国大厦设计顾问团的一员,参加了大厦设计方案的讨论,他留给顾问团其他成员的印象是:"有着比任何人都多的历史感……"联合国大厦的设计充分体现了它由全世界人民共同管理的宣言,5000多名联合国工作人员在这里处理国际事务与当代社会紧迫问题。

第五大道

晚上叶导带我们漫步在纽约著名的第五大道上，高楼耸立像陡峻的山峰，墙壁是透明的玻璃，好像水晶宫。街道两边是火树银花、彩旗飘扬，呈现出不夜城的景象。街头人流云集，我们不时的看见马路上圣诞老人坐在漂亮的马车上赶着骏马兴致勃勃地在兜风，喜迎新年的到来，也是一道美丽的风景线。叶导说，"高品质与高品位"是纽约第五大道的代名词，是纽约乃至全球知名的商业贸易中心，繁华的第五大道聚集了世界精品，大楼的橱窗里展示着当下最时尚的服装，陈列着玛瑙、碧玉、钻石首饰，琳琅满目。要知道观赏无数精美的多姿多彩的陈列品，那绝对是一种眼福。

时报广场

我们又来到了时报广场，是一块三角形的地带，叶导说，因《纽约时报》早期在此设立总社而得名，周围剧院的兴起带动此地的繁荣。时报广场上每年最盛大的活动就是"倒计时迎新年"节目，12月31日在时报广场中心顶楼都会悬挂一颗重90千克的彩球，新年来临的那一刹那，彩球打开并飘出无数的彩带，超过50万来自全美乃至世界各地的人汇集于此，共度不眠之夜，迎接新年的到来！

夹街的高楼，永远闪烁着巨幅广告的百老汇，广告画面不断变化的镜头中，充斥着希望与未完成的梦想，五光十色的彩灯照得这里白昼一般。我们徜徉在这热闹的街头，回望灿烂如花似锦，我们在这里只是一个偶然的匆忙过客。

费　城

随后，我们前去美国革命诞生地费城，这是美国最老、最具有历史意义的城市，在美国城市中排名第五，仅次于纽约、洛杉矶、芝加哥和休斯顿。费城曾在1790—1800年为美国的首都，有非常重要的地位。著名的《独立宣言》在此地签署。自由钟在这里首次敲响，它是美国独立战争最主要的标志，也像征着自由和公证。在这里诞生了第一部联邦宪法，1876年费城举办了世博会。19世纪以来，铁路和港口发展很快，制造业兴起，现为美国主要经济、交通、文化中心之一。为美国联邦第三储区银行总部所在地，1969年在这里新建了美国造币厂。

我们参观了自由钟和美国独立战争纪念馆——独立厅。是一座不大的两层楼，陈列着独立战争的一些历史文物，包括当时使用过的兵器，并列的一排排步枪，每支枪显得很长、很重，但都亮得闪闪发光。

华盛顿

随后我们的巴士南下进入弗吉尼亚州和马里兰州之间的美国首都——华盛顿，1800年成为首都。在1814年战争中，英军占领并洗劫了华盛顿，烧毁了大部分公共建筑包括国会大厦及白宫，1819年重建。它伴随着美国的历史而成长，是美国政治、文化、教育中心，也是众多国际政治、经济组织总部的所在地。市内各种精美的标志性建筑、优美的自然环境、浓厚的文化气息，使它当之无愧地屹立于世界城市之林。

国会大厦

我们首先参观了美国的国会大厦，它建于1867年，是华盛顿最引人注目的路标，它既是美国参、众两院的办公场所，也是美国历史上著名人物以及世界各国艺术珍品的展厅。我们走上国会东门的台阶，据说这里是美国历届总统宣誓就职的地方。大厦内部宽敞宏大，中央圆形大厅及穹顶都绘有大型的以建国史为题材的壁画，代表着美国不同时期具有历史性的动人画面，向游客介绍着曾经的历史。大厅的南侧，陈列华盛顿、林肯、杰斐逊等美国领袖的塑像和各大州历届州长的塑像50尊，塑像中除了州长外还有议员、军人、科学家、作家、艺术家、宗教家等，共90尊铜像和石雕像，每尊塑像都是气度非凡，其原型都是各个领域的英才。

白宫

　　一座白色的二层小楼便是美国总统府，是美国总统和政府办公的场所。建筑材料采用弗吉尼亚州所产的一种石灰石，颜色呈灰白色，构成白宫建筑风格的基调，朴素、典雅。白宫修建之初，华盛顿总统就提出：它决不能是一座宫殿，决不能豪华，因为在这里工作的主人是国家的仆人。要求：宽敞、坚固、典雅，给人一种超越时代的感觉。白宫是乔治·华盛顿之后历届美国总统办公的地方，两个世纪以来有40多位白宫主人在这里工作与生活过。白宫是世界上唯一定期向公众游人开放的国家元首的官邸。

中国城见亲人

　　雅清妹全家已移居美国好多年了，1991年妹夫留学美国，随后妹妹及全家相继来到美国，他们居住在美国华盛顿附近的马里兰州。我们提前电话约定1月12日晚，在华盛顿的"中国城"的一座中国式建筑的大牌楼下和久别的妹妹及全家相见。傍晚我们下了大巴将行李放进了酒店，就急忙去中国城见亲人，久别相逢，大家都特别激动，我们看见双胞胎的外甥老二子玥已长成1米8的英俊青年了，老大子珺去上课了。4岁的小子航，英文名Jerry，他长的很可爱，1997年出生于美国，是一个土生土长的美国公民，和我们有些认生。大家互相问好后，妹夫就向我们介绍这座大牌楼的来历，他说："北京市原任市长陈希同访问美国时提议在华人聚集的华盛顿唐人街，修建一座代表中国人在这里发展的"中国城"，这是北京市委投资建造的，具有中国民族传统风格的建筑，气派壮观，给了我们远在海外的华人巨大的鼓舞。"

　　我们上车后妹夫继续给我们介绍，他说，中国城的街道两旁，有各种商店、华人餐厅、超市等，大多是中国式建筑。这些华侨旅居美国，同美国人民友好相处，遵守美国政府的政策法令，许多人加入了美国国籍，成为中国血统的美国公民。

　　随后妹夫带我们去了中国城的一家中国餐馆，"峨眉酒家"，妹妹说这家雪鱼做的很好，当雪鱼上桌，我们一尝确实味道鲜美，其他几道菜更美味可口，我们和亲人团聚在中国城，享用了中餐美味佳肴。

餐后坐车40多分钟到了马里兰州妹妹的家，外甥老大子珺已在家等候我们，他和老二一样帅气，八年间哥俩都长成了帅哥，真为他们高兴！4岁的小子航聪明活泼、伶俐可爱。

他们家独门独院，房子很大，是一座两层的小洋楼，连同地下室共三层，他们叫"豪斯"，在咱们国内称"别墅"。带有很大的车库，可停放三辆小轿车。一二层各有一个大客厅和卫生间，二层有四间卧室，厨房在一层。楼房为木质结构，楼前屋后有花园草坪，一层还有一个小凉台，夏季适易乘凉、餐饮，旁边还有一颗大桃树伸向凉台，雅清说："春天桃花开了很漂亮，周边环境好，空气也很新鲜。"我们边参观边聊天边留影，不知不觉两个多小时过去了，已是深夜12点多了。

第二天我们还要随团继续出发，妹妹全家五口人又开车将我们送回中国城的酒店，已是深夜1点多了，我们依依不舍地目送他们而去，车身渐渐模糊不清……短暂的相聚，难忘的时刻，何时才能再相见？回到酒店，我的心情久久不能平静，不能入睡，回想起我们和妹妹及一对双胞胎外甥在北京一起生活、相处的日子，难以忘怀……

尼亚加拉瀑布

1月13日我们前去加拿大边境观赏尼加拉大瀑布，它是全球最大的瀑布，跨美国和加拿大两国边境，是北美最壮丽的自然奇观。当我们到了那里，冬日的瀑布周围被积雪覆盖，看瀑布只能是"雪里看花"。听叶导讲夏季尼加拉瀑布，雄伟、壮观，水势一泻千里，惊心动魄，有"马蹄瀑布"及"新娘面纱瀑布"，大瀑布流水潺潺，银花飞溅，景色很迷人。有人说来美国不看尼加拉大瀑布，如同美国人到中国没看长城，因为它们比肩而并列世界七大人类文化遗产。我们在美国和加拿大边界的尼亚加拉瀑布留下了遗憾等下次再来观赏吧！

波士顿

14日我们前往美国独立战争发祥地波士顿，叶导告诉我们波士顿是一个新旧文化交融、充满活力的城市。波士顿创建于1630年，是美国最古老、最有文化价值的城市之一。1620年一批因受宗教迫害的英国清教徒乘坐"五月花"号船，经过长途艰辛航行来到此地移民，后来便把他们英国古乡林肯郡的波士顿镇来作为定居点的命名。波士顿是美国独立革命的发源地，浓郁的人文思想在此地扎根生长。这里有美国最具代表性的著名的哈佛大学、麻省理工学院等几十所大学。

哈佛大学

我们冒着鹅毛大雪参观了麻省理工学院和哈佛大学。叶导说："先有哈佛，后有美国"这句话便是哈佛大学史诗般的验证。当1776年美利坚合众国宣布正式成立时，哈佛学院就已拥有140年历史并被无数人熟知，是一所最早的私立大学之一。300多年来哈佛大学以其博大精深的胸怀，宽宏大度的胸襟为世界各地培养了无数尖端学术人才。哈佛大学是孕育政治家的摇篮，它被誉为美国政府的思想库，先后诞生了8位美国总统，40位诺贝尔奖得主和30位普利策奖得主。它的一举一动决定着美国的社会发展和经济的走向，可以说是美国文化的一个标志。美国文化中提倡的自由、平等、公开和民主在哈佛大学得到了最大的体现，无论是外国留学生还是本地学生，都可以提出自己的看法与见解，从历史到金融，从政治到民生，学生与导师甚至校长的辩论也时常被人们围观。哈佛大学择师和育人上坚持高标准，高质量，才得以成为群英荟萃、人才辈出的世界一流学府。

四、对称年　下江南

进入21世纪之初，2002年，对称年，千载难逢，千年等一回。在这不平凡的年份里，我们要将这一年纳入视野，要生活的快乐点、潇洒点。对称年，下江南，很有意思。我国清朝的乾隆皇帝，一生曾多次下江南，享受美景。我也想"潇洒走一回"，雅成说："这次圆你的梦，咱们先去无锡、上海，后去苏、杭二州，再去福州看小外孙。"

我和雅定于8月19日乘坐火车前往江南游览观光，一路博览祖国大好河山以及生气勃勃的繁荣景象，很受鼓舞。

无锡——太湖

我们乘坐的列车夜间途经南京长江大桥,从车窗外只看见黑黝黝的江面,城镇的灯光、大桥的桥身都看不清楚。但在返回途中火车是白天通过长江大桥,这是我国第二座长江大桥。它的建成连接了我国江北和江南的交通大动脉。听雅成讲:六十年代他出差坐火车到达南京,车厢要脱钩排队,车厢坐摆渡过江,每次只能运三四节车厢,到长江的对岸将车厢卸下再挂钩,一趟一趟地运,一节一节地挂,等好长时间火车才能全部过江,火车才能开出。现在火车几分钟就通过了长江。南京长江大桥你真伟大,你的建成,你为我国的南北交通运输做出了巨大的贡献!

我们于20日早到达长江三角洲中部的无锡,受到太仓原烟草局陈局长和邹先生的热情接待。我们一路观赏这座有三千多年历史的文化名城。这座名城不仅风景优美,历史文化悠久,而且现代的无锡是一个充满艺术气息的城市,它的市中心标志性雕塑造型抽象奇特,让人们在不断地思考着未来……

我们来到太湖边,望着茫茫的太湖,浩瀚博大。由陈局长陪同,邹先生边开车边告诉我们:"太湖是我国第三大淡水湖,沿岸山水相连,湖中有大小岛屿48个,连同沿湖山峰号称72峰,风景很优美。90年代,李鹏委员长视察太湖时,提出在太湖上可以修建大桥,在他的倡导下,修建了去西山石公山的三座大桥,将湖中的诸岛连结起来,建成湖滨路,构成了山外山、岛中岛、湖中湖、天外天、湖山相映的壮丽景观。"我们沿着湖滨路来到石公山,登山看太湖,水天一色,令人心旷神怡。湖弯的荷塘,荷花滴翠,绿浪翻滚,将夏日的热浪荡涤无遗。

在石公山我们参观了我国有名的海灯法师在石公山修练十几年的故居旧址,以及他逝世后为他修建的一座灵塔,背靠大山,面向太湖,庄严瞩目。

苏州——与天庭媲美

"上有天堂,下有苏杭",这是长期以来人们对苏州、杭州之美的比喻。苏州园林,中外闻名。我们先后游览了古园林的"静思园"、"拙政园"、"狮子林"。园林的秀美幽雅以及园中的路、树花、水谢、楼亭、拱桥、山经水廊，曲折幽深，行走其间，如入迷宫，便构成了一幅幅风光各异的图画。让我们大开眼界，一饱眼福！我们不时地拍照，记下这些难忘的景观。

我们参观了苏州清末民初的雕刻楼"春在楼"，它的建筑、雕刻、绘画、工艺、堆塑於一体，且意喻巧妙、向往美好，既有文学性，艺术性，又有趣味性。

傍晚，我们来到金鸡湖畔，入夜的金鸡湖四周湖光浩淼，华灯闪烁，五光十色，真是美不胜收，实不愧与天庭媲美！

游览苏州，使我们感到历史名城古迹荟萃，河街相邻，水陆并行，桥梁棋布，让我充分领略到"小桥流水人家"的江南水乡城市的风貌和古老文化的魅力。

杭州美——美在西湖

次日，我们乘小车，沿高速公路，去浙江省的杭州，由二位司机师傅陪同，一路饱览了江南鱼米之香的浙北平原，到处都是绿色的田野和小池塘。还有一片片绿油油的小树林，树不高但叶子很大、很嫩，我们不认识，司机小黄告诉我们是桑树，因浙江是我国重要的桑蚕产地，家家户户都养蚕，浙江不但是鱼米之香，还是我国重要的丝绸之府。最吸引我们的是沿途农村一座座像别墅一样的小楼，有两层的，有三层的，有东方形的、有西方式的，最漂亮的是一座座欧式的小洋楼，教堂式尖顶的……太漂亮了，不由得使我们感到我国南北方农村的差异太大了。

杭州是我向往已久的地方，终于如愿以偿。上午我们到了杭州，便迫不及待地先去风景优美、如诗如画的西湖。我们走到湖边，碧绿透明的湖水，在艳阳的照耀下，湖面好似撒下了崭新的金币，浮光跃金，五彩缤纷，令人目眩。沿湖边走去，看见碧绿的湖水里倒映着远处的小亭子、天空中的白云、湖边的杨柳……真像一幅美丽的水彩画。

西湖三面环山，一面临城，湖光山色，得天独厚的美景，就散落在山山水水、茂林修竹之间，名不虚传，真是杭州美，美在西湖。因时间关系，景区不能一一造访，便恋恋不舍的离开了娇美艳丽的西湖。

午餐我们享用了杭州有名的酒家的"叫花鸡"，用荷叶和泥巴包裹后放在土火炉里烤制而成的,当餐饮员打开"叫花鸡",清香朴鼻、肉鲜味美,让我们大饱口福。

下午又游览了"黄龙洞"公园的翠竹林、圆缘园等景区,穿竹林、坐花椅荡秋千,我们在那里开心地享受着江南的风光美景!

上海——东方明珠

上海——这是一个多么耀眼、多么令人向往的地方啊!

上海历经改革开放新时期,各方面均发生了重大变化。

我们站在外滩看黄浦江,各式各样的游船驶入江面,黄浦江波光粼粼,岸边柳树成荫。再看对岸的浦东新区,"东方明珠"广播电视塔、金茂大厦等无数耸入蓝天的高楼大厦,奇形异彩,风格独特,雄伟壮观,令人目不暇接。短短十几年时光,浦东以其非凡的速度,创造出如此惊人之成就,展现一个巨人的雄姿,举世罕见。

晚上我们来到浦东新区,我们登上了上海政治、金融、文化活动中心的金茂大厦,它以88层,高420.5米,总建筑面积29万平方米,名列世界第三高楼,这是中国人的骄傲,我们感到无比自豪!

随后我们又参观了"东方明珠"广播电视塔,它以其高468米,成为亚洲第一,世界第三之高塔,它以大小不等错落有致的11个球体形成独特的建筑风格,与周边现代化崭新建筑和隔江万国博览建筑群交相辉映,具有与世界大都市并驾齐驱的气势。入夜的东方明珠,华灯竞放,色彩缤纷。在塔顶的瞭望厅俯瞰黄浦江两岸,灯火辉煌,流光溢彩,高楼上的灯光如同星月,远近闪烁的霓虹灯,异彩纷呈,争奇斗艳,千姿百态,变化无穷,五颜六色的彩船行驶在江面上……令人心旷神怡,游客无不拍手叫绝:"上海实在太美了,黄浦江真是太迷人了!"我们深为上海之美感到自豪!

次日,我们游览了江苏的刘家港,"郑和纪念馆",参观了当年郑和多次下西洋的刘家港。还参观了上海石油港口,输油管道像一条巨龙奔向深海。海面上行驶着多艘国际城的万吨巨轮,很壮观。

遥望长江入海口的崇明岛,白茫茫一片汪洋,浩瀚无边的湛蓝的海洋,一望无际的大海！那一艘艘的万吨巨轮在你的面前都变小了，你是多么的博大，多么的有力量，多么的宽广……

五、2002年岁末港澳游

中国人民永远不会忘记20世纪中两个不平凡的日子，1997年7月1日和1999年12月20日，香港、澳门在这两个日子里相继回到祖国的怀抱。

香港1842年鸦片战争后被英国占领。根据1984年中英联合声明，香港于1997年7月1日回归祖国，香港经历了一百五十六年的漫漫长路，终于重新跨进祖国温暖的家门，向全世界宣告："香港进入历史的新纪元，中国对香港行使主权，中华人民共和国香港特别行政区正式成立，这是中华民族的胜利，也是世界和平与正义事业的胜利。"经历百年沧桑的香港回归祖国，标志着香港同胞从此成为祖国这块土地上的真正主人，香港的发展从此进入一个崭新的时代。香港回归后，中国政府坚定不移地执行"一国两制"，港人制港，高度自制的方针，保持着香港原有的社会经济制度和生活方式，居民依法享有各项权利和自由。继续保持自由港的地位，继续发挥国际金融、贸易、航运中心的作用，确保国际大都会的活动，使香港的经济得到持续发展和提高，居民的生活不受到任何影响。

我和雅成一直想去香港、澳门看看，于是，12月15日随中国航空旅行社前往香港。

璀璨而令人难忘的维多利亚港湾

青马大桥

走出机场乘坐旅游大巴，蔡导给我们介绍说，要去参观全球最长的吊桥"青马大桥"，兼有铁路和公路行车的跨海吊桥，全长2200米，高206米，钢缆千丝万缕，由1000条共长6万公里的钢丝组成，可绕地球一圈，其工程之浩大，堪称前无古人，打破了多项世界纪录。大巴跑了10几分钟才越过绵长雄伟的青马大桥，大桥四周景致优美，视野无垠……

海洋公园

　　这个公园建在半山腰和山顶上，是东南亚最大的游乐公园，上山时我们乘225公尺的户外扶手电梯，犹如爬陡坡高山，电梯慢慢爬行到山腰的游乐场，后又转乘全自动的缆车，速度很慢，很平稳，老人、小孩都可放心乘坐，车身五颜六色，漂亮极了，就像4条巨龙围绕着山腰翩翩起舞。到了山顶我们又乘直升电梯登上了30米高的旋转观景台，瞭望了香港维多利亚港湾及海洋公园的全景。维多利亚港湾它以特有的姿态，迷人的景色，吸引着四方的游客。我们沉醉于青山、海洋、巨轮、游船、娱乐之中……我深深体会到成千上万的游人之所以不辞辛苦来香港的原因了，因为它是观光者的乐园。

　　公园里设有海洋馆，有适合年轻人惊险刺激的越矿飞车，有项目丰富的儿童乐园……人们可以各取所需！

紫荆广场

　　晚餐后，我们参观了"紫荆广场"的香港回归纪念碑和香港会展中心。圣诞节前夕夜晚的紫荆广场上，矗立着一棵高耸入云的"圣诞树"，树上缤纷亮丽的灯饰变幻出璀璨夺目的图案，虹光流转，与维多利亚港湾的节日灯海互相辉映，成为圣诞节的闪耀标志。白天隔海相望，会展中心好像几艘即将远航的帆船，待命出发，充满着生机，给人一种前进的力量！

　　太平山　随后大巴又带我们盘旋而上海拔554米的太平山山顶，居高临下，俯览了举世闻名的维多利亚港湾夜景，北眺九龙半岛，南望无际的中国南海，各式各样奇特的建筑和彩灯把这座城市打扮得灿烂辉煌……

购物者的天堂

　　16日全天，导游带大家主要是购物，因香港的化妆品、名牌服装来自世界各地，可免税，价格适中，好多大陆的年轻人去香港主要是为了购物。这里的商品琳琅满目，我们夫妇买了三块手表作为纪念。晚上我们漫步到九龙旺角的"女人街"，那里的摊当主要售卖大众化的女式服装及饰品，价钱较便宜一些。

享受香港海、陆、地下交通游

中环

在香港最后的一天，是我们自主游的一天。那天我们带了一份香港旅游地图册和《带你游港澳》这本书，从酒店出发，乘坐双层大巴开往九龙岛的尖沙嘴码头。在尖沙嘴的天星码头，我们乘坐一百多岁的天星小渡轮，这是香港最古老的交通工具之一，可以说是陪着香港一同成长的。我们坐在天星小渡轮上，遨游维多利亚港湾，海风吹送着我们，很快到达香港的中环码头，我们走下渡轮。游览了香港的金融中心"中环"，这里银行、商店、酒店林立。我们来到"皇后广场"，手持天平遮掩双眼的女神像站立在前身为最高法院的大楼前，富有维多利亚女王时代晚期殖民地典型建筑的特色。

兰桂坊

随后我们漫步到著名的"兰桂坊"，这里云集世界各国的餐厅、酒吧和迪斯科，弥漫着欧陆风情，提供国际美食，风味各不相同，最大的共同点就是店铺小，桌椅不多，小巧玲珑却具特色。这里的圣诞节气氛更浓，各种姿势的圣诞老人，让你捧腹大笑……

铜锣湾　地铁是香港的主要交通工具，我们来到中环的地铁站，客流量很大，自动售票，我们不会操作很尴尬，还是热心的香港人又帮助我们买了地铁票，我们迅速上车，车厢非常拥挤，但很快就到了铜锣湾，我们随着人流出站后，看着指示路标，来到"时代广场"，是香港最受欢迎的购物中心，在这里是购物、餐饮、娱乐为一体的中心，高档的商品、世界名牌服装，应有尽有，价格高昂，只能大饱眼福，不敢解囊。

古董电车

我们在铜锣湾享用了晚餐后，乘坐香港最古老的交通工具有轨电车，称"古董电车游"。快节奏的香港，竟然还保留着有轨电车，东西纵贯港岛，车身分上下两层，车速很慢，车厢内没有空调，木坐椅，车身摇摇摆摆，叮叮当当，逢站必停。在电车上看香港很有进入感，景观丰富，庶民区的北角、商业区的铜锣湾、金融区的中环、高楼大厦、街区巷陌，芸芸众生，尽在车厢两侧，车厢是我们观光最好的观景台。不知不觉电车到达了中环，我俩又坐天星小渡轮返回了九龙岛。

自由港——澳门

12月18日我们于"港澳码头"乘坐去澳门的高速客轮，船速很快，一个小时就到达了澳门。由当地的文小姐带我们游览澳门，她向我们介绍说，澳门16世纪被葡萄牙占领，根据1987年中葡联合声明，于1999年12月20日对澳门恢复行使主权。澳门位于南海之滨，珠江口南侧，与东侧的香港隔海相望，毗邻珠海市，总面积25平方公里，45万人的岛屿，岛上岗陵起伏，气候宜人，富有热带南国海岛的风韵，素有南海之宾"海上花园"之称。自然风景优美，文化古迹众多。水陆交通便利，工业、旅游业、建筑地产业被称为三大经济支柱，是亚洲及太平洋地区重要的贸易和交通中心之一。

大三巴——圣保罗教堂

上午我们参观了"大三巴牌坊"，又称圣保罗教堂遗壁，是澳门的标志。始建于1602年，于1637年全部竣工，修建历时30多年，是东方最大的一座教堂。但在1835年毁于一场大火，仅剩下教堂的花岗岩前壁和石阶。从遗壁看教堂的建筑，采用文艺复兴时期典型的巴洛克风格，正面门上刻有"天主圣母"拉丁文字样。曾是一座富丽堂皇宏伟壮观的主教府。

公立澳门医院的后墙外

在乘车途中，路过一所公立的"澳门医院"，导游说，公民在这家医院看病是免费的，不收任何费用的，但这所医院建成数十年里，没有多少人去看病，文导让我们猜为什么？全车人异口同声地说："医疗水平太低！"文导说："不对！"她告诉大家你们猜不着，而是让大家看医院的后墙外，我们一看是一片坟墓，大家大吃一惊，互相议论，觉得不可思议。文导说，在这里的中国人说："病人前脚进医院，后脚进坟墓。"因此中国人就找私人大夫看病，宁可多花钱，也不愿去这个"死亡医院"。文导讲，还有更奇怪的事，葡萄牙的年轻人晚上却在这片坟墓里谈情说爱，顺手捡起坟墓前扫墓人送的鲜花，转身送给她的情人，不用花钱的鲜花每天都有，他们就在这样的环境里恋爱、潇洒、浪漫……真是无奇不有。

金莲花广场

我们来到金莲花广场，它是澳门特区的标志。金光闪闪的"金莲花"盛开在广场上，莲花是澳门的市花，它标志着久别母亲的澳门回到祖国的怀抱，表达了澳门同胞内心的喜悦！

澳门的街道清静而整洁，商店中午才开门，下午5—6点就关门下班。人们注重夜生活，有许多娱乐场所，可提供娱乐活动，人们的生活是多姿多彩的，澳门给我们的印象是"小巴多，大巴少，马路窄，人很少"。

葡京赌场

我们在"总统饭店"用完晚餐后，住进了"中国大酒店"。傍晚导游带我们参观了东方最大的"葡京"赌场，文导介绍说，澳门号称"东方的蒙地卡罗"，东方的"拉斯维加斯"赌城。澳门的博彩娱乐贯穿全球。1962年澳门政府正式公布"承办澳门娱乐专营合约"，才承认赌博的合法地位，从此赌博业便成为澳门税收、教育经费的主要来源，依据"合约"的规定，赌博业的专营公司承办了澳门大半数的公用事业建设，慈善事业，改善交通运输，以及提供就业机会，可以说赌博业为澳门的经济和旅游业的发展作出了特殊的"贡献"。澳门有10多个娱乐场，"葡京"是最大的一个，外形建筑像一个鸟笼子，大门像老虎嘴，很有特色。它的规模不像美国的拉斯维加斯那么大，但麻雀虽小，五脏俱全。

虽然赌城那里灯红酒绿，挥金如土，而当地的百姓，熟视无赌，安分守己，安居乐业。听说许多人正因为深受嗜赌而倾家荡产的前车之鉴，感悟"不赌却赢"的朴素道理，因而主动远离赌场，过好自己的日子。这样的心安，是比归隐田园更可贵的"随遇而安"，是超脱现实的"心安理得"。

一枚别致的钻石胸针

一天的澳门之旅，使我们感到澳门这块土地虽小仿佛像祖国母亲胸前的一枚别致的钻石胸针，虽经风雨，却依然璀璨夺目。回归后的澳门更显示了一派繁荣景象，我们相信在"一国两制"的方针指引下，澳门的明天更美好！

于当天下午我们乘车到达了广州白云机场。18点登机，于21点30分顺利到达北京首都机场。

我和雅成幸福的度过了2002对称年，满怀激情迎接2003癸未年，三羊开泰，去迎接更美好的明天！

六、欧洲七国之旅

2005年6月25日是我们夫妇第4次走出国门，前往欧洲阿尔卑斯山之旅——意大利、奥地利、德国、瑞士、法国、梵蒂冈、列支敦士登等七国旅游，心情格外激动。我们依然随中旅总社旅游团出境的，领队兼翻译的是一位台湾籍的吴德超先生，他业务熟练，精力充沛，是一位优秀的领队和导游，我们在一起的十二天之旅非常愉快。

欧洲所见所闻

我们夫妇这次欧洲之旅，踏访了七个国家。给我们留下了太多太多的记忆：

欧洲的历史文化、宏伟的教堂、古典建筑、自然风光、湛蓝湛蓝的天空、清澈见底的河流湖泊、碧绿如洗的草坪、整齐葱绿的林荫、迎风绽放的鲜花、懒散肥胖的牛羊……都历历在目。把异国他乡的所见所闻、所感所思、所得写下来。我无法一一讲述，想重点回忆几个难以忘怀的国家、城市、著名的建筑、历史文化等，只能撷取印象较深比较感兴趣的花瓣或枝叶与大家一起分享、交流和探讨。

古罗马斗兽场——血淋淋的建筑

古罗马斗兽场，从外形看很像一个椭圆形的体育场。这座举世闻名的建筑实际上是一片断垣残壁。它像一位满面皱纹的老人，诉说着过去的沧桑。它那斑驳破旧的墙头有17层楼高，在强烈的阳光下摇摇晃晃，好像随时都可能轰然坍塌。

斗兽场是古罗马有名的历史遗迹，是古代作为竞技表演和行

2005年7月我在意大利的古罗马斗兽场前留影

刑等的场所。从门洞往里约50米就是用于竞技的露天剧场，原先地面用木头制成，上面铺满沙子，专门用来吸收和掩藏角斗士或猛兽的鲜血，称沙场。沙场下面是地下室，那是竞技的后台，有武器库、有野兽的樊笼和陈尸的太平间，四周还有凹进墙中的壁槽，是安装升降机将角斗士和野兽运上沙场的地方。这个炫耀的工程，历经罗马帝国三个皇帝、10个春秋才得以建成。

罗马人在建造斗兽场的过程中发明并使用了水泥、黏土砖、起重机、升降机、多通道进出口等新技术。然而罗马人在创造奇迹的同时，他们的野心、野蛮和残暴也膨胀到了极致。这座巨大的剧场一天也没有上演过人间喜剧，一次也没有散发过艺术的芬芳。剧场是为了野蛮的娱乐——角斗而建造的，它目睹了奴隶制最黑暗、最血腥的一幕。2000多年前在场内表演的竞技不是文明竞技，

而是死亡竞技，是残烈杀戮现场，叫它血淋淋的建筑一点也不为过。在斗兽场建成的300多年内，穷奢极欲的罗马贵族们在这里欣赏着兽与兽、人与兽之间的残酷搏杀。

在斗兽场参与决斗的人，大部分是被看作动物的奴隶和战俘，被称为角斗士，他们的生死完全由贵族们掌握。沙场上吼声雷动，震地惊天，兽追人，人斗兽直到传来撕心裂胆的惨叫声，贵族们的拇指朝下大喊"杀死他"，逼迫胜利者当众处死失败者。古罗马就以这样残忍的方式来满足贵族们嗜血的欲望。

多行不义必自毙。这种灭绝人性的游戏终于激起了奴隶们的反抗，爆发了震惊世界的斯巴达克起义，辉煌一时的古罗马帝国则迅速走向覆亡。

值得深思和警惕的是古代斗兽场的血雨腥风虽然远去了，可人类的野蛮和残杀几乎并没有停止。16—19世纪喜欢用戈矛角斗的欧洲人改用坚船利炮到南亚、中国，为了奇珍异宝，黄金白银，强盗般进行奴隶买卖，鸦片贸易，烧杀抢掠……第一次和第二次世界大战死亡几千万人。现在世界上还有战争不时地发生，似乎常听到有无辜的人被杀、被伤害，人类血腥的一面何时才能消亡？

但我们看欧洲决不停留在欧洲表面的繁华。就像眼前的斗兽场，不论它的外表如何，它血腥的历史永远不会抹去的。

罗马古城——露天博物馆

在斗兽场的北边走过第二座小凯旋门，看到罗马古城，它建于公元前753年，它最令世界瞩目的是其建筑文化遗产被誉为世界上最大的"露天博物馆"。这里曾是古罗马帝国的活动中心，现在却剩下市集废墟，残缺的建筑，颓垣败瓦，一片荒凉，一根根断头缺尾的石柱，一片片高低不平的土坑，蛛网苔藓，莺飞草长。只是透过废墟，依然可以揣度当时宏大的规模。

我们不能不佩服罗马人强烈的文物保护意识，保护而不维修，是罗马人保护古建筑一项基本原则。对文物古迹，他们不翻建、不整修、不栽花、不种草。那些废墟和遗迹，或掩映在绿树丛中，或兀立在草坪之上，或横亘在街边路旁，遍布罗马大街小巷，甚至连残垣断壁上的苔藓他们都不准清除掉，而是煞费苦心地让历史的沧桑感通过这些苔藓斑斑驳驳地呈现出来，尽量保持历史原貌，让历史在那里定格。

这就是罗马人创造废墟文化:"残柱缝中读强盛,废墟堆里探文明"。

比萨斜塔——倾斜的魅力

6月27日我们前往意大利西南方向世界著名的比萨古城,这是一个海滨城市,建筑规模和人口相当于我国的一个县城。因为它悠久的历史,灿烂的文化,奇特的建筑,比萨古城声名远播,比萨城的名气受惠于比萨斜塔。

1174年比萨人在十字军东征中发了横财。为了炫耀战争功绩,他们决定修建一座大教堂和钟塔,在建造时并没有想建成斜塔,而是在建造中没有夯实地基,钟塔建到三层时就发现向南倾斜,被迫停建达一世纪之久,却无倒塌之虞,便又继续修建,并把南面的柱子略微加高一点,于1350年竣工,经历了176年。

远远看去斜塔就像一个硕大的鸟笼,走近它,站在斜塔脚下让人肃然起敬,我们无不为艺术大师的灵感和巧夺天工的技艺所震撼。因倾斜却不坍塌而闻名于世的这座古塔工程,为8层圆柱形建筑,塔高54.5米,用白色大理石砌成的,重达1.52万吨。塔内有294阶螺旋台阶,由下而上每层环绕着31根罗马柱,顶层有大钟亭,塔底层的墙壁上雕刻的浮雕甚为美观。

但由于石塔过重,地质松软沉陷不均匀,塔身仍以1.25厘米的速度向南倾斜,到1990年塔顶已偏斜中轴线4.8米,南北高度相差70厘米的倾斜度。比萨斜塔愈来愈斜,名气越来越大,最后竟成为世界建筑史上的绝笔!真是歪打正着,错误闪烁出美丽的光环,失误反而造就世界性的奇迹。现在为斜塔而来的参观者络绎不绝。为比萨带来大把大把的钞票。而如果它是一座正塔,就绝不会有今天这样的风光。正是世上无奇不有,身正不如影斜。

意大利当局为了拯救斜塔,向全世界广泛征求方案。而斜塔修复过程颇具戏剧性。以后的几十年里专家们讨论来研究去,注水泥、打钢筋、压沉块、上钢圈,拉钢绳……但最后奏效的却是最简单的纠偏办法:从斜塔北侧地基下抽出部分沙土,使向南倾斜的斜塔慢慢自然北移——最浅显的原理解决了最复杂的问题。经过11年的整修,使斜塔依然矗立在比萨。于2001年重新开放后显得更加迷人,斜塔为意大利而荣耀,为全世界游人展示风采。

佛罗伦萨——文艺复兴的摇篮

26日下午，我们怀着崇敬的心情瞻仰这座历史文化名城佛罗伦萨，我们徒步入城，这里没有现代化的建筑，别说新建一栋楼房，就连一砖一石都不许撬动。有趣的是所有的建筑物上都有千姿百态的雕塑，这些雕塑标志院墙主人的族徽，一个家族拥有自己的族徽，在全世界只有佛罗伦萨一家。这里有巧夺天工的雕刻艺术，有形态迥异的雕塑人物群像和喷泉，有辉煌夺目的千年圣殿，名胜古迹星罗棋布。

圣母百花大教堂

我们首先参观了世界第三大教堂——圣母百花大教堂，这是花费了100年时间修建的圆顶大教堂。它是排在梵帝冈圣彼得教堂、伦敦圣保罗教堂之后的第三圆顶大教堂。高106公尺，异常宏伟壮观。主教堂的外墙是用粉红、白、绿大理石拼贴的五彩几何形图案，千百年来，依然艳丽无比。教堂内部陈设比较简朴，只是在空旷、庄严和肃穆的气氛中，有些人在那里默默地祈祷。

教堂右边的乔托钟楼，高达82公尺，非常的亮丽，把罗马古典风格融合到一起，成为14世纪初一件巨型首饰般的建筑杰作。钟楼左边是一座八角形的洗礼堂，它比例完美协调，装饰豪华典雅，特别是雕刻有《圣经》故事的黄铜门极其精美，各种不同的人物浮雕形象逼真，姿态动人。

米开朗琪罗广场

佛罗伦萨的另一个艺术精华是"米开朗琪罗广场"，整个广场就仿佛一座露天博物馆。著名的青铜或大理石雕像异彩缤纷，各具特色，而最吸引人的则是仿米开朗琪罗的石雕《大卫》，有许多人排成长龙等待与他合影。大卫是《旧约》中的少年英雄，曾杀死侵略犹太人的巨人哥利亚，后来成为犹太国王。大卫面目英俊，肌肉发达，体格匀称，他充满自信地站在那里，左手拿石块，右手下垂，头微微转向左侧，炯炯有神的双眼凝视着远方，仿佛随时准备投入一场新的战斗。这尊雕像体现了外在和内在全部理想化的男性美，被认为是西方美术史上最值得夸耀的男性人体雕像。

佛罗伦萨，古风飒飒，文气沛然，供人们重温历史，让人们评古论今。佛罗伦萨，意大利的骄傲，欧洲的骄傲，世界的骄傲！

水都威尼斯——海上明珠

6月28日我们前去被称为亚得利亚海上明珠的"水都威尼斯"。奔驰大巴很快驶上一条跨海大桥，4公里的自由桥，可并行火车与汽车，是威尼斯与大陆相连的唯一通道。大桥的尽头是西湖小岛，穿岛而过有一渡口，我们在渡口登上游船前往威尼斯本岛。

威尼斯地处一个长50公里，宽10公里的新月形泻湖中央。是一座具有1500多年的历史古城，有教堂、宫殿、博物馆、艺术宫、剧院等名胜古迹。威尼斯的大部分建筑是坐落在水中的木桩上，因此威尼斯也是世界上唯一地下栽满树而地面没有一棵树的城市。

叹息桥

我们走过一座小桥，导游说：此桥叫"叹息桥"，桥外面人看不见里面，里面人却能看见外面，因桥的左侧是总督府的大法院，右侧是关押死囚的"井"监狱水牢，被判了死刑的囚犯走这座桥都会叹息！中央就是断头台，囚犯就在此处决，因此叫叹息桥。

圣马可广场

远远看到两根精美的大理石圆柱，那就是古代威尼斯的国门。跨入国门是一个小广场，里面就是市中心的圣马可广场，这座古老的广场由教堂、钟楼、宫殿、商店、咖啡馆等建筑物组成，它们造型雄伟壮观，金碧辉煌，优美和谐，石雕生动逼真，可以说是古罗马建筑中少有的杰作。

贡多拉　尖尖翘翘的小船，称"贡多拉"。威尼斯是世界上唯一没有汽车和人力车的城市，虽然每年接待150万游客，却无车马之喧和市声之吵，除了步行，主要交通工具是被称为"贡多拉"的小船，类似水上的出租车。如果说水是威尼斯的血液，那么贡多拉就是威尼斯的灵魂。乘贡多拉游小巷是威尼斯一大特色。贡多拉是一种船头船尾高高翘起的黑色平底小船。有人说它像柳叶，有人说它像月牙，还有人说它像天使张开的翅膀。这种尖尖、翘翘的小船已有一千多年的历史了，纤细的船身和扁平的船底，很易于穿行在狭窄的水巷中。威尼斯人以水为邻，以河为街，开门见水，出门乘船，贡多拉是必不可少的交通工具，千百年来一直是威尼斯人的生活伴侣。婚丧嫁娶、探亲访友、运送货物、游览赏景、欢度节日、上教堂洗礼都要依仗它。

我们从圣马可广场向西穿过一条小巷，跨过一座石桥，就看到一个能容纳十几个人的小码头，我们很快就成了贡多拉的贵宾。每只船除了一个船夫外可乘坐6名游客。我们同团6人上船后就坐，船夫站在船尾，身穿制服，身子一躬手中的长竹篙轻轻一撑，贡多拉便向前窜去，水巷只有5—10米宽，因而两边的高楼就显得很有气势，两排楼之间露出狭窄的"一线天"。这里的建筑大部分已有500年以上的历史，虽然所有的楼房都爬满了岁月的皱纹，楼角、楼根长满了青苔，油漆剥落的临水木门已腐蚀，但绝大数看上去依然十分坚固。数百年来从水里钻出来的一栋栋豪宅，任由潮汐浸蚀着，失去往日亮丽的光彩后，再一遍遍地不厌其烦地装修，古老的楼房也就一遍遍"穿"上美丽的新装。而摇曳在家家户户窗口阳台上的鲜花更给人带来勃勃生机和无限遐思。贡多拉在水巷中迤逦前行，说水巷，其实就是海上，只是小船穿行在古老的欧风建筑之中，古典桥梁之下，人们频频按下相机的快门，一个镜头在新奇的目光中退去，一会儿一个桥影在头上掠过，一会儿又是一个辉煌的古建筑向船头迎来，特别是水巷中的一座尖塔更引人注目。每隔10米就有一座石桥、铁桥或木桥。小桥连接着两侧墙上的门或窄窄的小街。家家门前都有系船的木桩，门前的石阶磨蚀的溜圆光滑，一直伸到海水的下方。

有的船夫喊着号子，有的亮起嗓门唱起了船歌，此起彼落，悦耳动听。不时遇到对面返回的贡多拉，人们尽管肤色不同，语言不通，交叉而过时却像老朋友似的相互"哈喽"！有的看漂亮的女郎就频频送飞吻，一路上笑声不断。

奥地利

6月28日下午我们前去奥地利。穿过几段很长的隧道来到了奥地利的"冰储湖"欧洲公园。吴导说此湖是由雪山的冰雪融化储水而得名的。淡蓝色的湖水荡漾着雪山的倒影，湖边有一栈桥伸向湖中，我们站在栈桥上遥望被终年积雪的峰顶、绿山以及山下小巧的木屋、古建筑和鲜花所环抱的冰储湖，真是太美了！

音乐之都维也纳

6月29日上午我们前去音乐之都奥地利的首都维也纳。在地图上看奥地利的形状像一把小提琴，头朝西搁在欧洲的胸膛上。这把小提琴约8万平方公里，有800万人趴在那里拨弄琴弦。

奥地利森林覆盖率超过6%，蓝色多瑙河、雄伟的阿尔卑斯山、美丽的维也纳、优雅的圆舞曲……奥地利因其丰富的人文历史遗迹和优美的自然风光使这个国家充满了神秘色彩。18世纪随着社会进步，艺术日渐繁荣，维也纳成为名副其实的音乐之城。许多音乐大师如莫扎特、贝多芬、舒伯特、施特劳斯父子都曾在此度过多年的音乐生涯，素以"音乐之都"闻名遐迩。

我们游览了市区旧城，观赏了16、17世纪的古典建筑，各具特色。参观了维也纳世界上最豪华的歌剧院闻名遐迩的金色大厅。

我们继续听导游介绍游览了新城，经过蓝色多瑙河，它是一条国际河流，发源于德国西部的黑林山，由西向东流经9个国家最后注入黑海。像一条蓝色的飘带，蜿蜒在欧洲大地，只是到了奥地利滋养出一个山清水秀风景优雅的维也纳，城因河生，河傍城名，她们相帮相衬，相得益彰，竟是多瑙河出落得更加靓丽，维也纳滋润得更加标致。

美丽的萨尔斯堡

第二天我们前去莫扎特的古乡萨尔斯堡，公路两边几乎看不见庄稼地，满

2005年我在奥地利于音乐家莫扎特的故乡萨尔斯堡留影

眼是赏心悦目的草场，黑绿、翠绿、浅绿、边角清晰，一片片连绵不断，有的草场已收割，收割的牧草被卷成桶状，外面用白塑料膜包裹得严严实实，有规律地散放在田野，整洁得像艺术品，竟成为一道引人注目的风景线。翠绿的山坡上开满了红的、黄的、白的、紫的繁星般的小花，悠闲的奶牛、整齐的葡萄园、小巧的木屋以及桅杆一样高耸的教堂尖顶珍珠般漂泊在姹紫嫣红的花海上。不一会儿一座渐近渐大的城堡，依着一条萨尔斯察河静静地耸立在山丘上的萨尔斯堡古城堡，高低错落，景色很迷人。富有的盐矿造就了这座城市，这座城市又造就了一代音乐家。我们游览了城堡下的雷七登孜广场、格兹特街、粮食胡同。参观了莫扎特的出生地9号黄楼和故居。萨尔斯察河流经城堡下贯穿市内，沿岸建有哥德式、文艺复兴式、巴洛克式的建筑，鳞次栉比。

据说电影《音乐之声》、《仙乐飘飘处处闻》的外景拍摄地就在萨尔斯堡，优美的自然风光，使这里成为既美丽又充满音乐诗意的地方，每年都要在这里举行音乐会，来自世界各地的音乐家超过一万人之多。

很特别的国度

6月30日下午我们前去德国的巴伐利亚洲的首府慕尼黑。听吴导介绍：德国是一个很特别的国度，民族很特别、历史很特别、名人很特别、人的习惯很特别、产品很特别、环境很特别……

德国的历史很特别　1914年以萨拉热窝事件为由，德国与奥、匈帝国一起挑起了第一次世界大战。1939年希特勒以闪电式侵略波兰，策动了第二次世界大战，曾攻占欧洲多国。1945年德国战败投降，正式分裂为西德和东德两个主权国家。德国是两次世界大战的策源地，给欧洲和世界人民带来深重的灾难，也是德国的经济彻底崩溃。

　　但德国战后却奇迹般的崛起，成为仅次于美国、日本的第3号经济强国。现在德国不像亚洲那块茅坑里的石头又臭又硬、突顽不化，而是敢于直面历史，坦诚谢罪，赢得了过去受害国政府和人民的谅解。1990年前西德总理，科尔提出西德统一的条件之一是马克以1：1兑换(当时东西德马克是10:1)时，东德群众高呼"科尔""立即统一"的口号，推倒柏林墙，并入了西德，正式统一。

　　德国的名人很特别　贝多芬出生在德国，却到奥地利，成为世界级的"乐圣"并定居和终老维也纳。

　　希特勒出生在奥地利，却成为德国元首，成为二战元凶，最后在柏林自焚。现在奥地利人还讽刺德国人：好人都来奥地利，坏人全跑到德国去了。

　　德国出生的马克思成为全世界无产者的领袖，他的理想在东方大地变成了美丽的现实。而他的国家却策动了两次世界大战，仅在"二战期间，他的同宗犹太人就被希特勒屠杀了600多万。他的国家也一分为二，45年后才再次统一，而统一的方式更出乎他老人家的预料。他甚至不被自己的祖国所容，先后流浪法国巴黎，比利时布鲁塞尔，逝世后安葬在伦敦的海格特公墓。

　　爱因斯坦也是德国人，而他关于时空和引力的基本理论——相对论，却是在瑞士勾勒的框架。他的发现被称为近代物理学领域最伟大的革命，被授于诺贝尔奖，但却因反对希特勒发动战争被驱除出境，最后在美国普林斯顿逝世。他在1949年写了一篇《为什么要社会主义》的论文，提出了"计划经济并不是社会主义"的看法，政治和经济上的远见卓识也超出了人们的想象……

　　笛卡尔、莱辛、黑格尔、等德国的哲学家璨如星辰，形成了保罗万象的哲学体系，以至于有人说所有西方的哲学都是用德语写成的，德国人在思维上的严谨和尊严足以让他们傲视全球。

　　德国人的习惯很特别　德国人干什么都循规蹈矩，一板一眼，有机器人之称。遵章守纪，表现在战争年代绝对服从命令，和平年代下级绝对服从上级，雇员绝对服从老板。这种铁板一样的纪律、机器人一样的士兵和雇员，既体现了极强的团队精神，民族特质，又有极高的工作绩效。欧洲人对此有一种既敬佩又畏惧的心理，随着柏林墙的倒塌，随着一个更强盛的德国的出现，欧洲人这种心理有增无减。因为德国发动两次世界大战的阴影还不能完全从人们的心头抹去。

德国人非常讲究秩序，讲究法律面前人人平等。他们信奉的是：既然有规定就必须遵守，否则规定就失去了意义。

德国人勤勉务实，不尚浮夸。他们具有强烈的实事求是意识，朴实无华，悉心敬业。不管是普通职员还是大企业家、高级官员，责任心极强，兢兢业业，一丝不苟，一旦失职失务，就须另谋高就。德国有句俗话："公务是公务，烧酒归烧酒。"私下烟酒不分的朋友，办起公事来却较真较劲，不徇一点儿私情。

德国人待人坦诚，执理彬彬。如果你向他问路，他会热情地为你指点迷律，如他不知道他会替你求别人，或不辞劳苦地陪你走一段，送佛送上天。他们在公共场所穿戴整洁得体，礼让老弱妇孺，讲究社会公德。他们不喜欢传播谣言蜚短流长，注意维护国家声誉，尽管在大选时，各政党间相互攻讦，但绝不对外发表对国家的不满之词。

德国的产品很特别 德国的许多产品都要经过破坏性的测试，易损坏部分暴露出来后就可得以加固和改进。因此德国几乎所有产品有坚固结实、经久耐用的特点。

即使是一座建筑、一套设备、一件家具，譬如门锁、开关、衣架、玻璃灯罩等，都要考虑百年大计，注重实用，宁肯失之笨重，决不虚有其表。

世界十大名车德国就占了一半：宝马、保时捷、奔驰、奥迪、大众。与美国、日本的汽车比较，德国车以钢劲沉稳著称，不论在车身安全性和机械系统的精良程度上技高一筹，在耐用性上更堪称天下第一。早先宝马汽车的广告就很有创意：一个结满蜘蛛网的修车门面，一个白胡子老头，一把生锈的板手。

德国人的质量观念是主张人们大胆使用而不是小心保护，产品保好，而不保修，保修的产品质量不过关，高质量的产品不必保修。

德国的环境很特别 德国的风景名胜和人文景观与欧洲其他国家相比，并无奇特之处，无非是勃兰登堡门、柏林墙遗址、科隆大教堂、古城纽伦堡贝多芬纪念馆、慕尼黑、博登湖等等，但德国的总体环境却是一流的。自然生态环境居欧洲之冠。2006年全球评出的10大宜居城市中德国就有杜塞尔多夫、法兰克福、慕尼黑3个城市位列其中。

德国的社会环境也领先于欧洲国家，高收入，高福利。德国全日制公司职员年收入超过3.5万欧元，相当于35万人民币。社会保障制度非常完善，从小学到大学全部免费。看病花1欧元登记就行了。德国的社会救济是为每一位需要救济者能"维持体面的生活"而设立的。一个3口人之家的失业公民一个月可领到900欧元的现金生活费，他家600多欧元的房租和医疗保险也由政府支出，换季、过节另发衣物，如果生活仍有困难还可申请额外资助。德国的社会保障方面的支出占国内生产总值的33%，其中大部分用于各类社会保险。

慕尼黑

德国确实有很多特别的地方。因时间关系我们只游览了慕尼黑这座城市，它以天然冷杉为主的黑森林叶色绿的发黑，远远看去不是绿色而是深墨色，甚至是黑森森的黑森林，因此而得名的。

慕尼黑环境优美，以古典建筑和田园风光驰名。战后的慕尼黑基本保持了古代风貌，市区耸立着许多哥德式、文艺复兴式、巴洛克式教堂、博物馆、宫殿、剧院，古色古香。我们走在慕尼黑的街头，蓝天飘白云，绿树映河塘，草地绽鲜花，雕塑飞喷泉，有一种回归自然的悠闲与惬意。

慕尼黑是德国举足轻重的经济重镇，远望宝马车（BMW）总部以巨大的气缸为造型的4个主楼高高的耸立在城市的高空，即象征德国现代化的标志，又不失为一幅出色的广告，很壮观、气派。西门子、安联保险、LMU飞机制造公司等许多国际著名的500强企业以及众多科研的总部都设在这里，是德国高新技术产业的基地，在信息、电子和生物技术等领域均处于世界领先地位。

马利安广场　我们游览了慕尼黑的新城马利安广场，观看了市政办公大楼，一座哥德式的建筑，宏伟大气，钟楼上转动的音乐木偶，每天定时表演节目，很有特色。还参观了古城的钟楼，钟表用悬挂在钟楼门洞的风铃来带动的，这种想象力让游人叹为观止。

奥运会场馆　7月1日上午我们参观了1972年在德国的慕尼黑举办的第20届夏季奥运会的场馆，曾创造了世界建筑史上的奇迹：体育场顶部7.5亿平方米的"渔网式帐篷"，成为世界上最大最昂贵的屋顶。然而不幸的是慕尼黑奥运村上演了奥运史上最黑暗的一幕，8名全幅武装的"黑九月"恐怖分子枪杀了11名以色列运动员和教练，造成了震惊世界的"慕尼黑惨案"。尽管心头萦绕着慕尼黑的重重阴影，但置身慕尼黑却不得不承认这是一座非常漂亮的城市。

列支敦士登

　　欧洲有六个袖珍国，我们这次之行踏访了两个：梵蒂冈和列支敦士登都是世界上最小也是最富裕的国家。7月1日中午我们前往袖珍国——邮票王国列支敦士登。吴导说：18世纪列支敦士登与瑞士发生国界纠分，两国国王协议各挑选1名大力士，每人身负179公斤石头，从争议处往西走，走了2900米后两个大力士都走不动了，放下石头的地方就是两国的分界线。列支敦士登于1868年独立，一直保持国际中立地位。全国国土面积只有160平方公里，约3.5万多人口。用不了一小时就能开车沿它的国境线跑一圈。但这个迷你小国确有许多离奇的特点。

　　列支敦士登是君主立宪国家，世袭的大公为国家元首。政府议会选举，由国王任命的5名成员组成，分别是首相、两名副首相和两名兼管部门事务的成员。它与瑞士关系密切，它没有军队，没有警察，其国防一直由没有常备职业军队的端士来承担，全国仅有100名警察和100条狗负责维持社会治安，但治安状况非常好。它的海关、邮电及外交事务也均由瑞士代管。

　　我们漫步在瓦杜兹街头，感受小国的文化气息。它不像城市却更像一个宁静的小镇，到处流露着清新整洁，恬静幽雅，气候和环境让人感到十分舒适。瓦杜兹没有机场，没有火车站，只有南北一条大街，几条小巷。大街上商场、酒店、餐馆、邮局、银行倒是样样俱全。各种雕塑堪称一绝，有铜雕、木雕、石雕，造型抽象奇特，具有很高的艺术观赏性。街道和小巷两侧绿树成荫，花团锦簇，精致小巧的小楼散落其间。街道上行人稀少，一些老人悠闲的坐在小巷路旁的木椅上，沐浴着温煦的阳光。山坡上碧绿的草场中有成群的牛羊，一派浓郁的田园风光。

　　阿尔卑斯山紧贴在瓦杜兹的东面，半山腰耸立着一座古老的城堡，它过去到现在都是皇室王宫，城堡由数座塔楼组成，高低错落，突兀在树木苍翠的悬崖峭壁之上，蓝天下白云缭绕，给人一种神秘的感觉。它是列支敦士登的象征，更是瓦杜兹的灵魂。由于不对外开放,游客只能对这座神秘的古堡望而却步。

政务楼——"联合大楼"

列支敦士登的政务大楼就坐落在城堡下的大街上,它是一幢灰褐色四层小楼,这就是全国最高的建筑了。这幢楼上是国务院,楼下是法院,地下室是监狱。传说以前发生过这样一件事:有一天傍晚副首相因加班而被不知情的工作人员锁在办公室里,他在里面又拍门又喊叫,过了好一会,有个睡眼惺忪的人拿着钥匙给他开了门,这个开门的人是地下室蹲监狱的犯人。这件事似乎挺好笑,犯人既然能掌控全楼的钥匙,又可自由进出。副首相问他你为何不跑呢?犯人说,全国人都认识我,我能跑到哪儿去?副首相说,你可跑到外国去呀,没想到犯人却瞪了他一眼,亏你还是副首相,世上还有比列支敦士登更好的国家吗?

"一少两小三无"的国家

列支敦士登没有自己国家的货币,法定货币是瑞士法郎。没有自己国家的语言,官方语是德语。但就是这个人口少、国土小、政府小,且没有自己国家的军队、语言、货币的"一少两小三无"的国家却富得流油。2004年它的人均国民生产总值高达9万美元,如果以此计算,列支敦士登当是世界上最富裕的国家。

怎样变成非常富有的国家

历史上这里曾受奥地利统治,17世纪初,奥地利一个姓列支敦士登的王子从当时一个破落的伯爵手中买下了瓦杜兹及附近的领地。这位王子后来在这里建立公国,并以家族的姓氏列支敦士登命名。1868年当时的约翰二世亲王,为了避免卷入奥地利和普鲁士的战争冲突,宣布废除军队,要求和平中立。从此以后列支敦士登成为一个和平绿洲,幸免了两次世界大战的祸患,至今保持了100多年的和平与安宁。

"二战"以前它还是一个以农牧业和手工业为主的贫穷小国，那么它是怎样变成一个非常富有的国家呢？

一是靠发行邮票。列支敦士登的邮票始发于1912年。"二战"以后鉴于全国经济萧条，大公拿出其珍贵的名画印刷邮票，大量发行，意想不到的是这些邮票深受世界各国邮票爱好者的喜爱，国家因此获得大量的外汇收入，经济也获得了好转。以后每年发行的邮票占国民生产总值的10%以上。列支敦士登的邮票印刷技术先进，种类繁多，题材广泛，设计新颖，装帧精美，收藏价值位列世界第一，列支敦士登因此被誉为邮票王国。

二是靠发达的工业。全国有3000多家企业，平均每11人就有一个居世界之首。这些企业虽大多数都是袖珍型的，但却在许多领域居世界先进行列。当年登月的阿波罗宇宙飞船，部分精密机件就来自列支敦士登。这个国家的假牙非常有名，假牙出口占全世界的三分之一，每年假牙出口创汇额高达700亿美元，欧洲人嘴里90%的假牙都来自列支敦士登。高耸入云的我国上海东方明珠电视塔，北京奥运会场馆都使用了这个小国的龙头企业——海尔惕提供的加固技术和钢结构材料。

三是旅游业。列支敦士登利用其自然条件发展旅游业，到这里旅游观光的外国游客每年达15万以上，相当于这个国家人口的4倍多。

不过有关报道说，列支敦士登最大的收入是注册公司。这里可以接受任何国家，任何人来办公司，而且严格为办公司者保密。公司只需交纳千分之一的资金税，其他税一概全免。这里注册公司极其便捷，甚至连公司办公地址都不要，申请一个邮政信箱即可。我们看到在邮票大厅边上就有一长排信箱。这给全世界洗黑钱者带来可乘之机。据报到这种现象已引起各国重视，甚至惊动了联合国反腐机构。

我们在瓦杜兹游览了一个小时，在大街上拍照、摄像之后，走进了一家邮政局，买了一张精美的明信片寄回了北京作为纪念，列支敦士登！我们曾经到过你这里！再见！

瑞士联邦

7月1日下午奔驰大巴穿过一条长长的隧道，眼前突现一片赏心悦目的湖光山色，瑞士就在面前。

这次欧洲7国之行，其他6国都是申根签证，唯有瑞士是要单独签证的。吴导介绍说：瑞士虽然不是欧盟国家，但只要是欧盟国家过来的旅游团，一般很少认真查验。吴导和司机对海关人员说，他拉了一车中国旅游团入境，要买好多劳力士！海关人员一笑就放行了。

奔驰大巴驶入瑞士，景色突异。这里地处阿尔卑斯山腹地，山顶皑皑白雪在阳光下闪烁着迷离的色彩，谷底松柏森森，湖波粼粼，半山坡可见一片片精致的别墅。隧道很多很长，刚刚冲出一个又立即钻进一个，隧道一般是单向双车道，灯火辉煌，给人豪华舒适的感觉。当一条条隧道的灯光消失在车后眼前豁然一亮，又是一片绿水青山……车行其间，春夏秋冬四季交替，视角景观频频变换，带给人全新的感受："山顶带雪帽，山下鲜花开"。

去瑞士之前听人讲瑞士是世界上最祥和最安全最富裕的国家，被世人冠以"钟表王国"、"巧克力王国"、"食品王国"、"旅游大国"、"金融大国""制药大国"……并拥有着"世界第一"和"独一无二"。

去瑞士看看是世界上每一个人的梦，如果你没有这个梦，那就是你还没有睡到香甜时。这次我们夫妇来到瑞士身临其境，所见所闻，圆了这个美梦。

吴导告诉我们，瑞士历史上只存在一些各个独立的地区和族群，先后由罗马人、日耳曼人和法国人统治，直到1848年才成为独立的联邦制国家。因此瑞士是由多个民族组成而唯独没有瑞士民族的国家，而且没有瑞士语言。但瑞士人多是语言高手，国内通用英语、德语、法语、意大利语，许多人能讲3种以上的语言。

永久和平

瑞士被称为永久和平的国度。1815年维也纳会议确认瑞士为永久中立国。瑞士国内实行全民兵役制，平时没有正规军，但几乎每一个公民都是民兵，因而战时有组织50万后备军的机制和能力。瑞士的军事战略思想称为"刺猬战略",它无意犯人,但一遇敌人来攻,它就像刺猬一样蜷缩成一团,浑身是刺,使来敌无从下手。永久中立的外交政策加上全民皆兵的刺猬战略,成为瑞士躲避战火最有力的武器。瑞士4万多平方公里的土地上到处是高山、河流、湖泊,特别是有230条隧道。据说为了抵御外敌,每条隧道两侧都埋有烈性炸药,一旦外敌入侵,可同时引爆所有炸药,让侵略者有来无回。

文明自由的国度

瑞士人享有最充分的文明自由。瑞士没有军队,没有监狱,没有文盲,没有失业。瑞士人一年有197天假期,每天工作四五个小时。

瑞士人以忠诚、勇敢、富裕、文明、自由、友善闻名于世。美国人对哪个国家都想指手画脚,唯独对瑞士人敬仰有加。据说,瑞士人去美国只要出示瑞士卢塞恩的卡贝尔桥和铁力士雪山的照片,美国签证就容易得多。美国人认为到瑞士那样的人间天堂,都没有非法移民的人,是可以信赖的人。

钟表王国　名表的古乡

瑞士是最著名的钟表王国。从1587年日内瓦生产第一只手表迄今的400多年中,瑞士钟表一直是世界钟表业的领头羊。瑞士手表以做工精细,走时准确,经久耐用,美观大方著称于世。其机芯、材质、技术、款式、品牌五大要素引领世界潮流。我们走进一家最大的钟表专营店,我们沿着一个个背景明亮、整齐洁净的柜台走了一圈,一款款昂贵的名表躺在上万瑞士法郎、10多万瑞士法郎的标签后面,在白色或红色的丝绸衬托下闪烁着迷离诱人的金色光芒。这里"十大名表"只有一半有货,因为他们大都需要提前定做,有的甚至要等几年时间。普通表如雷达、天棱、浪琴、价格都在1000瑞郎以上(瑞郎对人民币1∶6.9)。

瑞士银行是世界财富保险箱

瑞士的银行业占国民经济第二位。吴导说:国外资金存入瑞士银行的年利率是-0.61%，就是说不仅没有利息，还要付保管费。但瑞士银行却集中了全球富豪个人资产的75%。是什么魔力使然？首先，瑞士是中立国，能保证储户财产不受战争威胁。其次，瑞士银行不需要提供储户真实身份，便于隐匿财产。第三，多年的银行管理经验形成了一整套优质完善的服务体系。第四，是全球首屈一指的安全保密系统，这也是最主要的原因。瑞士早在1934年就制定了著名的《银行保密法》，该法对保密要求及其严格，对有钱人而言，瑞士银行保险到了牙齿。欧洲一些国家曾要求瑞士提供他们本国人员的银行信息，被瑞士拒绝了，而拒绝的代价是不允许瑞士在他们国家投资。可以说瑞士银行今天的辉煌是以信誉保证和自己曾经的损失为代价的。当然这种保险也是好多犯罪集团，包括军火贩子、贪官及大毒枭将这里视为巨额资产的避风港。而一旦一些贪官被抓，或大毒枭被击毙，他们的钱便成为无主资产。根据瑞士法律，这些无主资产在100年后将自动转入联邦国库。这些钱是一个天文数字。据估计，仅"二战"中被纳粹迫害致死的犹太人在瑞士银行开户数就达5万多，存有价值为60亿美元的资金，而至今只有600万美元经瑞士政府交还给犹太组织或赠予一些国际人道主义组织。为此瑞士银行也受到方方面面许多非议。记得有很多人谈论过，听说瑞士银行有一存折，价值百万英磅，由于其存折主人已淹没于人世，此百万英磅冻结在瑞士银行的档案之中，而今曾有有心人在中国大陆寻找这位存折主人所遗下的后裔云云。这故事还传得神乎其神，以至于引来了多少好奇和羡慕的眼光。

湖光山色话瑞士

瑞士以湖光山色的大自然美景和苏黎世国际金融中心的存款著名。走进瑞士就仿佛走进一张风景明信片里。瑞士作为一个山地之国，被紧紧地包裹在阿尔卑斯山的群山之中，山色苍茫，山形奇峻，城市依山之势建在数山之间，众山之间；瑞士到处有湖泊，星罗棋布地点缀在山峦峡谷之间，多姿多彩，湖水如明镜，清澈透底，微波荡漾，城市依湖之状建在湖岸的四周；瑞士到处是绿地，绿茵如烟霭，随着地貌、地形的起伏而蜿蜒展开，绿油油的山坡上点缀着精致的村庄、别墅，衬托得错落有致。于是山、湖、绿地构成了这个山地之国

2005年7月我和雅成于瑞士的卢塞恩"雄狮纪念碑公园"留影

的三大自然特色,多山多水多森林,雪光闪耀的山峰和蔚蓝的湖水相互辉映,湖光山色,壮丽迷人。从那个角度看都是一幅美丽的田园风光画,被誉为世界大公园。

卢塞恩

我们来到瑞士中部一座美丽的城市——卢塞恩,位于伯尔尼和苏黎世之间,有"瑞士的心脏"之称。据说一千年前,它只是一个小渔村。后来为了给过往的船只导航而修建了一座灯塔,因拉丁文"灯"的发音是卢塞恩而得名。

雄狮纪念碑

我们首先来到卢塞恩东北角一座公园,这座公园以一尊受伤的狮子雕塑闻名。公园依山崖而建,小巧玲珑,游人很多。隔着一湾碧绿的湖水,在对面的半山崖有一个人工凿进去的岩龛,里面用整块山石雕刻成一只巨大的雄狮。这头雄狮身长10米,高3米,背部被长矛刺中痛苦地倒在地上,它的左爪紧紧地抓着一块盾牌,盾牌边上还有两只折断的长矛。这头受伤的狮子似乎一直向游客讲述着一段悲壮的往事。1792年8月10日,法国大革命中的国王路易十六和王后偷偷溜走,而由800多名瑞士雇佣兵组成的卫队却全部战亡沙场。为了让后人记住这一历史,19世纪初,阵亡将士的亲友策划,请丹麦雕塑家雕刻了这尊受伤的雄狮。雕塑的下面用拉丁文写着:"献给忠诚、勇敢的瑞士年轻人"。这尊雄狮纪念碑,象征着瑞士人。

瑞士联邦历史上贫穷落后,长期向欧洲各国输出雇佣兵。瑞士雇佣兵以英勇、善战、誓死守职著名。因而瑞士虽然没有裹入战争的旋涡,但冲杀在战争第一线的却是成批的雇佣兵。金钱掩盖不了雇佣兵制度的残酷,以法国大革命事件为契机,瑞士停止了向外输出雇佣兵。梵帝冈教皇卫队到现在虽然还全部由瑞士人组成，但这已不是原来意义上的雇拥兵，而是一种崇高荣誉和身份的象征。

卡贝尔桥

我们乘车来到卢塞恩市中心，立刻被眼前的景色迷住了，蔚蓝的天空飘着朵朵白云，阿尔卑斯山的雪峰清晰可见；清澈透底的卢塞恩湖微波荡漾，几只白天鹅在水面上悠闲地游来游去；卢塞恩的湖水静静地流入罗伊斯河，河两岸中世纪的古建筑和现代的新建筑鳞次栉比，交相辉映，浑然一体，具有一种纯朴自然、恬淡安祥、闲适幽静的美。罗伊斯河上有7座桥连接着两岸，其中最著名的是欧洲最古老的廊桥——卡贝尔桥，也称"花桥"。

我们走上木板钉成的桥面，嗵嗵的脚步声仿佛走进了历史的回廊。卡贝尔桥全长245米，像一把斜斜的曲尺斜跨罗伊斯河两岸，廊桥的尖顶由红色瓦片覆盖而成，廊顶下绘有110幅关于卢塞恩历史和宗教故事的彩画。盆栽的鲜花沿着木桥依次排开，色彩艳丽，芳香四溢，因此，此桥又称花桥。桥边水中建有一座石头砌成的八角尖顶水塔，红顶白墙，十分美观。这座水塔过去曾先后做过灯塔、瞭望塔、监狱和金库。廊桥和水塔是卢塞恩标志性建筑。直立的水塔和横卧的廊桥映在清澈的水面相互映衬，形成一幅绝妙的图画。欧洲人说卢塞恩是上帝宠儿居住的地方，卢塞恩的水仿佛透着钟灵之气。来到这里的人不仅荡涤了满身的风尘和世俗的杂念，而且有一种超然脱俗的清雅之感。卢塞恩，真舍不得和你说再见！

铁力士雪山

7月2日上午我们前去英格堡小镇，大巴带我们盘山而上，不时地看见单轨小火车在青山翠绿的山间慢慢爬行，就像一条大蟒蛇在山间蠕动爬行。吴导说单轨小火车爬山轻便，速度较快，是往返运送去英格堡铁力士雪山游客的。

我们到了海拔1000米的英格堡小镇，到了这里就仿佛进入了童话世界，雪山、森林、草地、湖泊、牛羊、教堂、小木屋、小火车站……

从海拔1000米的英格堡到3020米的铁力士雪山顶，要乘缆车上山，我们先乘6人的缆车缓缓上升，英格堡慢慢退去。金黄色的草甸与黑绿色的松林既有明显的分界又天衣无缝地衔接在一起。一群群的黄牛漫步在山坡的草丛中，颈项下的牛铃发出"当啷""当啷"清脆悦耳的铃声，这里的牛铃很大很重，是阿尔卑斯山一道独特的风景。据说这铃声一能驱赶饿狼，二能催肥催奶。时而又看见单轨小火车像一条巨龙在山间舞动着。不一会缆车就到达了第一站——特吕布湖，这是一个海拔1800米的高山湖泊，雪山就倒映在清澈的湖水中。在此转乘可容纳40多人的圆形旋转的并带乐曲的吊车，在欢快的音乐声中旋转攀升，做360度全景俯瞰仰视和远眺由绿渐黄的草坡，就能观赏到山腰的奇景——一边有积雪，一边还生长着黄色、白色、紫色的小碎花，这些小花的生命力太强了！不怕风雪，不怕严寒，坚强地生长着。

万年原始冰洞

冰洞在雪山峰顶，它本身就充满离奇色彩，洞里更像迷宫一样，令人眼花缭乱。我们从右侧的甬道进去，甬道下面铺着防滑地板，两边五颜六色的灯光投射在冰洞的四壁，整个冰洞仿佛变成了七彩世界。我们亲手摸了摸万年的欧洲冰层。不时看见精致的冰雕出现在甬道两侧。冰洞里冷得出奇，我们穿的衣服单薄，因此走得很快。快出洞口时，后面突然响起一阵轰隆隆巨雷般的声音，仿佛冰山崩塌，还有闪电划过，周围的灯光也快速抖动起来，忽明忽暗……这种模拟冰川探险情景的设置非常逼真，许多人真以为后面的冰洞崩塌了，赶忙跑了出去。

铁力士雪山顶

从冰洞翻上一段台阶，白茫茫的雪山就呈现在我们面前，踏着厚厚的积雪，站在高处四下观望，顿觉心旷神怡。几乎没有风，远处的云雾在雪山的背后悄悄升起，忽然就觉得有劲风扑面，眼前有云雾飘过，雪粒飞溅在我们的脸上，鼻子和手冻得通红，但我们夫妇还是笑逐颜开。人们有滑雪的，有堆雪人打雪仗的，有拍照的……我们在雪山顶上拍照时那种张扬、那种随意，真像孩童般开心！我们从参加工作到退休还是第一次登上海拔3020米的雪山顶，竟是在欧洲瑞士的铁力士雪山顶，无比激动。这次对我们夫妇的身体又是一次考验，我俩很棒，和年轻人一样的轻松、兴奋、快乐！

日内瓦

7月2日下午我们前往著名的国际之都日内瓦。穿过一条9公里的隧道，我们看到了世界会议之都日内瓦，它位于日内瓦湖畔，背山面水，风景如画。这里是联合国欧洲总部的所在地，每年许多会议、展览和庆祝活动在这里举行。还有200多个国际性组织和人道主义机构设在日内瓦，如"红十字会"和"红新月国际委员会"等。因此日内瓦已被世人誉为"和平之都"，"国际之都"。

浪漫的法国

七月的法国，阳光灿烂，树木葱茏。一座座漂亮的农庄，一片片绿色的农田，一排排整齐的葡萄园，散落在一望无际的大平原上。阡陌交通，黄绿相间，牛羊遍野，一派秀丽迷人的田园风光。车外的美景画轴般一页页卷去。从地图上看法国像一个六角形，面积55万平方公里，人口约6000万。

法国近代历史上有两个骄傲，也有两块伤疤。

两个骄傲，一个是太阳王路易十四，一个是拿破仑，他们执政时都曾把法国战车引向辉煌，俨然欧洲的主宰。

两块伤疤，一块是巴黎公社前后，梯也尔政府对外割让大片领土并赔付巨额战争赔款，对内残酷镇压革命，现在屹立在巴黎塞纳河畔的巴黎公社墙，就纪录着梯也尔政府血淋淋的暴行。另一块伤疤是二战初期，贝当政府不战而降拱手把巴黎送给德国法西斯，使法国人蒙受了难以洗刷的耻辱。

现在法国是世界上最发达的国家之一。法国国内生产总值和国际贸易居世界前列。钢铁、汽车、建筑为工业三大支柱产业。

法国被称为世界文学艺术的殿堂。有人说法国每一寸土地都饱含艺术细胞，空气中弥漫着艺术的芬芳。从17世纪开始，古典主义、浪漫主义和批判现实主义文学相继盛行，巴尔扎克、雨果、左拉等文学巨匠享誉全球，他们的许多作品被誉为世界文学的瑰宝。其中《高老头》、《悲残世界》、《巴黎圣母院》等均被译成数十种文字，在全世界广为流传。

法国不但拥有罗丹那样的雕塑艺术大师，也出现了莫奈和马蒂斯等印象派、野兽派代表人物。我国的张玉良、赵无极等都是在法兰西艺术至上的氛围中熏陶为世界绘画大师的。

法国是世界上最浪漫的国度。谈起法国的浪漫，人们立刻就会想到一串浪漫的名词：时装、香水、大餐、葡萄酒、玫瑰花、靓丽女郎、梧桐树下的私语、香榭丽舍大街的拥吻……

法国时装引领世界潮流。法国时装，巴黎样式，就是时髦的代名词。几个世纪以来，以短外套、长斗篷到骑士装、燕尾服，从无边帽、卷檐帽到小礼服、大礼服、蓬蓬裙，再到现代各种新潮时装，无不标新立异，独领风骚。

法国的饮食文化也追求浪漫。法国大餐浪漫而典雅。他们把饮食视为艺术，除了重视色香味，精心烹制外，还特别注意餐厅环境优雅。譬如塞纳河畔、临水楼台广场的一角、公园旁边、餐厅内则挂有名人油画，灯光柔和，音乐悠扬，充满轻松的气氛和愉快情调。我们相信到法国兜一圈，再古板的人，也会生出几颗浪漫细胞。

七彩巴黎

巴黎不仅是法国最大的城市，还是世界会议之都，世界时尚之都。它以妖媚的自然风光，丰富的名胜古迹，浓厚的文化氛围，以及现代化的服务设施，迎来众多的国际会议。

芬芳而迷幻的香水，让全世界美丽女人更加香艳。

纯正而前卫的化妆品，把全世界爱美的女士们诱惑的神魂颠倒。

"T"型舞台上，风情万种的时装模特儿领舞着世界的服装时尚。就是一条僻静的碎石路，一家老字号的咖啡店，一扇窄小的橱窗都半掩着时髦的风流。

巴黎人就像他们偏爱的公鸡，高昂着头颅，仿佛全世界的光明都是他们早晨打鸣叫出来的。他们骨子里有一种贵族的优越感，三伏天都保持着西服革履的绅士风度。他们继承了路易十四的骄傲，崇拜拿破仑的张狂，马赛曲的激情燃烧着全身的血液。他们把巴黎以外的法国人称外乡人。他们鄙视美国浅薄、张扬、和粗野的文化，他们看不起简单而"粗野"的英语。因此巴黎人绝不穿美国牛仔裤，也很少有人讲英语，而以"尊贵"的法语为荣。

巴黎号称花都，是谈情说爱的天堂。不论是塞纳河边还是广场，是教堂门口还是街心花园，甚至地铁里、酒吧里、电梯里、人行横道上……到处有热恋的情侣拥吻，那么投入，那么甜蜜。巴黎的象征就是一个热腾腾、湿漉漉、红艳艳的吻痕。

老太太描眉涂唇、金丝眼镜、坤包短裙、高跟猫步、颤颤巍巍走过斑马线……届时行人伫足，车辆停驶，成为巴黎另一道风景线。

而年轻姑娘平时几乎不穿名牌，款式也很少标心立异。她们所理解的时髦是回归自然，她们喜欢宽松自如的休闲装，很少穿高跟鞋。她们的头发是金色的，全是自然而然的。法国女郎十分自信自己这种天分，决不在自己脸上胡涂乱抹，她们很少戴首饰，最多是一条别致的项链，那多是某种情感的纪念。由于巴黎女子都有很好的气质，最终她们才给世界一个巴黎女郎特有的卓然又优雅的整体形象。

巴黎现有世界上最大的正剧剧场巴黎歌剧院，又有红磨坊康康舞，既有古色古香的凡尔赛宫，又矗立着工业化的埃菲尔铁塔，大肠小肠盘在肚皮外的蓬皮杜艺术中心，甚至卢浮宫博物馆入口处也耸立着现代化的玻璃金字塔。走在巴黎街头，你会发现工业文明和传统文化、古典韵味与现代潮流完美的融为一体。有道是海纳百川，有客乃大，巴黎正是一个大度包容的城市。

巴黎是欧洲重要金融贸易中心，但没有太浓的"商气"，没有遮天盖地的广告和招牌如林以及跳楼价，出血甩卖等吓人的促销歪招。

巴黎是文化古都，但绝不是"阳春白雪"，就是再土气的山里人、乡下人，也不会有下里巴人的窘迫感。

巴黎号称浪漫之都，却没有令人骨酥魂迷的"艳风"，它既现代又古典，既华丽又凝重，既多彩又协调，是一种文化的浪漫，时尚的浪漫。

香水是巴黎的招牌，在巴黎几乎每一个从身边走过的人都会带着一阵香风，而几乎所有的大街小巷都有几家卖香水的店铺，于是香水就弥漫了整个巴黎。

香水不仅是一种产品，更是一种文化。

说到巴黎的工作效率却明显有懒散、拖沓和低下的毛病。巴黎不像其他国家那样热情好客。除了警察罚款快一点，其他的节奏都要慢一拍。你不临时学几句"布鼠"（你好）"卖水"（谢谢）之类所谓"高雅"的法语，你将步履艰难。

埃菲尔铁塔

巴黎标志性的建筑埃菲尔铁塔，这个静静地站在塞纳河畔战神广场上已116年的钢铁巨人，对流火的七月毫不在意，舒筋展骨，笔直地插在蓝天里，站在塔底仰视，有一种震撼和眩晕的感觉。

那是1889年，巴黎因主办万国博览会，也为了纪念法国大革命100周年，需要一个纪念性的建筑，于是向全国征集设计方案。工程师埃菲尔给巴黎设计了一座铁塔，塔身造型奇特，线条优美，充满现代感。1889年5月15日，当埃菲尔亲手将法国国旗升上铁塔328米的高空时，它已成为当时世界上最高的建筑物。直到今天它仍是巴黎的制高点。钢铁在一夜之间颠覆了大理石，颠覆了城市，巴黎人火了，酷爱古典文化的巴黎人接受不了埃菲尔铁塔，他们认为这个铁塔破坏了巴黎的美，损害了巴黎的盛名。

2005年7月我在巴黎的艾菲尔铁塔下

然而，第一次世界大战中，法国人在这个大家伙的塔顶上装上探照灯和无线电话，对保卫巴黎起了巨大的作用。既然有用它就不是废物。借助爱国主义这样一个体面的台阶，并在现实功用的庇护下，人们渐渐觉得铁塔并不那么丑陋了。既然不丑陋那就多看几眼，谁知看得多了不仅不丑陋，而且它雄劲的身姿，它精巧的结构，它畅直的线条，竟有一种英气勃勃的美，有一种精致奇巧的美，有一种流畅纤柔的美，美得人们在巴黎任何一个角落都被它牵去了眼神，于是埃菲尔铁塔就成了巴黎的标志。埃菲尔铁塔声誉日隆，它不但走进了亨利·卢梭的浪漫主义画布中，也走进了法国60年代的经典电影里，更重要的是走进了巴黎、法国人的心里。埃菲尔铁塔早超出埃菲尔所赋予的文化和艺术的意义。

法国人为了纪念埃菲尔对巴黎的这一贡献，把他的头像印在200法郎的纸币上，还特意在塔下为埃菲尔塑造了一座半身铜像。

我们夫妇排队乘坐电梯登上铁塔的二层平台276米处，这里就可以任意俯瞰巴黎了，我们目睹了巴黎的浩瀚和伟大。在高空俯瞰巴黎，其震撼比在塔下仰视塔顶更强烈。此时我们的心情更激动，阳光下的巴黎变得静悄悄，变成一幅望不到边的沙盘。最初的视角冲击是一种色彩，一种灰色和绿色掺杂而又泾渭分明的色彩，灰的是古老的建筑，绿的是成片的城市森林。塞纳河像一条金色的飘带，蜿蜒在巴黎的臂弯，笔直的大街呈放射状向四周铺开。在望远镜的镜头中，条条大道、条条小巷把城市画出无数块大小不同的框格，金黄色的荣军院、白色的凯旋门、灰色的协和广场、尖顶高耸的巴黎圣母院、再望远处灰蒙蒙的建筑一望无际……我们在埃菲尔铁塔上留下了难忘的记忆。

巴黎需要埃菲尔铁塔，巴黎不能没有埃菲尔铁塔。如果没有它，人们怎样从各个角度去俯瞰巴黎？怎样去感受巴黎波澜壮阔和气势磅礴？怎样去理解巴黎的多姿多彩和万般风情？

埃菲尔铁塔的价值决不仅仅在于它本身的美，而在于它使巴黎更美。

塞纳河

巴黎人说没有塞纳河就没有巴黎，塞纳河不仅养育了巴黎灿烂的文明，更为巴黎增添了无穷的魅力，巴黎人亲切地称她为母亲河。阳光下的塞纳河河水静静地流淌着，游船承载着来自世界的游客，一座座艺术宫殿和教堂矗立在两岸，阳光映照着塞纳河边几十处绿色的旧书摊，巴黎圣母院前的街头画家为游人画像……

塞纳河上的游船打扮得很漂亮，我们乘坐的是一种可容纳好几百人的普通游船，安装着橘黄色的坐椅。我们用相机和摄相机不停地拍两岸的美景，建筑大都五六层高，古老而凝重。它们像电影画面一样由远及近，越来越清晰，可是当你想仔细欣赏它的芳容时，它却在你的眼前一闪而过，随即被抛在游船后面，越来越远，越来越模糊。每隔三四百米就有一座桥，在短短13公里的河面上架设了36座桥，这些桥或宏伟、或精巧、或简约、或豪华、或古朴、或时尚，建造时期不同，建筑风格各异，它们像一个个美丽的蝴蝶，连接着塞纳河的两岸，又像一道道彩虹横卧在塞纳河上如此精美绝伦。游船从一座桥下驶过，就像翻阅有关巴黎的一本装帧精美的画册，会带来一次次的惊讶、一次次的震撼。

塞纳河像一条缠绕在美人颈上的项链，把那么多七彩照人的珍珠串在一起，串出巴黎最美的景致。塞纳河像一条飘逸在美人胸前的飘带，晶莹璀璨，使得美丽迷人的巴黎更加风姿绰约。塞纳河更像一幅巴黎的清明上河图，巴黎的历史、巴黎的文化、巴黎的建筑、巴黎的艺术、巴黎的富庶、巴黎的骄傲、巴黎的浪漫、巴黎的潇洒，酣畅淋漓地挥洒在这条河的两岸。

塞纳河将巴黎一分为二，河之北称为右岸，河之南称为左岸，于是就有了左岸右岸之说。当高大的埃菲尔铁塔在左岸竖起，巴黎一下就从古典走进了现代。

右岸在左岸的对岸，是成功者挥金如土的乐园。许多人在左岸做梦，在右岸圆梦。右岸是银行、股票、公司、老板、繁华的代名词，右岸的传奇当然大都与财富有关，虽然充斥铜臭，却令许多人向往。

由于左岸与右岸有两种不同的风情，人们对两岸就有许多议论和比较。巴黎人诙谐地戏称左岸有脑，右岸有钱；左岸重情，右岸多欲；左岸是虚的，右岸是实的；左岸的原则是宽容，右岸的原则是竞争；左岸是先锋和理想化的，右岸是求实和物质化的；左岸属于艺术和雄辩，右岸属于股票和经营；左岸的咖啡里是文学和艺术，右岸的酒杯里是金钱与利益；左岸的魅力在于它的热烈和丰富，右岸的影响在于它的实际和隆重……

塞纳河见证了巴黎悠久的历史，装饰着巴黎美丽的今天，她自己也出落得更漂亮，更迷人。

巴黎香榭丽舍大道

香榭丽舍大道集高雅、浪漫、豪华、时尚于一身，被称为地球上最美丽的散步大道。始建于1616年，最初只是从卢浮宫到杜伊勒利花园的一条散步通道，称为皇后林荫大道。后改名为香榭丽舍大道。全长约2.5公里，始于协和广场止于凯旋门，宽80—120米，两道8线行车。大道分为东西两段，东段道路两侧绿树成行，鸟语花香。我们游览了西段，是全世界名牌密集之地，沿街两旁是星罗棋布的奢侈品商店和高级轿车展示中心。夜总会的咖啡厅以及银行、保险公司、航空公司、影剧院等等。这里许多展示中心并不以卖什么产品为主旨，它们展示的是一种特有的文化与品牌，身价与地位，潮流与时尚。服装店里全是国际上最流行的品牌，价格很高，我们只能参观，无法解囊。这里已成为各大国际商业巨头们眼中的必争之地。街道建筑基本是象牙白的六层高楼。那亮丽的橱窗、休闲的露天酒吧、香气喷鼻的摩登女郎、忘情拥吻的情侣、领着爱犬倚长椅小憩的老人……到处洋溢着法兰西的浪漫情趣。

香榭丽舍大道人们的普遍赞美，还因它有深厚的历史文化积淀。香榭丽舍大道两端，协和广场上的方尖碑、星形广场上的凯旋门有许多关于革命与流血、英雄与掠夺的故事。2003年庆祝北京巴黎结为友好城市在这个大道上举行。2004年巴黎举行纪念中法建交40周年和中国年之际，中国武术队在这里大显身手，一贯优雅的巴黎女人激动得阵阵大声尖叫。每年7月14日国庆都要在这条大道举行。在香榭丽舍大道漫步，是许多外国人到巴黎的首选，尤其是漂亮的女人，如果说古典的女人站在卢浮宫里，那么时髦的女郎就一定会走在香榭丽舍大道上。香榭丽舍大道的气息就像巴黎盛产的香水飘忽杳渺、幽香缕缕。

凯旋门与拿破仑

我们从香榭丽舍大街走到尽头，穿过一条地下隧道就到了耸立的雄师凯旋门脚下。它建于19世纪，1806年拿破仑为了庆祝他在1805年奥斯特利茨战役中击溃奥、俄联军，也为了迎娶那位美丽的奥地利公主，他决定在巴黎沙佑山丘上修建一座世界上最大的凯旋门，这是拿破仑一生中最春风得意的时刻。然而，当雄师凯旋门1836年落成的时候，拿破仑却早已病死在圣赫勒拿岛上了。1920年在凯旋门下方建造了一座无名烈士墓，里面埋葬着第一次世界大战中牺牲的一位无名战士，他代表着在大战中死难的150万法国官兵。现在每逢节日就有一面10米长的法国国旗从拱门顶端垂下来在无名烈士墓上空迎风飘扬。还有一名身着拿破仑时代戎装的战士,手持劈刀守卫在《赛马曲》前。墓前有一束永恒之火纪念为国捐驱的烈士。每位总统在卸职的最后一天也要来向无名烈士墓献上一束鲜花。

每年7月14日国庆时法国总统都要从凯旋门通过。在巴黎人眼中,凯旋门是爱国主义和民族荣誉的象征。这里早已是一个举足轻重的大舞台。无数人曾在这里送走了雨果,又在这里狂热地迎回了拿破仑的遗骸。拿破仑曾在他的遗嘱中说:我愿我的身体躺在塞纳河畔,躺在我如此热爱过的法国人民中间。所以法国人多次与英国人交涉,要求迎回拿破仑的遗骸,并派拿破仑的儿子安维王子漂洋过海去寻找他父亲的埋葬地。然而直到拿破仑逝世19年后,他回到巴黎的梦想才得以实现。1840年12月15日,巴黎万人空巷,市民倾城出动,潮水般涌到凯旋门两边,迎接拿破仑的亡灵,拿破仑做梦也没想到,他竟以这种方式通过了凯旋门。如今拿破仑的遗骸被安置在荣军院一座高大的闪着金光圆屋顶下那个油亮紫红色的六层棺椁中,放在地下墓室的正中央。对于拿破仑人们是褒之、贬之、誉之、毁之,但不管如何评价,拿破仑确实给人以深刻印象的少数历史人物之一。

巴黎卢浮宫

巴黎卢浮宫、大英博物馆、俄罗斯艾尔米塔什博物馆和纽约大都会博物馆号称世界四大博物馆,卢浮宫位居其首。

卢浮宫不仅珍藏着数量惊人举世闻名的艺术珍品,它本身的建筑也是世所罕有的艺术杰作,而且它还是法国近千年来风云变幻和荣辱兴衰的见证者。

卢浮宫的前身是1190年法国国王王菲利普二世出于防御建造的城堡。14世纪时国王查理五世把城堡改建成皇家宫殿。在前后600年漫长的岁月里,这里曾住过50位国王和王后,他们都对卢浮宫倾注了大量的心血,按照各自的好恶审美观进行了无数次的修缮和扩建,因而众多的建筑风格都在卢浮宫留下了明显的烙印。

法国大革命后,这里被辟为博物馆,1793年11月18日卢浮宫正式向公众开放。从此卢浮宫揭去皇家宫殿神秘的面纱，摇身一变而成为炫耀法兰西文明的窗口。

玻璃金字塔

20世纪80年代，密特朗总统又实施了大卢浮宫计划，把过去一直比较分散的建筑，整合成今天这样一座呈马蹄形金碧辉煌的宫殿建筑群。整个建筑群和广场占地45公顷，宫内有6个展馆，面积约为1383平方米，收藏有中世至19世纪来自世界各地的艺术珍品40万件。

密特郎对卢浮宫的另一贡献是邀请美籍华裔贝聿铭为博物馆设计新的入口——透明的玻璃金字塔。1989年法国大革命200周年之际，一座高21米，由666块钢架玻璃组成透明金字塔，在卢浮宫卡鲁塞勒广场拔地而起。这个新入口现在几乎与卢浮宫一样齐名。不过与埃菲尔铁塔遭遇一样，贝聿铭最初设计金字塔方案时，受到许多巴黎人的抨击，人们愤怒地斥责他把古埃及的死亡象征搬到了巴黎。贝聿铭的妙答是：石头金字塔与玻璃金字塔毫无关系，前者为死人而修，后者为活人而建。时任巴黎市长的希拉克则亲自赶到现场，为贝聿铭的玻璃金字塔揭幕。如今业内人把它誉为一个不可复制的建筑设计经典，法国人也骄傲地把它与埃菲尔铁塔相提并论。

我们首先来到卢浮宫卡鲁塞勒广场，这个广场上的石头地面上铺满了砂砾石。广场对面与卢浮宫相望的是为了纪念拿破伦战功而建造的卡鲁塞勒凯旋门。广场中央就是巨大的玻璃金字塔入口。

除了玻璃金字塔入口，卢浮宫有好几个入口，我们从东侧入口进入，沿楼梯下到地下一层长廊，这里四壁是残留的中世纪卢浮宫的城壕遗址，给人历尽沧桑之感。两边布满了各种小商品橱窗，人们熙来攘往，热闹非凡。继续往里走是玻璃金字塔下的拿破伦接待大厅四通八达。分门别类，按年代、国别、流派排列，分为希腊罗马文、古东方文物、古埃及文物、雕塑、绘画、工艺品等主馆。吴导告诉我们一个厅一个厅地走一圈，需要6个小时；一幅画一幅画地观赏，得看3个月。

"三个当家花旦"

　　吴导告诉我们只有两个小时，只能看看卢浮宫的镇宫之宝——"三个当家花旦"。三个女人一台戏，何况是被誉为最美丽的女人。她们在不同的展厅，参观卢浮宫的人大都步履匆匆，奔三个女人而来。

　　首先邂逅的是胜利女神尼开。尼开是从希腊来的女孩子。她像鹰那样展开双翅，顶着狂风暴雨，昂立船头，单薄的衣裳湿淋淋的紧裹在身上。她没有头颅，也没有双臂。1863年人们在萨摩特勒刻岛找到这尊2.75米高的大理石雕像时，她美丽的头颅和双臂已经散失。这尊像大约创作于公元前190年。当时罗保斯人取得了对安提戈国家一系列战争的胜利。只是不知道为什么让一个女孩子引航？她可能就是那次战争中牺牲的，因而才被人们追认为胜利女神。

　　约见的第二个女人是从希腊米洛岛来的维纳斯。她是罗马神话中的美神。据说在公元前130年左右，一个叫阿里山德罗斯的人，用一块大理石雕刻了一尊高2米的美神。或许是地震、或许是因为战争，她后来突然被沙土掩埋了。1820年，米洛岛的一个叫伊奥尔科斯的农民在挖地时掘出了她。据说出土时的维纳斯右臂下垂，手扶衣襟，左上臂伸过头，手握一只苹果……后来在希腊人、法国人、英国人相互抢夺中才折断了双臂。她最终站在了巴黎的卢浮宫。谁知当她站在这里时，人们才发现惟其断臂才凸显得她那丰满的胸脯，滑圆的双肩，柔嫩的腰肢，光滑的皮肤，有一种无与伦比的美。因此，人们称欧洲的美，就是古典的、残缺的美。后来有许多艺术家试图为她接续双臂，可无论什么形状、什么姿态，都不如断臂的维纳斯美。

　　最后约会的女人是这幅在白杨木板上的肖像画。她是文艺复兴时期佛罗伦萨艺术大师达芬奇的一幅油画，达芬奇的晕染法使她看上去飘逸而朦胧。据说此画的模特儿是一位银行家年轻的妻子。画家选择了微笑刚开始的一瞬来表现女性那种愉悦而不失端庄，快乐而不失优雅的心情。画面上的蒙娜丽莎端庄、温柔，特别是她的微笑神秘莫测而又那样迷人。蒙娜丽莎的双手被誉为是美术史上最美的手，这双丰润而柔嫩的手舒适地放在椅背上，是那样的逼真，那样的富有生命力。

蒙娜丽莎还有一种非常神秘的、令人不可思议的现象，那就是她的表情可以随着观看者的情绪发生变化。在一个悲伤人的眼里，这幅画的微笑似乎也变成了苦笑，蒙娜丽莎与之一起悲哀。在一个快乐人眼里，蒙娜丽莎则笑靥如花，美丽如仙，灿烂如月，温暖如春，柔情似水。

凡尔赛宫—皇家园林

法国人说："没有去过凡尔赛宫，就不算真正去过法国。"可见凡尔赛宫在法国人心目中的地位。

7月5日上午我们前去参观巴黎最后一个景点，也是欧洲之旅最后一站。凡尔赛宫是一座雍容华贵，富丽堂皇的古典主义建筑群，是举世无双的皇家宫苑。凡尔赛宫于1689年落成后，欧洲各国纷纷效仿。俄国的夏宫、普鲁士的无忧宫等都仿照了凡尔赛宫的宫殿和园林。奥地利的玛利亚女皇，不但仿造了一个美泉宫，还把女儿远嫁到凡尔赛宫。

宫殿是一座4层高，大理石洛克式建筑，面积11万平方米。我们从东边正门进入，是一道漆黑的铁栅栏门，门楣上镶嵌的皇冠标志金光闪闪。我们带上"地导"发的耳机，一路娓娓道来，听得清楚，看得明白。我们进入一号主宫，有多个华丽的宫室，处处是精美壁画，金碧辉煌，其中一个镜廊长73米，是凡尔赛宫最辉煌的部分。镜廊有17面大镜子，由483块镜片组成。雕塑和灯饰极尽奢华，非常漂亮壮观，是举行宫廷重要典礼的地方。这里也是第一次世界大战各国签订《凡尔赛和约》的历史性地点。穹顶上的巨幅油画，画出了路易十四的文治武功最初18年的征战功绩，场面宏阔，气势磅礴。

战争厅，三十三幅油画，展示了法兰西历史上的重要战争，画面精湛逼真，就好像看到了真实的战争一样。

二号宫殿，国王大寝宫，展示帝皇用过的物品，有书房、卧室、剧院、王后的寝室，华丽无伦。装饰以金色为主调，金色刺绣的卧室和水晶装饰、雕塑，极尽奢华。

宫殿外有100平方米的皇家园林，有雕塑、喷泉、花坛、草坪。整个园林，按几何图形设计，左右对称，错落有致。几何形的草坪新颖别致，用鲜花和绿篱镶边，花木修建成三角形、正方形、圆椎形等各种形状，整齐、优雅、高贵。园林中水域面积很大，有许多喷泉和一条人工大运河。

七、越过赤道　踏上南半球

澳大利亚

2006年3月24日，我和雅成如愿以偿，前去大洋洲的澳大利亚、新西兰两国12天的旅行。我们还是一如既往随中旅总社旅行团，领队是一位和蔼、善良的王女士，负责我们一路之行。

我们3月份赴大洋洲，正是澳大利亚、新西兰的金秋季节，是收获的季节，是欢庆的日子。

澳大利亚位于太平洋西南部，面积768万平方公里，人口只有2032万，比我国少200万平方公里，而人口是我国人口的65分之一。居民多为欧洲移民后裔。它是世界上人口密度最低的国家之一。早在4万多年前土著人便生息繁衍于此。1432年我国的郑和先生曾来过这里。1770年英国的一位库克船长来到这块土地上，将其命名为"新南威尔斯"，并宣布其归英国所有。1788年1月26日，1400名英国囚犯登陆澳大利亚，建立起英国殖民区，从此，开始了澳大利亚新的历史。1931年获得独立自主权。澳大利亚有200多个民族，118种语言，虽然来自不同的文化背景，来自各个国家，但享受着同一个价值观，和谐共存，体会着澳大利亚特有的一种文化，还穿插着其他国家的特色文化。中国人达到50万，仅次于英国人，土著人仅有30万。

澳大利亚最多的植物是桉树，占90%，品种有692种，是澳大利亚的国树,有极强的耐旱、抗旱能力，一年四季长青，耐寒力特强。考拉，又称鼠袋熊，长年在桉树上吃、住、睡，从不喝水，常闭着眼睛，是因桉树的分泌物所致。最早的动物是有袋动物，如袋鼠、袋狼、袋狓。

澳大利亚是世界最平坦、最干燥的大陆，东南沿海地带适宜居住和耕种，内陆干旱贫瘠，但干旱地带却蕴藏着极为丰富的矿产资源，铁矿储量占世界第二。

悉尼

　　大洋洲和煦的阳光照在悉尼街头，让蓝天碧水显得愈加和谐。街道两旁树木葱茏，花柳繁华，建筑典雅……从车窗外一晃而过。

　　澳大利亚是从悉尼开始的，悉尼的地名是英国来澳第一任内务部长的名字"悉尼"命名的。悉尼是澳大利亚第一大城市和港口，有南半球"纽约"之称。现为全国重要的经济、文化、商业和金融中心。人口约420万，是一个工业发达、风景优美的城市，洋溢着蓬勃的生命力，并且有多元文化，拥有历史悠久金黄耀眼的海滩120多个，阳光充沛，气候宜人，为世界十大宜居住城市之一。

翩翩起舞的悉尼歌剧院

　　下午，我们来到悉尼歌剧院的正门，身临其境，在视线里的歌剧院像一排错落有序的超巨型白色贝壳，簇拥着重叠着，镶嵌在悉尼港畔，形象妩媚；又像一群翩翩起舞的白鸥，准备冲向大海，去搏击无边的海浪……这座既像蚌壳、又像白鸥、更像几叶风帆的歌

2006年3月我与雅成在澳大利亚的悉尼歌剧院前留影

剧院，三面环海，又称"海中歌剧院"。是丹麦的约恩·乌特松设计，建于1959年，竣工于1973年，历时竟达14年之久。它总战地面积22.3万平方米，整个建筑长200多米，宽120米，在8个蚌壳形屋顶中最高的为67米，8扇蚌壳形屋顶面积1.8万平方米，重2.68吨。门前超现实主义的台阶，桃红色花岗岩石铺面。歌剧院内屋顶贴满瓷砖和玻璃，是一座巧夺天工的建筑。剧院内包括可容1500人的剧场，以及可容纳2700人的音乐厅，还有话剧厅、音乐室、电影厅、大型展

览厅、图书馆等。

歌剧院是澳大利亚全国表演艺术中心，也是世界独一无二的歌剧院，更是悉尼艺术文化的殿堂，是世界各地卓越艺术家创作和呈献优秀艺术的地方。其独具匠心的设计，不仅昭示着人类的智慧，更昭示着人们对和谐、优美的向往之情，以及对大自然的热爱之意。

首都堪培拉

我们来到澳大利亚的首都堪培拉，建于1913年，历时14年建成的一座城市，由美国设计师设计。现在是澳大利亚发展最快的城市，市内有国立博物馆、国立大学、高等教育学院和战争博物馆等。

我们首先参观了澳大利亚的国会大厦，国会大厦建造用了8年的时间和11亿澳元，于1988年澳大利亚建国200周年时正式启用。占地32公顷，雄距于山中，山顶便是大厦的屋顶，上面覆盖有碧绿的青草，以此保护这座山丘的形状。屋顶上矗立着一根高81米、重220吨的不锈钢旗杆，旗杆上飘扬着一面长12.8米、宽6.4米的澳大利亚国旗。构成了首都的中心。使得它成为堪培拉最高的建筑，雄伟壮丽、光彩夺目，营造出权力机构的非凡气势。大厦是堪培拉的标志性建筑，也是澳大利亚的象征。与旧联邦大厦、澳洲战争博物馆在同一条线上。

国会大厦的内部是现代和传统的有机结合，参议院用赭红色，非常耀眼。众议院用澳大利亚盛产的桉树叶的绿色，体现了澳大利亚的特色，展示了他们的精湛艺术和工艺美术。大厦内有一画廊，画有澳大利亚联邦成立以来的历届总理的画像。议员大厅外悬挂着澳洲历届总督、总理、议长、议员的肖像油画。

国会大厦除圣诞节几天外，全年有350天对外开放，供市民和游客免费参观。

澳洲维多利亚——墨尔本

在飞机上看墨尔本就像图画一样，是一座美丽的海滨城市，有"澳洲维多利亚"的美誉。在墨尔本接待我们的是位女导游，她向我们介绍了墨尔本的昨天、今天和发展。她说：墨尔本位于澳大利亚东南部的海边，1901—1927年曾是澳大利亚的首府，是大洋洲第二大城市，是维多利亚州的首府。人口有400万，是大洋洲主要的进出港口之一，也是一个金融城市，还是一个钢铁城市，是一个工业之都。许多国际和本国大公司都驻扎于此。是一个多元文化城市，有100多个不同国家和民族的人们聚集于此。这里因为气候适中，冬季干燥，春季凉爽，热而长的夏季和更长充满草木芳香的秋季，被选为世界十大最佳宜居城市之一。墨尔本有世界上最壮观的自然海港，是世界三大美丽海港之一。

印象最深的是，在这座城不论在什么样酒楼、餐馆就餐，剩饭、剩菜浪费要罚款澳币50元，（合人民币300元）。所以每次用餐时，导游都要提醒大家不要剩下饭菜，否则要罚款的。

企鹅归巢奇观

傍晚，我们乘车前去菲利浦岛，观看企鹅归巢奇观。当晚还下着毛毛雨，我们一行好多人坐在岸边等候企鹅的归来。不一会儿就有提前上岸的小企鹅，我们看到的是仙女小精灵企鹅，身高只有38厘米，体重1公斤，每次出海再带回1公斤食物装进肚子里共重2公斤。它们每日早上出海，傍晚才返回它们的巢穴。先上岸的小企鹅不先离开，在那儿一直等待着它的伴侣上岸后才一起离开岸边。一个个成双成对，扭搭扭搭地一起回家，太有意思了。听说经常还有被鲨鱼吃掉而回不来的小企鹅，它的伴侣就在岸边一直等着它回来，夜幕降临，岸边的小企鹅全走完了，这只孤单的小企鹅还不愿离去，还在等待……它们每天从巢穴到海边得走1个多小时，往返两个多小时，每天不辞辛劳地去捕寻大海里的食物，维持生存，生儿育女。

库克船长古居

下午我们前来参观1770年英国第一位来到澳大利亚的库克船长古居，位于墨尔本惠灵顿大道。库克船长来到这块土地上，将其命名为"新南威尔斯"并且宣布其归英国所有，建立了英国殖民区，从此开始了澳大利亚新的历史。库克船长古居石屋，始建于1755年英国，1934年移建运至墨尔本，由格里姆韦德爵士赠送。我们走近古居，第一眼就看到"库克船长"青年时手握望远镜站在那里，健壮而机智的面孔，神采奕奕，注视着前来参观的游人。

可爱的袋鼠和考拉

我们夫妇在布里斯班的"天堂农庄"，观看了澳洲特有的动物袋鼠和考拉，可爱的考拉趴在桉树上，一直闭着眼睛在睡觉，据说考拉每天要睡22个小时，工作20分钟，我们看到3只都在睡觉，只有一只在工作人员的陪同下和游人合影，一次收费12澳元(合人民币72元)。农庄的袋鼠很可爱，蹦跳着寻找食物，和游人友好相处，犹如一个个等待分糖果的孩子，不时地向你靠近，我们给它喂吃的，它很温顺地让我们抚摸它，太可爱了！

新西兰

新西兰是大洋洲的第二大国，是南太平洋的一个美丽岛国，有"长白云之乡"的美称。国土面积27.05万平方公里，与英国和意大利接近，人口380万，但人口只有英国或意大利的十八分之一，说得上是一个地大人稀的国家。自1947年摆脱英国殖民统治获得独立后，经济有了长足发展，社会不断进步，经济上属于发达国家。在世界舞台上非常活跃，它有巨大的潜力，并发挥着日益重要的作用。新西兰是由外来移民和土著毛利人组成的一个多民族国家，呈现出多元文化的绚丽多彩。现仍为联邦成员国。

新西兰是一个多山、多丘陵的国度，平原狭小，以农业为主，牧业最为重要。是世界上地热资源最丰富国家之一。

风帆之都奥克兰

位于新西兰北岛的奥克兰，是一个依海而建的优美城市，1840—1865年曾为新西兰首都。城市人口100多万。导游说，其实游客搞不清楚奥克兰和惠灵顿谁是新西兰的首都，也不是多大的罪过，就像有些人一不小心将美国的首都说成是纽约一样，只因为它的城市规模和知名度都远大于华盛顿。奥克兰也是一样，何况它还曾经做过25年的首都。奥克兰气候温和，雨量充足，两面环海，是新西兰最大的城市和港口。

奥克兰地形非常适合帆船运动，居民大约每11人拥有一艘帆船，为全世界人均拥有帆船密度最大的城市，所以享有"风帆之都"的美誉。在奥克兰听到人们说的最多的两个词是："大海"和"帆船"。海浪的气势给人们扬帆更多的豪情，海水的温柔又让人们充分感受游弋水上的悠然。奥克兰人对帆船的热情源于对大海的热爱。据悉全世界许多水上著名的赛事都在这里举行。

我们游览了奥克兰海港，看到停满大小货轮和帆船的海港，气势磅礴。又参观了海港大桥和帆船俱乐部，我们乘车行驶在跨海大桥上，看到无数的、各式各样的帆船，随风荡漾在海面上，气势非凡，漂亮极了……不愧为"风帆之都"。

政府花园

奥克兰是全国最重要的经济、商业和金融中心。也有"皇后之都"的美称。我们走在大街上看到极富殖民色彩的建筑物，100年前的维多利亚王朝时代的建筑，如今岁月变迁，却没有改变昔日风华，皇后大街和帕奈尔区是品味奥克兰现代光芒与悠然古意的最佳，这里的新旧交融正是奥克兰生命之树常青的奥秘。

我们来到政府花园，原是英国女皇的行宫，是19世纪的建筑物，后改为政府花园，是一座非常漂亮的建筑，就好像一幅美丽的图画，一点都不夸张，因为它真的太美了，建筑物红白耀眼，草坪翠绿如毯，简直太迷人了……使我们久久不愿离去。

土著毛利人

我们乘车3个多小时，前去参观新西兰最大的毛利人部落——罗托鲁阿，毛利人语是"火山口湖"的意思，罗托拉山是南半球最有名的泥火山和温泉区，城中的热泉和泥浆地多不胜数，到处弥漫着浓浓的蒸气和硫磺气味。我们参观了毛利村的会议厅(人民大会堂、总理办公室)。观赏了毛利人表演的很有特色的哈卡舞。并参观毛利人的手工编织、住房、储藏室、竹楼和毛利人的博物馆，传统的木雕工艺品非常精美，毛利人的历史、习俗、传说和艺术品都展示在博物馆里。

奇异鸟

随后观赏了新西兰的国鸟"奇异鸟"，它长得很特别，灰色参白的短羽毛，又细又长的尖嘴巴，短而粗的双腿和双爪，没有翅膀和鸟尾，圆圆的屁股，是新西兰特有的不会飞的一种鸟，是新西兰国家的象征。

泥火山温泉泡澡

随后我们漫步到地热喷泉山，观看了喷射高达30余米的"间歇喷泉"奇观，地面的石头很烫很烫。晚上在毛利人的温泉泡澡，水温达40度以上，享受着南半球大自然的厚爱。

南半球的太阳由东向北转

在南半球我们辨别不了南北，真是找不着北了，导游告诉我们：南半球太阳从东方升起，向北边转到西边落山，而北半球谁都知道太阳东升，是由东向南转到西边落山，这可是不去南半球我们一辈子都不可能知道的地理知识。

八、历史古城——桂林

退休后我们夫妇对旅游的热情越来越高，觉的换个地方，换个环境，换个角度，也许有新的聚焦点，换个方式，也许有新的兴奋度。其实，每个地方每个城市，总归有让人动心的东西。

于是，2007年春季，我们夫妇随海洋旅行社，前去广西的历史文化古城——桂林游览。桂林这座文化古城，有着两千多年的历史，"千峰环野立，一水抱城流""无山不洞，无洞不奇"是对桂林山水的真实写照。

象鼻山

4月10日下午我们听着导游滔滔不绝的介绍，不知不觉到了桂林第一景区象鼻山，它是桂林城的象征。位于桂林市中心，漓江和桃花江交汇处。平地拔起一座酷似大象的山峰，是大自然三亿六千万年前让人不可思议的作品。象鼻伸入漓江形成水月洞，象眼岩，有如一轮明月静浮水面，集"奇石、季水、倒影"于一体，有"水底有明月，水上明月浮，水流月不去，月去水不流"的奇观美景。江面上有小木船、竹筏和游船。遥望不远的江面上有好多大象和小象，走近一看是石雕的一群大象和小象，工艺精细逼真，就像活生生的一群大像在漓江里游泳和戏水。

日月双塔

离开象鼻山，我们又前去榕杉湖景区，观看了桂林著名的"日月双塔"，一高一矮，他们俩并肩相伴，经历了千百年的风风雨雨，盛夏酷暑，依然坚强地站立于榕杉湖中，相互搀扶着，跨越了几个世纪。他们在湖水的倒影中，显得格外壮观而古朴……日月相伴，永不分离。我和爱人在日月塔前合影，要和日月塔一样永不分离，相伴到永远。

"百里画廊"——漓江

4月11日我们在磨盘山码头乘坐安顺18号豪华游船，在船上边吃边喝边欣赏"百里画廊"漓江，两岸绚丽的景色，群峰挺拔多姿，流水碧波回环，古树葱翠繁茂，石壁色彩斑斓；奇峰倒影，深潭山泉，飞瀑参差，构成了一幅绚丽多采的画卷，真是百里漓江，百里画廊。从而形成了"山青、水秀、洞奇、石美"的人间仙境，不愧有着"桂林山水甲天下"的美誉。虽然漓江两岸雾气蒙蒙，导游讲这才是桂林山水的一种蒙眬特殊的美，让我们大饱眼福。

观看"印象刘三姐桂林山水实景演出"

那天晚上我们有幸在阳朔观看了由著名导演张艺谋导演的"印象刘三姐桂林山水实景演出"。是利用桂林的山水，再体验一遍当年的《刘三姐》电影。利用人与船，人与物体及高科技手段、彩灯相结合。听说2005年开始排练，2006

年正式对外演出，600多名演出人员大多是当地的渔民和农民，正式演员甚少。整个演出全在水上、船上表演，几乎每晚有来自中外的游客观看演出，座无虚席。

我们观看的第一幕："红湖渔船"，渔民划船表演，他们有节奏、很轻盈地穿梭在红帆的船身间，非常漂亮、壮观。第二幕：刘三姐坐着小船，由远而近，唱着山歌来到离观众最近的湖面上和阿牛哥对歌，刘三姐含情脉脉，阿牛哥神采奕奕，他们的歌声回荡在群峰间，悦耳动听。远方的山坡下，有人抬着花轿，慢慢走过，是来接刘三姐的花轿吧？成群结对的牛羊跑过山坡……第三幕：特别引人注目、造形特异的"嫦娥奔月、桂花树、广寒宫、仙女下凡"呈现在夜空和水上，更为绚丽多姿，让人目不暇接。最后一幕是：在众多的仙女下凡裸身洗浴更衣后，她们奉劝刘三姐与阿牛哥在小船上成婚，小船慢慢驶入远方……

全场由不停的彩灯变幻出璀璨夺目的图案，由灯光突出服装、人与景、人与船、人与物的表演，气势磅礴，壮丽非凡，无法用语言来表达和形容。整个演出场面呈现出了桂林的山美、水美、人更美的实景，给我们留下了难忘的一幕幕。

九、游古丝绸之路

2007年夏季，我们准备了一个月的长途之旅。选定了目标，确认了方向，那就是远方——游古丝绸之路。让我们尽情地去享受那份纯朴和神奇吧！

6月10日，我们乘坐开往兰州的列车，开始了、游古丝绸之路一个月的长途之旅。兰州是甘肃省省会，是黄河母亲怀抱里的兰州，是万里黄河上下唯一穿越而过的省会城市，自古以来就是古丝绸路上的交通重镇和名城，是昔日丝绸西去，天马东来的咽喉，是黄河最大的水陆交通枢纽。

我和爱人曾在兰州工作过6年，我们离开兰州已经27年了，在兰州的6年里，我们的工作都很忙，那几年我几乎从早忙到晚，那有时间去兰州市逛商场，更没时间游览了。

重温母亲河——黄河

这次我和爱人回兰州,看望了姐姐和几个外甥女,看望了敏权侄子及全家。周末侄子带我们和姐姐游览了变化后的兰州市的市容风貌,看到最早的兰州"中山大桥",它是1906年德国帮助修建的第一座黄河铁桥,如今铁桥已101岁高龄了,还依然健在,还在为黄河两岸的人们昼夜不歇地奉献着。还参观了兰州新建的黄河吊桥,宏伟、气派、壮观。目睹了27年后兰州的变化和发展,重温了母亲河——黄河,黄河的水还是那样的黄,那样的汹涌澎湃,奔流东去!

"黄河母亲"的塑像,母亲是那样的慈祥、淳厚,哺育着中华儿女……这次我们夫妇白天和夜晚曾两次看望了"黄河母亲",母亲慈祥的微笑给我们留下了深刻的印象和难忘的记忆。

27年后再回首,兰州的变化太大了,天变蓝了,山变绿了,城市变美了,高楼大厦林立于花园之中,滨河公园如翡翠般镶嵌在黄河南岸,使母亲河更加灿烂夺目。我们参观了南岸河边新建的"水车公园",一座座的大水车在咿咿呀呀,随着黄河水慢悠悠地转动着,远看一座座水车连在一起就像一条巨龙在黄河边不停地舞动着,非常引人注目,给母亲河增添了一道新的风景线。市内绿树成荫百花盛开,瓜果满城浓郁漂香,是名副其实的"瓜果城"。自古以来就有"赏景下杭州,品瓜上兰州"的说法。兰州盛产的白兰瓜,让我们大饱口福。

嘉峪关

坚韧古朴的万里长城

6月19日傍晚我们乘坐火车前去河西走廊中段,万里长城最西端的重镇嘉峪关。几十年后我们又看到断断续续的长城和烽火台,被遗弃在荒野里,历经风雨几千年,象征伟大民族气概的形象,还依然站立在荒野里,那样的坚韧古朴。听说从周朝天子,到明代皇帝,前前后后修建了大约二千五百年。它的下面垫着历代服役工匠的白骨,它的上面涂满了各朝戍边将士的碧血;它目睹了民族的沧桑巨变，饱经了边陲的烽火狼烟，中国封建社会全部兴衰荣辱的历史都垒进了它漫长的墙身，更不用说古往今来有过多少吟诵它的动人诗篇。让人顿觉胸襟开阔，心中有多少委屈也被化作云影了。

久别的嘉峪关

20日上午我们到达嘉峪关，我的第二故乡，一看见"嘉峪关站"四个字，那样的熟悉而不陌生，我们曾在这里生活、工作过6年，32年前我们带着出生刚满56天的女儿离开了这里，32年后又回到此地，我和爱人的心情格外激动。杨师傅的女儿小静来车站接我们，到了杨师傅家就好像回到了娘家一样的亲切，杨师傅还是那样的淳朴，一点没有变，只是岁数大了腿疼行动有些缓慢。我们相互间有好多话要说，小静为我们做了可口的午餐，我们边吃边聊。

午餐后，杨师傅的儿子立松带我们和杨师傅一起去游览久别了的嘉峪关城楼，看到城楼还是那样的雄伟健壮，两座箭楼比32年前显得更年轻了，更亮丽了。32年前我们曾带着我的母亲小脚老太太爬上过城楼，那时城楼显得有点苍老，现在经过维修上漆，显得更年轻了，那块写着"天下第一关"的横匾把这座关塞烘染的更为雄壮。长城的城体，每一处的构造，所能起的作用是城墙的厚重，城体陡峭，台阶的高度，尤其是城内外的高度对比就会明白：它的确对关外的铁骑造成极大的阻碍，而对关内是踏实的保护。我们听着导游的讲解，重温雄关的历史，边拍照边摄像，不知不觉走出了"天下第一关"的西门箭楼外。在关外骑着骆驼看雄关，更加激动、开心！

我们在城楼上极目四望，城楼周边修建了4个人工湖，湖境非常优美。城楼北面是酒钢的炼铁炉、3个电厂及几座大烟囱、东边是雄关广场高楼大厦林立，一个生气勃勃的现代化城市呈现在我们的视野里。南面是绵延起伏、山顶白雪皑皑的祁连山，西边是一望无际的戈壁沙漠。嘉峪关城楼见证了嘉峪关市日新月异的变化，如今成为一座美丽的旅游圣地。

随后立松又带我们参观了"天下第一墩"，还有古时的军营驻地营房，显得古朴而神秘……这是32年前没有看过的，这次我们重读了嘉峪关的历史。

历史古城——酒泉

24日同事小吴陪同我们俩去久别了的历史古城"酒泉"，32年前我们曾带我母亲两次去过这座古城游览、划船，留下了宝贵的镜头。这次看到酒泉公园经过整修有很大的变化，人文景观多了，衬托出它悠久的历史和文化，新建的古文、古诗大道，洋溢着中国古老文化的气息，非常引人注目，给古城增添了活力。"酒泉的酒更淳香了"，吸引着四面八方的客人，足够全国和全世界的客人"品尝、酣饮、以醉方休"！在"酒泉"旁我们又留下了宝贵的瞬间。

酒泉市区几十年的变迁，高楼多了，环境美了，绿树成荫，百花绽放，呈现出一座既古老而又现代的文化古城。

敦煌

"东方艺术宝库"敦煌，一个闪光的名字，有着悠久的历史，灿烂的文明，它是"古丝绸之路"西行的一个绿洲和重要驿站，是中西文化荟萃之地。汉设敦煌郡，唐时置沙州，清乾隆年间复称敦煌，是古丝绸路上南路和北路的重要关隘。拥有4至14世纪间的无价之宝——壁画与雕塑。

莫高窟——千佛洞

6月26日中午到达敦煌，我们第一时间前去参观莫高窟千佛洞，多年的愿望实现了。莫高窟位于敦煌市城东南25公里的鸣沙山东麓。高低错落，上下五层，绵延1.6公里。创建于前秦建元二年（公元366年），有1600多年的历史。迄今保存北凉、北魏、西魏、北周、隋，

2007年7月我与敦煌莫高窟千佛洞前留影

唐五代，宋、西、夏、元代的多种类型洞窟735个，壁画45000平方米，彩塑2400余身。1900年于藏经洞发现西晋至宋代各类文书及绘画作品5万余件。并有唐、宋朝的木建筑5座。是一个集绘画、雕塑和建筑的艺术殿堂。1987年被联合国科教文组织列入世界文化遗产名录，成为世界佛教艺术最伟大的宝库。

石窟开在鸣沙山崖壁上，石窟大小悬殊，我们随导游参观了最高的达40米高的96窟，从山脚开到山顶，外观像九层棕红色的高楼，大佛高35.5米，居世界第一，中国三大佛像之一，有1300多年的历史。最小的仅几厘米的37窟，刚能把头钻进去。最大的是16窟，为268平方米。130窟，佛高26米，头长7米，佛像的手指细而长，显得很美，有唐代东方第一美手的美誉。还有158窟卧佛，身高15米，有72弟子。100窟的反弹琵琶的美女雕塑像很有特色，此洞的千手观音和画像，性格鲜明的人物造型引人注目。17窟为藏经卷窟，出土了公元4至11世纪佛教经卷、社会文书、刺绣、卷画、法器等文物5万余件。这一震惊世界的发现为研究中国及中亚古代历史、地理、宗教、经济、政治、民族、文化、艺术、科技等提供了数量及其巨大、内容极为丰富的珍贵资料，被誉为中古时代的"百科全书"，"古代艺术的海洋"。

壁画是莫高窟最精彩的部分，里面一些神话故事人物形象逼真，色彩缤纷。人们熟悉的许多舞台艺术形象，从"飞天"到"千手观音"都是模仿莫高窟的艺术形象而创造的。在壁画中最优美的形象要数"飞天"了。画中的飞天大小不同，大的有2米多长，小的仅有5厘米，她们形态各异，艳丽的舞裙、衣裙随风舞动，与缭绕在身边的五彩祥云，将窟中装饰的绚丽夺目。飞天是我国古代艺术家们丰富的艺术想像力和精湛绘画艺术的结晶，代表中华民族崇高的审美理想。敦煌壁画在民族文化的基础上，善于吸取印度、希腊、伊朗的古代艺术之长，这是敦煌艺术匠师们的可贵创造。壁画虽然经历了千百年风沙浸蚀，但仍然色彩鲜艳，线描清晰。

鸣沙山　月牙泉

随后我们又来到位于敦煌城南5公里的鸣沙山和月牙泉。听沙丘"唱歌"，"看月牙儿湖弯弯"，沙、泉共处，妙造天成。古往今来，以"沙漠奇观"著称于世。

鸣沙山

以沙动成响而得名，峰峦如峭，山脊如刃，人马践坠，经宿复出；人乘沙流，有鼓角之声，轻如丝竹，重若雷鸣，此即"沙岭晴鸣"。这是人们对鸣沙山的形容之词。我们行走在细而软的沙漠里，那种感觉舒服极了！看沙山的半山腰有许多滑沙的游人……

月牙泉

我们踩着沙漠走到月牙泉，它处于鸣沙山环抱之中，三边被沙山所包围，其形酷似一弯新月而得名。水质甘冽，澄清如镜。流沙于泉水之间仅数十米，虽遇烈风但泉不被流沙所淹没，水不混不涸。这种沙泉共生，泉沙共存的独特地貌，确为天下奇观。我们在这里边欣赏边感叹，这是大自然给这里的恩赐，太美了！我们久久不愿离去。

神奇的吐鲁番

我们按计划进入新疆境内，第一站是吐鲁番。我们包了一辆出租车，去游览火焰山、高昌古城、葡萄沟、坎儿井4个景区。包车司机是位汉族中年女司机，中等个儿，脸色黑得发亮，可能是这里的光照太强和光照时间长的缘故吧。她像导游似的边开车边向我们介绍，她说，吐鲁番以维吾尔族为主，是汉、回、哈萨克族等30多个少数民族聚居的地区。滚烫的吐鲁番，也称"火洲"，夏季气温40度以上，最高温度可达到87度，是中国的"热极"。尤以四最："最热、最低、最早、最甜"著名。是东西文化错综交织相互融合的古丝绸之路重镇，多种文化、多种宗教、多种民族充分交汇和融合，是西域独特自然生态环境与绿洲文明的典型代表，沙漠、绿洲、草场、森林、雪山等自然景观最为突出，是西域的一个缩影。火焰山、葡萄沟、坎儿井具有神奇的色彩。这里盛产葡萄、哈密瓜，是著名的瓜果之乡。

火焰山

我们首先经过火焰山,远看就熊熊燃烧的火苗汇成的山,近看就是一座鲜红的山岩,没有任何泥土草木,千百年来不变的颜色。加之这里夏季温度很高,这天地表温度高达70度以上,车里开着空调还觉得很热,哪敢靠近火焰山?火焰山地区酷热,是由特殊的自然地理条件造成的。吐鲁番盆地是我国内陆最低的地方,又被天山和其他山脉丛丛环抱,造成了闭塞性大、太阳辐射强、增温快而散发慢的气候环境。

高昌古城

过了火焰山,不远处就到了高昌古城,是新疆最大的古城遗址,公元五世纪中叶是吐鲁番政治、经济和文化的中心,是西域最大的国际都会,宗教中心,以及亚洲最大的印刷中心之一,是古丝绸之路的交通枢纽。现今古城已经湮废了,只剩下断墙残垣、废墟,它向人们诉说着往昔的历史,告诉人们中国新疆这块土地上曾经辉煌过……

葡萄沟

从火焰山游览归来,再进入童话般境界的峡谷葡萄沟我们惊异两地景色之悬殊。司机告诉我们,葡萄沟是火焰山中神奇的河谷地,以盛产葡萄而闻名。我们的小车行驶在美丽的葡萄长廊的藤蔓下约一里路后,眼前出现一条小河穿行其间,我们沿着这条小河慢慢驶向葡萄沟内,全长8公里多。小河边举目望不尽的葡萄人家的葡萄园,葡萄架下挂满了一串串像绿玛瑙、小珍珠等各种各样的葡萄,不同颜色不同的品种,使其形成了一所天然的葡萄博物馆。火焰山烈日炎炎,寸草不生,葡萄沟内却流水潺潺,绿树成荫,风光旖旎,景色秀美,凉爽怡人,成为"火洲"的清凉世界,真神奇!

葡萄沟内还有集中展示葡萄文化的乐园,有展示阿凡提故事的乐园,有展示维吾尔族建筑特色、民俗民风、体验维吾尔族农家生活的民族村……

坎儿井　吐鲁番的母亲河

我们来到"火洲"的生命之源坎儿井博物馆，工作人员向我们介绍了坎儿井的由来：坎儿井是古代劳动人民根据当地的地理条件，水文特征和大气环流的特点，利用地面的坡度，不用任何动力，引用地下水的一种独具特色的古代地下水利工程。在我国只有新疆才有坎儿井，其中80%分布在吐鲁番，现有坎儿井1034口，暗渠总长度约5000公里，组成了一个庞大的地下水流网，接近黄河的长度，是中国最长的地下灌溉系统，有两千多年的历史，因此坎儿井与万里长城，京杭大运河并称为中国古代三大工程。坎儿井由竖井、暗渠、明渠、涝坝等4部分组成，是吐鲁番的母亲河，火洲的生命之源。人们利用坎儿井发展绿洲的农业，把吐鲁番变成了瓜果之乡。

我们观看了地图和模拟图解，再参观井下暗渠，感慨万分，古代人真了不起，他们的聪明才智造福于民，几千年来这些暗渠一直为子孙后代带来生命之源，直到现在广袤的戈壁绿洲上，有许多排列有序、向南延伸的竖井口，下面就是坎儿井的暗渠。我们在暗渠喝着清凉甘甜的坎儿井水，凉极了，从嘴里凉到心里，最后还装了两瓶一直带到库尔勒。我们亲自走完了一个暗渠，没有陡坡，一直沿着水渠向前慢慢地走出了井口，也没有看见任何的动力设备和装置，只有暗淡的灯光，太神奇了！井口的出口就是吐鲁番的地面了，周围有好多商铺小店，呈现出一片繁荣的景象，真是一个神奇的吐鲁番！

我们晚餐就在火车站附近的小饭馆里，买了一个新疆特有的风味食品"馕"，很大的一张饼，上面有好多芝麻，吃在嘴里又脆又香，点了两个小菜有滋有味，喝了一碗新疆的小米粥又香又甜。晚上我们离开了神奇的吐鲁番，前去新疆的南疆库尔勒。

南疆——库尔勒

新疆境内天山以南为南疆，南疆之美在山在水，也在人。山之雄浑壮美，水之瑰丽惊艳，其景叫人惊叹，其美令人心醉。有机会不能错过，于是，我们29日早上就到达了南疆的库尔勒，开始南疆之旅了。

铁门关

我们首先来到了有名的"铁门关",是古丝绸之路的重要关口,如嘉峪关、玉门关,守卫最严的就是铁门关,去南疆必须经过铁门关,过了铁门关就可顺利到达南疆的库车、喀什重镇。铁门关城楼威严壮观,"铁门关"三个字是王震元帅的亲笔题词,显得强劲有力。铁门关三面环山,悬崖峭壁,山顶上一道道关卡的哨所,显得格外森严。山谷深处有维吾尔族风格的"白圆包"屋顶住宅。我们沿着崎岖的峡谷参观了峡谷里的孔雀河第一坝水库和水力发电站,它造福于库尔勒人民。

莲花湖

下午我们游览了有名的"莲花湖",是博斯腾湖的湖中湖,一望无际的芦苇荡中各式各样的快艇穿梭在湖水与岛屿间,岛上设有娱乐健身俱乐部。数十里的芦苇在呼啸着,美丽多姿的莲花在舞动着,微风带来湖里一阵阵荷花的清香……四周景色秀美异常,让我们久久不愿离去。

又遇12级台风

最难忘的是在库尔勒又遇到12级台风,今年3月曾在库尔勒附近刮翻过几节火车的车厢,这次又让我们赶上了。29日晚我们要乘车前去乌鲁木齐,因大风三趟火车停运,乘客不能远离车站,随时听车站通知上车。从晚8点一直等到第二天早上6点多,停运的列车才开过来,大家买站台票上车后再补票。回想在库尔勒车站10个多小时的恐慌等待,让我今生难忘。

乌鲁木齐

国联大巴扎

10点多我们才乘车前去乌鲁木齐最繁华、最热闹的"国联大巴扎"游览和体验维吾尔族的民族风情。到了大巴扎我们感到惊呀,耀眼的西方建筑,五彩缤纷的灯光,就好像到了美国西部的拉斯韦加斯一样,吸引着来自各方的游人和朋友。正赶周末,气势非凡的歌舞晚会更令人感叹,听说每到周末都有这样的歌舞晚会,维吾尔族的朋友生来就能歌善舞,他们多么热爱音乐舞蹈啊!

二道桥

随后我们又来到著名的"二道桥",听说它曾是民族的象征,中西的纽带,古丝绸路上的黄金通道。人们歌颂着绚丽的二道桥:"民族风情、多彩的风光在二道桥,美丽的姑娘在二道桥,善良的人们在二道桥,国联大巴扎在二道桥。"多么浓郁的民族情调。

二道桥的大街上瓜果飘香,葡萄干、杏干等各种干鲜果应有尽有。风味小吃,烤全羊、手抓羊肉等等,让我们一饱眼福,并享用了夜餐。

天山下的乌鲁木齐是遥远的边疆,其实它是亚洲大陆地理中心,许多民族聚集的大都市,是古丝绸之路北道上的必经之路。如今市内呈现出一个现代化大都市的气派,从五彩缤纷的夜景感受到这座城市的魅力,加上美丽的自然风光,浓郁的民族风情,还有城市的许多角落里到处弥漫着馕的香气,让人留恋。

恬静的天池

31日上午,我们随旅行社一日游著名的天山"天池"。天池地处白雪皑皑的天山博格达峰下的高山湖泊。雄奇的天池风光古往今来,吸引了多少游人寻幽揽胜的雅兴,我们也是慕名而去。

我们乘坐大巴转乘小面包汽车，沿着曲折盘旋的山路缓缓而上，上山风光无限，公路旁的四条河水由于山势险峻，形成了瀑布奔流而下。时而两侧断崖峭壁，令人汗颜；向下望去幽林曲涧，如临深渊。一会儿突然一泓碧静的小天池映入眼帘，导游说，这是天池下的小天池，池下有池，是天池独特的景观，相传它是"西王母"洗足之地。

随着汽车继续攀高，天池终于展显在我们眼前。天池像蓝宝石一样高悬在群峰环抱之中，晶莹明澈，宛如一幅巨镜倒映着池东南的博格达峰的雄姿。远看博格达峰白雪皑皑，秃兀高耸，壮丽而威严。这时我们看到蓝天和雪山连在了一起，"天山"故名思意。天池畔碧草如茵，苍松茂密，蓝蓝的天，洁白的雪峰，恬静的湖，古老的神针树，轻爽的微风构成了天池特有的姿色，身临其境，宛如仙境，令人心旷神怡。天池，古人称"瑶池"，相传这里是"西王母"梳理和沐浴的地方。我们夫妇有幸能在这个池边洗手，曾在有生之年享受"西王母的待遇"，给我们留下了难忘的记忆。

文明古都——西安

西安是我国历史文化名城之一，具有三千多年的历史，公元前1126年起，先后有西周、秦、西汉、隋、唐等12个王朝在此建都，是我国七大古都中建都较早、为期最长的都城。西汉时期开始这里是"丝绸之路"的起点。一条漫长的丝绸之路，把它和西方的罗马连在一起，各自都是东西文明中心，声名远扬。盛唐时期西安就成为当时世界上唯一拥有百万人口的大城市。西安以悠久的历史和灿烂的文化与埃及的开罗、希腊的雅典、意大利的罗马，并称为世界四大文明古都，成为国际旅游胜地。西安有许多著名的古代建筑，文化艺术珍品和名胜古迹，例如西安碑林、大雁塔、秦始皇兵马俑、西安老城垣等。西安碑林是中国书法的宝库；大雁塔是西安城的象征；西安城墙是中世纪后期中国历史上最著名的城垣建筑之一，是全国至今修复保护最完整的城垣遗址；秦始皇兵马俑博物馆为世界八大奇迹之一。西安还有许多古迹和纪念地，像阿房宫、唐大明宫等。

秦始皇兵马俑

　　7月3日，我们来到秦始皇兵马俑一号俑坑是1974年3月挖井时发现的，它位于秦始皇陵东侧1.5公里处，在它的北侧20米处又发现了两个俑坑，分别为二号和三号俑坑。三个俑坑约有八千个陶俑、陶马和一万件兵器。我们在一号俑坑，看到一排排一队队整齐有序站立的陶俑、陶马而震撼，这些陶俑、陶马的制作工艺精湛，数量众多，兵种各异，形体高大，栩栩如生，并且排列有序，阵容严整，是秦国强大军阵的缩影，是雕塑艺术的杰作，被列入世界八大奇迹之一。

　　我们在博物馆里看到1980年12月在秦始皇陵西侧挖出的两辆铜车马，和许多兵器，件件都是精美绝伦的艺术珍品。他们不仅属于中国，而且是全人类的宝贵遗产，我们边参观边欣赏，感慨万分：古代艺术家们太了不起了，创造了世界奇迹。

老城垣

　　午后我们登上了西安古城墙，这是全国至今修复保护最完整的城垣遗址，有600年历史。明城墙呈长方形，城墙的四角建有角楼，东西南北都有城门和城楼。城墙高12米，底宽18米，顶宽15米，能并行6辆小轿车，城墙全长13.74公里，乘电瓶车在城墙上环行一圈得用70多分钟，骑自行车环绕一圈得用一个半小时。我们看到许多中外游人骑自行车环绕城墙，欣赏古城的风貌，也给这座古城增添了一道风景线。我们站在城墙上看古都西安更为壮观，心里有一种自豪感！

　　随后参观了慈恩寺，象征古都西安的大雁塔，雄伟而典雅。

再看西峰市

　　7月4日上午离开古都西安，下午2点多回到了我的故乡庆阳地区西峰市，外甥早已等候着我们。

　　周末外甥带我们参观了新市区。还参观了庆阳油田，随后又参观了西峰市的文物民俗博物馆，那里收藏了许多出土文物，民间工艺品、剪纸、刺绣等，富有浓厚的地方特色。

华夏农耕文化先驱——周祖不窋

7月6日上午我们离开西峰市，前去革命老区外甥现任县委书记的华池县，中途路过庆城县，由庆城县副县长陪同我们游览了周祖陵森林公园。讲解员告诉我们："周祖不窋是在我国上古周祖时代，庆阳迎来了一位华夏农耕文化先驱人物，他就是远古农耕文化的弘扬继承开拓者，五谷粮食的命名者，窑洞文化开创者，周王朝第一奠基者周祖不窋。"周祖不窋率领其子鞠陶和孙子公刘等，在庆阳这块热土上，对农业不敢懈怠，时时记叙先世务农的功德，继续从事祖先已开头的事业，实行先人的教导和遗法，早晚都恭谨勤劳，厚重自守，奉行忠信，累世积德，不玷辱前人，不敢懈业的教民稼穑，辛勤谨慎的务耕种，弘扬农耕文化，从而使以游猎者逐步定居下来，使从事农耕的农业经济逐步发展起来。

周祖农耕文化是远古文明在庆阳"自此始"。周祖在农业上开创了旱作农业之路，在定居上开创了窑洞文化，在衣饰上开创了民间麻织护体的民俗文化，在礼仪上开创了孝道文化"敬祖文德"的传统。这些都是周祖给我们留下的宝贵财富。

革命老区——华池县

7月6日下午，我们前往华池县，这里虽然地处山区，但公路修得很好，不知不觉就到了老一辈革命家刘子丹的家乡华池县。

华池县是革命老区，20世纪30年代初，以刘志丹、谢子长、习仲勋为代表的共产党人，创建了以甘肃华池南梁为中心的陕甘边革命根据地，建立了以习仲勋为主席的陕甘边区苏维埃政府，为陕甘边革命根据地快速发展奠定了坚实的基础，为保卫延安、为中国的抗日战争、解放战争做出了巨大的贡献。

《刘巧儿》

　　我们到了华池县，看望了新中国成立初期曾轰动全国的电影评剧《刘巧儿》的主人公原型封芝琴大姐，她已79岁高龄了，身体看上去很硬郎，红光满面，是一位慈祥的老大姐。她看见客人来看她格外的激动。

　　1943年革命老区华池县作为陇东解放区的核心，称为全国最进步、最民主、最自由、最文明的地区之一，使得封芝琴小名"棒儿"这位农村妇女走上了敢于反抗封建婚姻礼教的路子，她是当时反封建礼教，争取婚姻自由的代表，是新中国妇女解放的典范，人民司法制度实践的典型，第一部《婚姻法》诞生的推动者、宣传者，陇东银幕第一人。我笑着对封芝琴大姐说："您是我们新中国妇女解放的楷模，当时全国妇女都向您学习，反抗封建婚姻，争取婚姻自由。您见证了老区从旧社会到新中国的巨大变化，您亲眼看到家乡的进步和发展。"封大姐兴奋地对我们说："我现在能住上新房，过上幸福的好日子，要感谢党和政府，感谢县委的领导对我的关心和照顾。"

　　我们和封大姐合影留念，祝大姐健康长寿！

革命圣地——延安

　　7月7日，我们前往革命圣地延安，这是我们多年的愿望，终于实现了。坐了4个小时的汽车到达了陕北延安。这座历史悠久的古城，正处"七一"党的生日，前来参观的人很多，有老人、军人、年轻人、学生……呈现出一片节日的景象。

　　上世纪30年代的延安，升起了一颗红星，给中国带来了希望。1937年红军经过二万五千里长征来到这里，中共中央进驻延安，建立了陕甘宁边区政府。凤凰山、杨家岭、枣园、王家坪等革命旧址都有毛泽东、周恩来、朱德等老一辈革命家在这里指挥抗日战争和粉碎国民党军队对解放区的全面进攻，同国民党顽固派进行针锋相对的斗争。我们在杨家岭参观了毛泽东、周恩来工作、生活过的旧居，那时，环境、条件艰苦，一张小桌，一把椅子，两个沙发，一张木床，这是办公室和居住在一起的一个窑洞里的所有陈设。在这里看到老一辈革命家艰苦奋斗的工作作风，生活环境非常差，但他们夜以继日地工作，领导指挥着中国的抗日战争和解放战争。

难忘的古丝绸之路

一个月的长途之旅，古丝绸之路一路走来，走过的地方，都是丝绸铺出

2007年7月我和雅成于革命圣地延安杨家岭毛泽东旧居窑洞前留影

的路，连接着四方之路，遍野芳华，让我们感慨万分，留下了许多美好的难忘的记忆。

随后我们登上了著名的"宝塔山"，在山顶上眺望延安市全景，四面环山，延河的水绵延流淌不息。古老的宝塔雄伟而古朴，它见证了延安在战争年代为党和国家所作出的巨大贡献，目睹着今天和平年代的变迁和发展。革命圣地延安在党和政府的关心下，现成为一座美丽的旅游圣地和红色教育基地。

十、宝岛台湾之旅

观风景

2010年10月15日，我和雅成有幸随中旅总社旅行团赴宝岛台湾旅游观光。在过去的岁月里，想去台湾看看只能是一个愿望，直到今年愿望变成了现实，我们在有生之年能去台湾这块被隔绝半个世纪的宝岛看看，实现了我们多年的愿望。我们多么盼望祖国统一，我们相信总有一天会实现的。

从北京到台湾飞机行程3个多小时，不知不觉就到了宝岛台湾的上空，从云层里透过绿葱葱的山脉，碧蓝的大海，飞机很快降落在桃园机场，我们迫不及待地走下了飞机，办理完一切边防入境手续。

慈湖文化

当天下午在宝岛第一个参观游览了慈湖，湖面很小，四面环山，但风景优美。蒋介石当年选官邸，看风水选定了这块宝地。在这里有蒋介石1975年去世后的灵柩和其子蒋经国1988年去世的灵柩，至今父子俩还未入葬，父子俩不在一个官邸。两座官邸每天24小时由海、陆、空三军警卫轮流上岗值班，警卫换岗时有枪技精彩表演，吸引许多游人观看，据说是从外国引进的一种枪技表演。

1988年蒋经国去世后，陈水扁上台，蒋介石的塑像到处乱扔，有一位雕塑家就将蒋介石的塑像收集起来，修建了一座雕塑公园，就建在慈湖不远处，园内有国父孙中山先生的一尊雕像，有蒋介石各个历史时期的塑像，也展示了蒋介石统治台湾时期的一段历史。

日月潭

16日我们乘车前往台湾著名的日月潭，它被四周群山环抱，潭水碧波晶莹，湖面辽阔，群峰倒映湖中，优美如画。湖中有一小岛，远看好像浮在水面上一颗绿色的珠子，名"拉鲁岛"，以此岛为界，北半湖形状如圆日，南半湖形状如弯月，日月谭因此而得名。当夕阳西下，新月东升之际，日光月影相映成趣，富有诗情画意。

阿里山

游完日月潭，我们乘车继续南下，大巴经过3个多小时的艰难行程，才到了阿里山的半山腰的一家"梅园楼饭店"休息。

17日早在阿里山半山腰看日出，由于大雾加之多云，没有看到日出但山上的早霞和云彩很美，享受着早霞带给我们的愉悦，与海上看日出是不一样的感受。随后又继续乘车1个多小时终于爬上了海拔300多米，全台湾最佳避暑胜地阿里山。

天然氧巴阿里山上生长着茂密的桧木林（神树），我们沿着步行道而上，山上气候温和，盛夏依然清凉宜人，我们穿着外套却很舒适。在那里看到高山上的湖泊"姐妹潭"，湖水碧绿，姐妹俩遥遥相望。有一棵很粗的桧木树，它的直径4米多粗，17人围起周圆的一棵桧木树，木质坚硬，遇水不腐。还有神奇的"三代木"、"金猪报喜"、"永结同心"等天然景观，吸引着来自四面八方的客人。我们穿越在天然的桧木林中，享受着天然氧吧，享受着大自然的恩赐。

　　高雄　位于台湾西南，导游讲，古名打鼓、打狗。是大陆闽、粤沿海及澎湖岛渔民的避风港。"打狗"是竹子多的地方。"打狗"这个名字实在不太雅观，后来改名叫高雄了。高雄是台湾最大、最繁忙的港口，是台湾第二大城市，有一条铁路直通港内，列车一直开到码头边，运送到岸的货物，海港带动了高雄的发展，工商业也非常兴旺。

垦丁风景区

　　它位于台湾最南部的岬角，也就是在地图上看到台湾省象一片树叶，岬角就是"树叶的颈部"，从岬角向西342海里就到了香港，向南300多海里就到达菲律宾了。在垦丁风景区，有"鹅銮鼻"和"猫鼻头"两个并排伸展的岬角，很奇特，因珊瑚礁岩受浪潮冲刷浸蚀，形成"猫鼻头"状似一只猫蹲伏于海上而得名。还有一座船帆石，由于其形状像似一艘进港的帆船，故而得名。"鹅銮鼻"公园为台湾八景之一，园内珊瑚礁，石灰岩遍佈，怪石嶙峋。

太鲁阁大峡谷

　　太鲁阁是台东的一个高山族部落的名字，这儿有一条大峡谷，就用这个部落的名字来命名的。此峡谷有采不尽的宝石——大理石。

　　大峡谷是一条切割很深，地形十分狭窄的大理石峡谷，悬崖峭壁，但风景很优美，时而看见高山上瀑布急流而下，时而又看见单行车道，就好像大巴开在悬崖上，另一边陡峭的石层随时好像要压在大巴车上一样的感觉，紧闭双眼不敢向外看……那天还下着小雨，一路提心吊胆，10月下旬的傍晚，6点多夜幕早降临了，但此路无照明路灯，全靠车灯和司机的高超驾驶，7点多了才走出了大峡谷，大家悬着的心才放下来，总算幸运的往返了大峡谷。后听导游讲，在大峡谷因下车拍照中，也时有飞石坠落的事件发生，车行进中也有落石砸车的危险，我们旅游团是幸运的。

大理石工艺馆

20日上午，我们来到太鲁阁的大理石工艺馆。太鲁阁的大理石闻名东南亚，国民党主席连战和民主党主席宋楚瑜第一次来大陆访问时，曾送给胡锦涛主席一本玫瑰红大理石书和一个大理石花瓶，都是产于太鲁阁的奇石制成的，那里有好多名贵奇石很诱人。

野柳岬风景区 午后我们又继续乘大巴北上，前往基隆海岸。它是台湾的北大门，也是台湾第二大港，三面环山，是一个天然良港。从前这里是上海、福州进出台湾的主要门户，也是一个重要的海洋渔业基地。野柳岬风景区，位于基隆的北边，是台湾海岸线上最美的风景区，由于常年海蚀风化，及地壳运动等作用，坚硬的岩石海岸也经不住波涛日日夜夜冲卷，生成了许多奇异的景象，造就了绵延罗列的奇特景观，浪蚀的岩块如无数人头，像"女王头"、"中国地图"、"生姜岩"、"烛光台"、一个个造型奇特的"蘑菇群"……引人注目，真是千姿百态，无奇不有。大海，真像个优秀的魔术师，变出了各种各样的奇特景观，令人惊叹，令人陶醉。那天下着小雨，但也阻拦不了我们对野柳海岸的欣赏与赞美。

品历史

台北故宫博物院

21日台北下着大雨，我们冒着倾盆大雨，来到故宫博物院。"中国之美，美在文化艺术，文化艺术之美，尽在故宫。"这里收藏着丰富完整的中国古物文献，数量达65万件之多。如周晚期"毛公鼎"，南宋官窑"青瓷簋"、定窑"白瓷婴儿枕"，清时期的"翠玉白菜"、"东坡肉形石"、"象牙透雕云龙文套球"，郎世宁《八骏图》，清院本"清明上河图"，王羲之的《快雪时晴帖》和王献之的《中秋帖》等几乎涵盖五千年的中国历史。故宫博物院在台湾落地生根的50多年岁月中，已发展成为一座现代化的博物馆。

　　1949年国民政府将总数60万件左右的故宫精品文物运到台湾，并曾暂置于桃园杨梅、台中雾峰北沟等地。1965年始迁止台北士林外双溪现址。近年来不仅持续提升硬体机能，同时也戮力於藏品徵集，目前总数已达67万件之谱，为全球首屈一指的华夏文物典藏。并全力推动数位典藏国家型科技计划，透过先进的数位科技，让故宫文物有了新颖的面貌，不仅在展示呈现上更为活泼，在发展文化创意产业上，也充分扮演了新世纪博物馆创新价值的多元角色。

士林官邸花园

　　大雨还在不停的下着，公路的水位像小河，台阶上的水流像瀑布一样的向下奔流，我们踏着瀑布来到中正纪念馆，看到蒋介石不同时期的照片和他坐过的两辆轿车。

　　接着又去蒋介石和宋美龄在台北的士林官邸花园，园内绿树成荫，以槟榔树、棕榈树等热带植物为主，有一玫瑰园很特别，但鲜花很少。团员们穿着艳丽的服装，打着雨伞，踏着像小河样的雨路逛公园，五颜六色的雨伞给绿色的公园增加了色彩，真是雨中情、雨中乐。

国父纪念馆

　　10月22日上午我们乘车游览凯特格兰大道。随后参观国父纪念馆，是一座仿中国宫殿式的建筑。1972年为纪念国父孙中山先生百年诞辰而兴建。我们走进纪念馆，看到国父的铜像，慈祥而伟大。馆内陈列了国父各个时期的照片画像，以及和家人的合影。国父写的《博爱》，两个大字引人注目。馆内主要陈列了国父孙中山先生的生平介绍。

宝岛虽小"五脏俱全"

　　8天的台湾环岛游，我们穿越了台湾岛上仅有的15个县和7个市，其中台北、高雄、基隆3市是台湾最繁华的现代化城市，环境优美，高楼大厦耸立，台湾美，美在海，四面环海，就象漂在大海上的"一片树叶"只有3.58平方公里，人口2300万，面积虽小，"五脏俱全"，它有海拔3997米的玉山高峰，中央山脉纵贯西北，地跨北回归线，热带亚热带气候，夏季多高温、多风、多雨，四季如春，有天然避暑胜地阿里山、有最绝佳的淡水湖"日月潭"胜产大理石，金矿、石油、水利、温泉资源十分丰富，有特产茶叶、热带水果。不仅有收藏丰富完整的故宫博物院，有中国传统文化艺术之美，又有现代化先进的数位科技，使文物有新颖的面貌……这一切都让我们历历在目，难以忘怀！

十一、大气恢宏俄罗斯

在许多人心目中，俄罗斯是一个既古老又神秘，既熟悉又陌生的国度。由于特殊的历史时代背景，好几代中国人对于苏联文学、电影、歌曲都有很深重的情结。甚至连俄语都曾经是中国除了英语之外学习者最多的一门外语，但是大部分中国人对于俄罗斯的了解都有浮光掠影之嫌。

莫斯科

导游说，莫斯科的名称来源于莫斯科河，它流经整个莫斯科市。地处伏尔加河与奥卡河之间一大片天然混合林中。它建于1147年，是一座有800多年历史的文化古城。现有人口900多万。15世纪下叶莫斯科成为统一的俄罗斯国家的首都。1918年3月后以列宁为首的俄罗斯苏维埃政府从彼得格勒迁到莫斯科，苏联成立后，则是苏联政治、经济、金融、文化和教育的中心，现为俄罗斯联邦首都。莫斯科是国际重要的航空站和全国最大的铁路枢纽。莫斯科作为一座古城，作为国际化大都市，充分炫耀着它的财富与活力，一切都被设计的富丽堂皇。城内的名胜古迹众多，反映了俄罗斯古代文明的精华。全市绿化面积达3.4万公顷，莫斯科人自豪地说："在世界上工业发达的首都中，莫斯科人呼吸的空气最清洁。"

莫斯科红场

24日上午,我们首先游览了革命圣地"红场",意为美丽的广场。红场是莫斯科的心脏,是莫斯科的象征。南北长仅697米,东西宽130米,是北京天安门广场的五分之一大,但每年11月7日,前苏联庆祝十月革命节和1991年12月解体后的俄罗斯,定为6月2日的国庆节,盛大的巡礼阅兵式和群众游行都在这里举行,由国家领导人站在列宁陵墓上讲话。

2011年7月我和雅成在莫斯科红场瓦西里大教堂前留影

列宁墓

我们经过50分钟的排队,终于瞻仰了俄国十月革命的伟大领袖列宁的遗容,他的遗体安放在水晶棺中,身上覆盖着前苏联的国旗。一束光照在他的脸上,遗容清晰而安祥。

圣瓦西里大教堂

红场的正南面就是著名的圣瓦西里大教堂,它是伊凡雷帝为了纪念1552年战胜喀山鞑靼军队而下令建造的。1555年破土动工,1560年建成。这座教堂是由9个小教堂和谐组成,中间是一个带有大尖顶冠的大教堂,四周8个小教堂都有一个鲜艳的圆顶,每个圆顶的花纹各不相同,9个葱头形的金色圆顶相映成趣,美妙绝伦。

无名烈士墓

1945年5月8日,德苏签订纳粹德国无条件投降书,二战欧洲战场结束。在这场打击侵略者、保卫祖国的殊死对决中,前苏联近510万军人阵亡,还有大量参加构筑工事、运送战争物资上前线的平民伤亡。我们来到红场附近的亚历山大花园无名烈士墓,纪念碑前昼夜不熄的长明火,象征缅怀俄罗斯在卫国战争中阵亡的烈士们，永垂不朽！墓碑上刻着："你的名字无人知晓，你的功绩与世长存"！烈士一直受到俄罗斯民众的敬重，无名烈士墓，成为婚礼圣地，经常有身着白色婚纱的新娘和穿西装的新郎在亲朋好友陪伴下，在纪念碑前敬献一束鲜花。在喜庆的日子里缅怀那些为祖国献出生命的先烈，对俄罗斯人来说是一件严肃而体面的事。

克里姆林宫

克里姆林宫位于红场西边，建于1156年，是多尔戈鲁基大公修筑的一个木结构的城堡，莫斯科就从这个城堡逐步发展起来的。现在的红砖墙是1485至1495年兴建的，整个宫墙长2235米，高5至19米不等，厚3.5至6.5米形成不规则的三角形。每边有7个碉堡，还有20座塔楼，尖端下装有自鸣钟。克里姆林宫是以宫殿、教堂众多和豪华而著名于世，它那金色的圆屋顶在阳光下闪闪发光。这里曾是历代沙皇的宫殿，也是莫斯科的象征。现在一部分成为政府办公之地，另外一部分是陈列馆。克里姆林宫被称为"世界第八奇景"之美誉。

2011年7月我在俄罗斯的克里姆林宫

我们从西边的库塔菲娅塔楼下的门洞进去，就进入了克里姆林宫，马路北边就是俄罗斯政府办公的黄白两色的古建式三层楼。

炮王和钟王

从会议大厦往前走，就看见了炮王和钟王。炮王有400多年的历史，炮重40吨，炮的口径0.92米，炮身长5.34米，炮前的4个炮弹用铸铁铸成的一个就有1吨重。炮架上雕有精美的浮雕。

钟王重量202吨（北京的永乐大钟重46.5吨），高6.14米，直径6.60米。是由俄国工匠马托林父子花了两年时间于1735年铸成的，还没来的及从浇铸坑里弄出来，就发生了火灾，被烧掉一块重11.5吨，所以此钟下方有一大块缺口洞。

教堂广场

再往前走，就到了教堂广场。有5个白石头顶的教堂是圣母升天教堂，历代大公和沙皇在这里举行加冕礼。

广场的右边是报喜教堂，是大公和沙皇的家用礼拜堂，在这里举行皇族的婚礼。

对面的天使教堂是君王们的陵寝，也称太庙，18世纪初迁都圣彼得堡的历代大公和沙皇都葬在这里，共有45副铜棺椁。

报喜教堂旁边是大克里姆林宫，圆顶上插着一面白蓝红三色的俄罗斯国旗，是俄罗斯总统办公的地方，也是举行各种社会政治活动、国事活动、隆重庆典、授勋仪式的地方。

还有兵器馆和钻石馆。兵器馆的门不大，很普通，但里边的展品却是价值连城，帝俄时代这里是制造和存放兵器的地方。今天这里收藏了俄国历代王朝遗留的文物，从为大公们制造的古老而精美的武器，到世界上独一无二的装饰艺术品和珠宝首饰、名贵的古瓷器、造型优美的钟表，还有11枚彩蛋（卵型装饰盒），其外壳由珐琅制作，上面镶有宝石。琳琅满目的精美工艺品和雕花嵌宝的刀剑兵器让人眼花缭乱。

莫斯科大学

随后我们来到莫斯科的麻雀山，参观了莫斯科大学，一眼望去就好像看到我们北京的展览馆一样，是一座典型的斯大林式建筑物，规模宏大，是世界著名的大学。具有规模宏大的图书馆和体育场。楼后是一个大公园，树木葱茏，鲜花盛开，环境优美。

1957年11月，毛泽东主席正是在这个主楼的大礼堂对中国留学生发表了著名讲话："世界是你们的，也是我们的，但是归根结底是你们的。你们青年人，朝气蓬勃，好像早晨八九点钟的太阳，世界是属于你们的，中国的前途是属于你们的。"这是毛主席对青年人的殷切期望，曾鼓励着一代又一代的年青人奋发向上。

世界上最深、最快的地铁

导游带我们参观举世闻名的莫斯科地铁，我们乘滚动电梯4分钟才到了地铁下的站台，无论是建筑规模，还是内部装修，都堪称世界第一。每天运送乘客900万余人次，地铁是莫斯科的主要交通工具。1935年5月就开通了第一条地铁线路，现已发展到8条线路，由市中心幅射延伸和环状交错。每个地下车站都各有特色，就像一座座地下宫殿，饰以精美的浮雕、壁画和吊灯，站台显得富丽堂皇，气度非凡。油画里还有前苏联1954年工农商学兵的画面，展示着过往的历史。地铁地下分为两层或三层，乘客通过地下通道可任意换乘。列车采用电子驾驶，发车间隔45秒一趟车，时速达到70千米/每小时，乘客上下速度很快，客流量很大，但井然有序，末班车可到夜里零时1点钟。

圣彼得堡——列宁格勒

圣彼得堡位于俄罗斯西北地区，面积506平方公里，人口540多万，是俄罗斯第二大城市，联邦中央直辖市。地处波罗的海芬兰湾东岸，涅瓦河口。以"三多"：河多，岛多，桥多，闻名于世。全市有大小河渠93条，整个城市由100多个岛屿组成，由300多座桥梁连接起来，是一座水上城市，由河流纵横交错，风光如画，有"北方威尼斯"的美誉。它已有300多年的古老历史，是一座历史名城。1825年十二月党人在此举行起义，反对专制政权，要求取消农奴制；1905年俄国第一次革命在此爆发；1917年10月，涅瓦河上的"阿芙乐尔"巡洋舰炮轰白宫，开始了武装起义，十月社会主义革命的胜利开创了人类的新纪元；在第二次世界大战中，德国法西斯围困列宁格勒900个日日夜夜，市内有将近66万人牺牲，但是德国军队未能征服列宁格勒，却被打败，震撼世界。

圣彼得堡有多达1000多处著名的名胜古迹，其中有彼得保罗要塞、彼得保罗大教堂、彼得大帝小舍、冬宫、蝶血教堂、夏宫、沙皇夏季别墅和沙皇村等。至今，圣彼得堡还带有一种威严的荣耀。

"白夜"

圣彼得堡的"白夜"世界闻名。每年6月22日前后的一周，是白夜最长的时候，日照时间长达20多小时，刚刚过了黄昏，晨曦很快到来，每天夜间24时以后，人们还可在露天里阅读报刊，散步观景，不等黑天，马上就是日出，昼夜相连，妙趣横生。我们是7月下旬到这里的，夜里2点睡觉，3点多天就亮了，可称"不夜城。"

夏　宫

25日上午我们游览了彼得大帝的"夏宫"，位于芬兰湾的一个小岛上，占地面积1000公倾，分为"上公园"和"下公园"。四周河水环绕，古树参天，奇花异草郁郁葱葱。曾是历代沙皇郊外的别墅，有4代女皇曾住过这里，整个建筑规模宏大，宫殿内金碧辉煌，有"俄罗斯的凡尔赛宫"之称。

位于上公园和不公园之间的大宫殿夏宫，富丽堂皇，其中有金銮殿、觐见厅和彼得大帝的橡木书房。油画厅墙上挂满了油画。有一个房间是按照中国风格和情调装修的，称为"中国书房"。里面摆着中国的黑漆屏风和花瓶，屏风上用金银绘制了山水图。墙上挂了一幅"满洲里军训"镶板壁画。

据说夏宫的建筑装饰及外屋顶全是采用黄金铂包贴，每次大修要用去大量黄金，对夏宫第一印象是金光灿灿。琥铂大厅全用琥铂装饰，加上精致的绘画，夏宫被称为"俄罗斯的艺术之珠"。夏宫的建筑和陈设本身就具有文物价值。

下公园在宫殿的前面，在18世纪中叶，为纪念俄国在北方战争中的胜利，在这里建造了多个个喷泉和多尊金雕塑铜像组成的两个梯级大瀑布，位于中央位置的有一尊最高大的"掰开狮嘴的参孙"雕像，参孙是《圣经》里的大力士，在这里代表俄国北方战争中战胜瑞典的象征，而狮子是指瑞典，因为瑞典国徽上有一头狮子。下公园有许多金碧辉煌的喷泉群，喷柱没有水泵，全是用天然的山涧泉水的压力来喷射的，经过两个梯级瀑布，流入波罗的海芬兰湾。各种造型的喷泉争奇斗巧，玉柱高扬，水珠飞散，五彩缤纷，令人赏心悦目。

下公园东边濒临芬兰湾的蒙普拉伊宫粉红阁，是彼得大帝最喜爱的小屋。

站在屋外的平台上可以远眺一望无际的大海,享受大海、海风、海浪带来的愉悦。粉红阁屋内陈列着各式各样的军舰模型,墙上挂着彼得大帝亲自收集的170多幅描绘大海和军舰的油画。

青铜骑士

下午我们参观了位于十二月党人广场,中央矗立的彼得大帝纪念碑,就是著名的"青铜骑士"雕像,高5米,重20吨。彼得大帝骑在腾跃的骏马上,神情坚定,充满自信。该马象征着俄罗斯,而马蹄下踩着一条毒蛇,象征打败的敌人瑞典国。

终于见到了诗人普希金

26日上午,我们在夏宫外的普希金村的中学旁,终于见到了俄罗斯伟大的民族诗人"普希金",他安静的坐在长椅上沉思,虽然这里只有他一人,但是诗人并不寂寞,他身旁的鲜花终年长盛不衰,陪伴着他,时不时有如我们这样的旅人驻足留连……普希金(1799—1837年)在俄罗斯文化中占重要地位,是俄罗斯文学语言的创造者和近代文学的奠基者,他被称为俄罗斯诗歌的"太阳"和"俄国文学之父",代表着俄罗斯的精神生活。但年仅38岁的诗人为情和别人公开绝斗而死,死于非命。传说当时的沙皇及盖克仑男爵对普希金发表的诗文、言论心怀不满,处处想办法伤害诗人。1837年2月8日,沙皇重金收买法国侨民丹特士和诗人在彼得堡郊外小黑河畔的一片森林里进行绝斗,规则是两人背面各走出10步互相开枪,看谁快、准。由于沙皇暗中的阴谋,没有执行游戏规则,丹特士只走了7步就开枪,击中了普希金,目的要杀害普希金,当时普希金的朋友要开枪打死丹特士,但普希金用力挣扎着拉住朋友的手说:"不要杀他,他也是受害者"。善良的诗人身负重伤,医治无效,26小时后,于2月10日去世家中。38岁黄金般的年龄,太惋惜了,他的去世是国家的损失,民族的损失。

阿芙乐尔巡洋舰

我们参观了打响俄国十月革命第一炮的"阿芙乐尔"巡洋舰，建造于1900年，它已101岁高龄了，还依然健在。"阿芙乐尔"意为"黎明"或"曙光"。1905年5月俄日战争中参加对马海战。1916年作战受损被送到造船厂修理，在布尔什维克党和船厂工人的影响下，1917年2月该舰官兵起义，11月7日21时该舰执行革命军事委员会的命令，向东宫发射了第一炮，并通过舰上的无线电播发了列宁起草的《告俄国公民宣言》，宣布了革命胜利的消息。揭开了伟大的"十月革命"的序幕。在卫国战争时，舰上9门大炮被拆下，组成"波罗的海舰队独立特种炮兵连"，扼守阵地。后因战情危急，军舰自沉港湾中。战后被打捞出来得以修复。1948年改为军舰博物馆，该馆有500余件与该舰有关的历史文物。"阿芙乐尔"永远停泊在涅瓦河边。至今有士兵守卫着，保护着，像一艘崭新的军舰一样，威武而庄严，守卫着俄罗斯。

泛舟涅瓦河

随后我们乘坐游船游览了涅瓦河，在河的沿岸看到古朴典雅的古老建筑，河上有多座大铁桥，有大小不同、形状各异的豪华游船、往返行驶。我们的游船上有俄罗斯风情歌舞表演，俄罗斯人热情豪爽，他们载歌载舞，欢迎中国北京的客人。演员们和游客一起互动，边唱歌边跳舞，并让我们尝饮俄罗斯有名的香槟酒和伏特加酒及各种美味水果。大家边赏景、边看演出，我们同团的兄弟姐妹中，有跳舞的，有唱苏联战地歌曲《莫斯科郊外的晚上》，大家在一起虽然语言不通，但很开心。我们的船一直游向波罗的海的入海口才返回。那迷人的景色，令人心旷神怡。

彼得要塞

彼得要塞位于涅瓦河畔的"兔岛"上，始建于1703年，初建为木质结构，后改为石质结构六棱体的古堡。这个要塞是圣彼得堡市最早的建筑艺术群之一，巴洛克式大教堂的钟楼高122.5米，金顶塔尖是圣彼得堡的象征之一，拱门上的双头鹰是俄国的标志，重1069公斤。要塞初期用于军事目的，曾是俄国对瑞典作战的前哨。18世纪成为沙皇的政治监狱。十月革命前夕，起义军的司令部就设在要塞。堡中还有300门大炮。从18世纪至今每天12点放一大炮报时。我们27日那天到要塞正赶上12点放炮报时，响声震耳，感觉几乎传遍整个圣彼得堡大地。彼得要塞是彼得堡的古老建筑，在这里发生过许多重大的历史事件，现在已是一座博物馆。我们参观了兔岛和要塞的地下监狱，欣赏了墙壁四周悬挂的俄罗斯著名的油画，让我们一饱眼福！

冬　宫

　　冬宫曾是俄沙皇的宫殿和住所。建于1754至1762年，是一座典型的18世纪中叶俄国巴洛克式建筑。占地9公顷，1837年被大火焚毁后重建，建筑规模宏大。广场上有着不同时代，各具特色的建筑物。广场中央高高耸立着亚力山大纪念柱，顶尖上有一个手持十字架的天使，天使双脚踩着一条毒蛇，气势雄浑。馆内的大店小厅金碧辉煌，富丽堂皇。金銮殿里的油画、壁画、金银吊灯和御座更是豪华无比。据说1917年十月革命时，工人、士兵、和水兵就是在这里逮捕了资产阶级临时政府官员。

艾尔米塔什博物馆

　　艾尔米塔什博物馆是冬宫的一部分，是世界四大博物馆之一。该馆曾是叶卡捷琳娜二世女皇的私人博物馆。馆内有从古到今的世界文物，270万件珍贵的艺术品，包括1.5万幅绘画，1.2万件精美雕塑，60万件幅线条画，100多万枚古硬币、奖章和纪念章以及22.4万件实用艺术品。
　　馆内的东方艺术馆收藏了16万件珍品，有几千件来自古埃及的文物，石棺、木乃伊、浮雕、纸莎草纸文献以及伊郎、巴比亚、土耳其等国的珍贵文物。在此馆我们是第二次看见过木乃伊……
　　远东艺术馆收藏了大量的中国文物和艺术品，其中有200多件甲骨文，公元1世纪的珍稀丝绸和绣品，敦煌的雕塑、壁画以及中国的瓷器、漆器、珐琅、山水和仕女画、3000幅中国的年画等。

在西欧艺术馆主要收藏欧洲文艺复兴时期的绘画、雕塑、素描和11～20世纪的实用艺术品。在此馆我们欣赏了艺术大师达·芬奇的《戴花的圣母》和《圣母丽达》。我们还看到米开朗琪罗的雕塑品《蜷缩成一团的小男孩》，还有雕塑《三美女》和《玉枕》太逼真了，让我们大饱眼福。

7月27日晚，我们结束了3天的圣彼得堡愉快之旅，乘坐开往莫斯科的火车，离开了列宁格勒。火车进入了莫斯科车站，谢导已在车站等候我们，他将带我们游览莫斯科最后的一天。

莫斯科的阿尔巴特大街

这是莫斯科一条古老的文化商业街，现为一条步行街，宽不超过15米，长500多米，路面用石砖铺设，街道两边有珠宝店、古玩店、手表店、礼品店、花店、各种装饰新颖的咖啡馆等。有不少个体户在商店外兜售俄罗斯特产——油画、套偶、望远镜、集邮册、手表以及苏联国旗、军旗、刻有列宁头像的卢布、各种苏联奖章等已经成为历史文物的"苏联纪念品"。还有一些年轻的街头音乐家用小提琴、吉他、手风琴、萨克斯、等乐器演奏苏联和俄罗斯乐曲。最引人注目的还是五光十色的油画，每走几步就可欣赏到不同图案的油画，真让我们一饱眼福。因为俄罗斯规定，禁止油画携带出境，如买了会被海关没收的，不然我们也得买几幅带回国。这条"文化街"上散发出俄罗斯独特的文化气息，听说这里不仅是首都商业和艺术气氛浓郁的中心，而且也是各种人士自由发表言论和张贴传单的地方。有人说，莫斯科的"精灵"就在这条街道上。

如今莫斯科依旧　夜色如水

莫斯科城市规模大，街道宽阔笔直，新旧建筑交相辉映，整体艺术风格统一和谐，是莫斯科城市风貌的主要特点。

大气恢宏的俄罗斯，无论是它的建筑还是文化，都散发着一种堂皇的气象。国土面积大，城市规模大，展览馆大、博物馆大、教堂大、公园大。这里的历史建筑闪耀着人类伟大的创造力，豪华典雅，辉煌灿烂，时刻彰显着这个伟大民族的韧性和极强的凝聚力。莫斯科是我们熟悉的名字，一首《莫斯科郊外的晚上》曾经拨动无数青年男女的心弦，如今莫斯科依旧，夜色如水，歌声却已渐渐远去。

我们还要继续走继续游

我们每去一个地方有不同的新鲜感，换一个景区有不同的新体会、新收获。我们赶上了这个好时代，我们在有生之年能够有条件去感受大自然中鸟语花香，能在山水间与心灵对话，领略世间最美丽的风景，享受大自然给我们的恩赐，去收藏人生最难忘的记忆，这是我们晚年最快乐、最幸福的一种享受，也是最浪漫的一件事。我们还要继续走继续游，去五大洲，去我们没有去过的地方！

后　记

　　谢谢读者、亲人、朋友耐心读完这些文字，它是我们夫妇迄今为止的生活记述，做完这件事，就像为过去的六十多年结了一回账，买了一次单，很愉悦也很安心。我的平凡人生，我的经历对好多人来说是最普通最平凡的事，没有做什么惊天动地轰轰烈烈的大事，但这些事对我却是最难忘的回忆和总结。也是把那个年代的的历史风貌，那个年代的人物和事件真实地展现给大家。回忆录是一种思恋，是有血有肉地浸沉在欢乐与痛苦之中的思恋。在时代中生活的每个人走过的岁月，无不或多或少或深或浅的留有时代特有的印痕。岁月在流逝，时代在进步，我们当然不能回归过去，但过去和现在的大时代是紧密相连的，现在是过去的继续和发展，回想过去，对珍惜现在，展望未来应是有益的。同时在书中我更用大篇幅的文字描述了大时代的进步，科学技术、医学的高速度发展，民富国强的方方面面，以及我们退休后的晚年生活，旅游观光的所见所闻，所感所思……

　　我们在这个世界上，每个人都是独一无二的，各有各的价值，这种价值是其他任何人都无法替代的。

　　我们这一代人是历史的见证者，因为我们亲身目睹我们伟大祖国在中国共产党领导下，取得举世瞩目的成就，发生了翻天覆地的巨大变化，而这些变化不仅在物质上大大改善了人民的生活质量，而且在精神上也极大丰富了人民的思想感情，更重要的是感受到我们共和国的胜利与辉煌，曲折与风雨。我作为一名老党员，从内心蕴育着对党，对祖国的感激之情，对亲人、家人、亲属和朋友的亲情与友情，这种情，凝结为爱，是我们晚年生活的鼓舞和力量，也是促进我们与时俱进的精神支柱。因此，我们对这种情谊，特别珍爱它、留恋它。

　　我常有这样一种感觉，似乎人越是到了老年，就越加思念、留恋几十年沉淀在心底的情感，这些情感在年轻时并不是那么在意，而到了老年，它就成了珍贵的、美好的记忆。正是几十年的沉淀而又浮现的情感之交织，而且与时代融合之升华，使得我们这一代老人更加热爱党、热爱祖国、热爱生活，因而也就更加留恋今天中华大地上所发生的辉煌的一切……

后记

　　人生如梦，往事匆匆。人生是一页一页翻过来的一本书，一个接一个的故事在发生在叙述……我忠实的记录下青春的岁月和过往的一切，书中涉及到的人和事及相关的叙述和评论，都是当时的真实感受。我的感性很简单，不管是家人还是亲戚同事朋友，理解我的一定会感受到我的直截了当和真诚坦率善良，否则，无意中又增添了"非朋友"。我不是一个十全十美的人，我是那样的普通，那样的平凡。在这个世界上，我没有私敌，也不愿伤害任何人。人生要学会接受残缺，学会放弃，不完美有残缺就意味着有挣扎奋斗的可能和空间，也就能够真实的感受风雨雷电，收获一路风景。著名学者季羡林先生曾说过："每个人都争取一个完美的人生，然尔，自古及今一个百分之百完美的人生是没有的。所从，不完美才是人生！"不论是欢笑还是泪水，人生只要经历过，就够了，就是财富。有人乐观一生，有人悲观一生，快乐和痛苦是一对孪生兄弟，不同的只是在于你的选择。想想看，在我们一生中有多少值得我们记忆的人和事，有多少的牵挂不舍，尽管生命中也有那么多磨难和眼泪，但因为有值得我们爱的人，有对往事的回忆，有对现在幸福时刻的珍惜，有对未来时光的幻想和憧憬，所以我仍然觉得很幸福，如果用一个字来形容，那就是爱，爱生活、爱家人、爱自己、爱一切拥有的和曾拥有的幸福。其实幸福不是你看见的那样，而是你感受的那样，幸福是用来感觉的，而不是用来比较的，幸福并不与财富地位声望婚姻同步，它只是你心灵的感觉，一点一滴的滋润着你的心田；不要总希望轰轰烈烈的幸福，它多半是悄悄扑面而来，我们需静静地以平和之心，体验幸福的真谛；学会包容与珍惜，然后才能从彼此心灵的和弦里感受到幸福；懂得珍惜和拥有，珍惜生活中的每一寸时光，它也是一种幸福；端正自己的心态，学会把握、学会满足、学会感恩，生活就很幸福；真实的存在，淡定的活着就是幸福；社会的和谐、家庭的和睦、身体的健康才会让人感到真正的幸福！在幸福的日子里，激情的享受每一分钟，幸福就会长久地伴随着我们。各人有各人的幸福，每个人只要懂得知足，紧紧拽住自己手中的那根线，幸福的风筝就能飘的更高更远。

　　我们夫妇晚年生活的很充实，很幸福，也很快乐。生活未必都要轰轰烈烈，平平淡淡才是真。只要有自己生活的境界，不见得与别人共流。溪流虽小，载得动孩童的纸船，人生短暂，载不动太多的物欲和虚荣。生活本于平淡，归于平淡。我们能幸福的生活在当下，晚年能从旅游、探亲访友、公益活动、电影、电视、阅读等各个方面去吸收养分，不断的提升自己，升华自己，是我们最幸福最快乐的时光！

古人有云："勿以恶小而为之，勿以善小而不为。"我们要善待他人，善待人生，你的一个善念，也许能使别人温暖一生；你的一个善举，也许能使别人受益一生。对于爱我们的人：爱人、儿女、兄弟姐妹、亲朋好友及所有相识的人，我们"当下"就应当好好地珍惜，要时刻报着一颗感恩的心，来看待世间的人和事，多一份爱心，多一点宽容，多一些理解，不要把可以去做的事变成遗憾留在心头。感谢上苍让我们存在，感谢生活，感谢时代赋予我们的一切。要珍惜现在的美好时光，也要珍藏过去的美好记忆，更要静静地去享受生活的淡定与从容，淡定不是平庸，它是一种生活态度，是对简单生活的一种追求，用谈定平和的心态看待周围的一切，生活中才会泰然处之。

岁月无痕，流光难驻。用笔印证心灵的虹影，用心感悟时代的呼声，让无痕的岁月缀满珍珠，让难驻的流光激情滚滚。我们要寻找自己想做的事情，让幸福快乐遍布生命的每一个角落，让幸福快乐流淌在生命的所有时光，让炽热的夕阳，火热的心，迸发出无限的激情，与时俱进，发挥我们的光和热。

人生如梵，岁月无情。岁月会让黑发成霜，白头而老，活在"当下"，唯有当下的时光最珍贵，珍惜当下，珍惜时间，珍惜我们活着的每一天！当明天太阳升起的时候，我们的笑容依然灿烂……

诚然，人的生命总是有终点的，这是铁的定律，无法改变，人生只有一次，失去永不再来，我更希望岁月的时光来得晚一些，慢一些！

最后我要对为本书《我的平凡人生》题词的郎鹏先生，深表感谢！

对为本书《我的平凡人生》作诗的当代诗人，甘肃省文学院院长高凯先生，深表感谢！

对为本书出版倾心倾力的编辑靳莉女士，深表感谢！以及为本书的装帧、排版、校对、印刷等工作付出辛劳的老师们表达深深的谢意！

当然还有阅读此书的读者、亲人、朋友请允许我把心底的感谢转化成一句话，谢谢你们……